Helmut Milz:
Der wiederentdeckte Körper
Vom schöpferischen Umgang
mit sich selbst

Mit einem Nachwort zur Taschenbuchausgabe
Mit 23 Schwarzweißabbildungen

Deutscher
Taschenbuch
Verlag

Ungekürzte Ausgabe
Mit einem Nachwort zur Taschenbuchausgabe
Mai 1994
Deutscher Taschenbuch Verlag GmbH & Co. KG, München
© 1992 Artemis & Winkler Verlag in der Artemis Verlags GmbH,
München
ISBN 3-7608-1934-6
Umschlaggestaltung: Boris Sokolow
Satz: Filmsatz Schröter, München
Druck und Bindung: C. H. Beck'sche Buchdruckerei, Nördlingen
Printed in Germany · ISBN 3-423-35075-X

Das Buch

Berühren, Liegen, Sitzen, Stehen und Gehen. Wer dieses Buch nicht gelesen hat, wird sich kaum vorstellen können, was an diesen Selbstverständlichkeiten Besonderes sein soll. Doch was zunächst als Banalität erscheinen mag, erweist sich aus der Feder von Helmut Milz als ein faszinierendes Szenario. Der Autor ist Arzt, und er spricht aus Erfahrung, wenn er uns zur »Wiederentdeckung des eigenen Körpers« führt. Dabei liefert er keine fertigen Rezepte; auch macht er keine Hoffnung auf sofortige Erfolge und spektakuläre Durchbrüche bei Therapien. Vielmehr zeigt er, wie wir unseren Körper wieder erleben können, wie wir lernen, daß nicht nur wichtig ist, was wir tun, sondern vor allem auch, wie wir es tun, kurz: wie wir unseren Sinnen wieder vertrauen können. In fünf Kapiteln, die so geschrieben sind, daß sie unabhängig voneinander und in beliebiger Reihenfolge gelesen werden können, stellt Helmut Milz die wesentlichen Grundeigenschaften eines vitalen Körpers vor – eine spannende Lektüre nicht nur für Ärzte, sondern für jeden, der mit seinem Körper bewußter umzugehen bereit ist.

Der Autor

Helmut Milz, geboren 1949 in Kall, studierte Medizin, Soziologie, »Public Health« und Körpertherapie. Er war langjähriger Berater der Weltgesundheitsorganisation WHO sowie des Elmwood-Instituts. Er ist Facharzt für Allgemeinmedizin und psychotherapeutische Medizin. Zahlreiche Fachpublikationen.

Inhalt

Berührung als allgegenwärtige Erfahrung 21 – Die heilende
Kraft der Berührung 22 – Tastsinn als lebensspendender
Sinn 28 – Die Haut: Schutz, Hülle und Organ des vielfachen Austauschs 31 – Die Haut als Sinnesorgan 33 –
Berührung als Begegnung 35 – Der Einfluß von Hautkontakt auf das körperliche Streßgeschehen 37 – Widerspiege-
lung von Kontakt und Berührung in der Sprache 39 – Die
Hand: Fühlen, Greifen, Handeln 41 – Praktische und
symbolische Bedeutungen von Hand und Fingern 42 –
Persönliche und professionelle Berührungsgeschichte 45 –
Berührung geht unter die Haut 47 – Diagnostische Aspekte
der Berührung 50 – Absichtslose Absicht als Element
therapeutischer Berührung 52 – Faktoren ganzheitlicher
Körpertherapie 52 – Krisen und Konflikte in der berührenden Behandlung 53

Erfahrungen mit dem Liegen des eigenen Körpers und dem
fremder Menschen 59 – Liegen als biologische Notwendig-
keit 62 – Bedeutungen des Liegens in der Sprache 63 –
Liegen als Suche nach Ruhe 65 – Neurophysiologische
Aspekte des Liegens und Schlafens 66 – Die Bedeutung des
Liegens für die Bewegungsentwicklung des Säuglings 67 –
Kulturgeschichtliche Aspekte des Liegens 70 – Liegen und
Schlafstörungen 74 – Liegen als bewußt wahrgenommener
Vorgang 76 – Praktische Hinweise 81

Für Max, Tine und Felix

Vorwort

Gesundheit findet im Alltag statt, nicht im medizinischen System. Das Alltägliche aber ist uns häufig zu selbstverständlich – es entschwindet fast unserem Bewußtsein. In unserer westlichen Kultur pflegen wir unsere Gesundheit nicht wirklich – unsere Körperfunktionen sollen funktionieren, damit wir unseren gesellschaftlich umschriebenen Pflichten nachgehen können (!), und es scheint, daß für diese Pflichten der Körper immer weniger Bedeutung hat.

In diesem Buch werden Zusammenhänge dargelegt, die wir zwar kennen, aber vorübergehend vergessen haben: die Bedeutung des Liegens, Gehens, Stehens, Sitzens. Wir können diese Fähigkeiten wiederentdecken und sie in Bezug zu unserer Körpererfahrung setzen. Wie schön ist ein Fuß? Oder die Beugung eines Nackens? Und was hat das alles mit Gesundheit zu tun?

Viele Krankheiten (häufig Zivilisationskrankheiten genannt) und Risikofaktoren sind heute jedem bekannt und werden oft mit spezifischen *un*gesunden Verhaltensweisen in Beziehung gesetzt: Herzkreislaufstörungen, Lungenkrebs, Bewegungsmangel, Rauchen, Cholesterin usw.

Die Zersplitterung des Körpers in Einzelteile, die es zu reparieren gilt, wird von Ratschlägen zur Vermeidung der kleinen und großen Gesundheitssünden des Alltags begleitet. Das Wort »Sünde« ist bewußt gewählt – die Religion ist die des Körpers als Maschine, als System der ineinandergreifenden Zahnräder, die es im Namen von »Gesundheit« zu erhalten gilt. Wer krank wird, ist selber schuld. Der »gesunde Körper« ist zum neuen Schönheitsideal geworden – braun, schlank, mit Muskeln am rechten Fleck und mit Selbstzucht und Wohlverhalten erarbeitet. Er symbolisiert eine neue Erfolgsmoral.

Dagegen setzt die Weltgesundheitsorganisation ein Verständnis von Gesundheit, das vom Wohlbefinden ausgeht. Gesundheit ist ein Prozeß, ein fließendes Muster, das Tag für Tag neu hergestellt wird im Zusammenwirken von Alltagsprozessen in der Familie, in der Arbeitswelt, den Beziehungen, den Umwelteinflüssen. Untersuchungen epidemiologischer Risikofaktoren können immer weniger erklären, wo die Ursache und die Wirkung in bezug auf viele sogenannte Volkskrankheiten liegen. In den Vordergrund der Gesundheitsforschung treten neuerdings beziehungsorientierte Modelle. Als Antwort auf die Frage »Was hält gesund?« verweisen sie auf soziale Beziehungen, gegenseitige Hilfe, Sinnhaftigkeit, Selbstbewußtsein, Handlungsfreiräume. Diese Faktoren sind häufig mit sozialem Status, Zugang zu Ressourcen, Entscheidungsmacht verbunden. Am offensichtlichsten treten diese Faktoren zum Beispiel in der Alkoholforschung oder der neueren Herzkreislaufforschung hervor.

Deshalb ist der Ansatz dieses Buches bedeutsam: Es beginnt mit der Berührung, der Bedeutung des menschlichen Kontakts, der Bedeutung des Menschen als sozialem Wesen, das durch Berührung lebt und erlebt, seine Körperlichkeit in ihren Möglichkeiten und Grenzen erfährt. Alle hier geschilderten Alltagserfahrungen werden in Bezug gesetzt zu einer weiteren Sinnhaftigkeit, einem kulturellen Vergleichen und Erleben, einem Eingebunden-sein-Wollen – um doch die Möglichkeit zum »Auflehnen« und »Weggehen« nicht zu verlieren. Jede/r von uns kann das einzeln oder mit anderen zusammen erproben und ändern.

Aber dabei bleibt es nicht stehen. Das Buch verweist nicht nur auf ein anderes Körperbewußtsein, sondern darüber hinaus auf eine neue Auffassung von professionellem Gesundheitshandeln und eine neue Gesundheitspolitik. Unsere bisherigen Strategien im Arbeitsfeld »öffentliche Gesundheit« sind viel zu wenig auf die Bereiche bezogen, die Gesundheit herstellen – die sozialen und ökologischen Einflüsse einerseits, aber auch die »selbstbewußten« Eigenverantwortlichkeiten: der positive Bezug zum eigenen Körper, ihn zu verstehen, zu schützen, zu erproben, zu fordern. Das Wissen der Frauen – und der Selbsthilfebewegung um eine positive Körperlichkeit und ihre gesundheitspolitische Sprengkraft – wird hier relevant. »Das Persönliche ist politisch«. In der Erfahrung des eigenen Körpers zu lernen, sich selbst und den eigenen Sinnen zu vertrauen – das ist der Bereich, den die Ottawa-Charter für Gesundheitsförderung als einen von fünf Handlungsbereichen einer neuen Gesundheitspolitik begreift: Persönliche Kompetenz im Gesundheitshandeln bezieht sich nicht nur darauf, sich der Gefahren von Nikotin und Alkohol bewußt zu sein, sondern persönliche Kompetenz im Umgang mit sich selbst (dem Körper) und anderen zu erlangen.

Kompetenz allein aber genügt auch nicht. Was mich an diesem Buch am meisten beeindruckt, ist die Sinnlichkeit, die Freude am Körper, zu vielen von uns ist diese Freude – über die der Sexualität hinaus – verlorengegangen. Eines der wichtigsten gesundheitspolitischen (und ich wähle das Wort mit Bedacht) Bücher der letzten Jahre kommt aus Amerika und heißt »Healthy Pleasures« – Gesunde Vergnügungen. Es zeigt mit »harten« Daten wie bedeutsam es ist, die Bewegung des Körpers und die Interaktion mit anderen Menschen (oder der Natur) in eine positive Gesundheitsstrategie einzubauen. Ich träume immer noch von der gesundheitserzieherischen Aufklärungskampagne, die sich Sobels Kapitelüberschriften (und nun auch die von Helmut Milz) zum Leitbild und -thema macht und ausführt, wie gesund es ist, sich zu streicheln, Freunde zu haben, sich selbst zu mögen.

Das passiert sicher nicht, denn es klingt zu banal, zu unwissenschaftlich, zu unpolitisch. Und doch würde es weitergreifende Fragen aufwerfen, zum Beispiel die Organisation des Lebens alter Menschen, die Einengung der Kinder in den schulischen Alltag, die Kontrolle am Arbeitsplatz und schließlich das Überdenken von Symbolen, die angeblich unseren Lebensstil und unsere Kulturkreise repräsentieren wie der Cowboy einer Zigarettenmarke.

Marilyn French schreibt in ihrem Buch über Macht, daß eines der gefährlichsten Konzepte für den patriarchischen Status quo die Idee der Freude und der Lust ist: *pleasure* im Englischen. Wenn nun die durchschnittliche Lebenserwartung unseres Körpers zwischen 70 und 80 Jahren liegt, so gilt es, die Last des Körpers und der Krankheit in die Dimension der Lust und der Gesundheit zu verschieben.

Aus diesem Buch können wir alle lernen.

Kopenhagen, im Dezember 1991   *Dr. Ilona Kickbusch*
Weltgesundheitsorganisation
(WHO)
Direktorin
Lebensweisen und Gesundheit

Einleitung

»Die Erkenntnis, die nicht durch unsere
Sinne gegangen ist, kann keine andere
Wirkung erzeugen, als die schädliche.«

(L. da Vinci)

»Die Menschen sollten keinen Gesundheits-
büchern vertrauen, sie könnten sonst an
einem Druckfehler sterben.«

(M. Twain)

Dieses Buch wendet sich an alle, die an Veränderungen und persönlichem Wachstum interessiert sind. In seinem Mittelpunkt stehen
Wohlsein und Gesundheit, die gefestigt, wiederhergestellt, gefördert oder gesteigert werden können. Welchen Beitrag leisten alltägliche Körperhaltungen, Berührungen und Sinneserfahrungen zur
Annäherung an diese Ziele?

Bei meinen Nachforschungen habe ich kein starres wissenschaftliches Schema verwendet, sondern mich von vielen unterschiedlichen Quellen inspirieren lassen. Eigene Erfahrungen, Kontakte,
Bewegungen, Begegnungen, Beobachtungen, Gespräche, Texte,
Bilder, Kunstwerke, Worte, Begriffe, geschichtlicher Wandel, Traditionen, Kulturen, Mythen, Wachstumsstufen, Lebensalter, natürliche und von Menschen gestaltete Umwelten, soziale Einflüsse,
Geschlechtsunterschiede und andere Aspekte habe ich in den einzelnen Kapiteln zu neuen Mustern der Darstellung verwoben. Jedes
Kapitel kann für sich gelesen werden, ohne Rücksicht auf die
Reihenfolge.

Darüber hinaus habe ich die Kapitel in einer spezifischen Sequenz
angeordnet. Sie folgen so aufeinander, wie sich ein Kind in der Welt
orientiert, wie es lernt, sich in der Welt zu bewegen, diese in sich
aufzunehmen und sich zu ihr in Beziehung zu setzen. Zugleich
beginnen wir jeden neuen Tag mit dieser Bewegungssequenz: Liegen, Sitzen, Stehen, Gehen. In vieler Hinsicht haben auch die
Beobachtungen und die spielerischen Bewegungserfahrungen mit

meinen Kindern, die ich während der letzten zehn Jahre machen konnte, zu dieser Anordnung geführt. Die in den Kapiteln dargestellten Körpererfahrungen sind für Erwachsene selbstverständliche, zumeist unbeachtete Alltäglichkeit geworden. Es ist meine Absicht, Sie durch die Textanordnung zu einer empfindsamen Reise durch ihre eigenen Bewegungsentwicklungen anzureizen. Das Buch lädt Sie ein, sich wieder deutlicher auf ihre eigene Leiblichkeit zu besinnen und dieser neues Vertrauen zu schenken.

Es ist ein Irrtum anzunehmen, Bewußtsein sei ein vom Körper losgelöster oder ihm übergeordneter geistiger Prozeß. In der lebenden Wirklichkeit ist dieses kontinuierlich vom eigenen leiblichen Geschehen und Befinden mitgeprägt. Die Kraft und Energie, die in Körperhaltungen gebunden oder vergeudet wird, die nicht den Organisationsprinzipien unseres menschlichen Organismus entsprechen, beeinflußt nicht nur die Qualität unserer körperlichen Bewegungen, sondern auch unsere geistige Beweglichkeit und unsere Gemütsbewegungen. Sie wirkt sich negativ auf unsere Empfindsamkeit im Kontakt mit der Umwelt und auf unsere Achtsamkeit in Beziehungen zu anderen Menschen aus. Auch bei der Wahl unserer Worte nehmen wir, meist unbewußt, auf Körpererfahrungen Bezug.

Das Buch möchte Sie dazu ermutigen, wieder selbstbewußter zu erforschen, *was* Sie konkret tun, *wie* Sie etwas tun und welche Möglichkeiten es für Sie gibt, Gewohntes auf bewußte, unterschiedliche Weise zu tun, um mehr Anwesenheit, Aufmerksamkeit, Spaß, Widerstandsmöglichkeiten und Perspektiven für teilnehmende Veränderung zu gewinnen.

Während der letzten Jahre habe ich mich häufig darüber wundern können, daß das Besondere oft im veränderten Erleben und Betrachten des Gewohnten, Alltäglichen und Offensichtlichen liegen kann. Dazu haben meine eigenen Körpererfahrungen während der Massage und der körpertherapeutischen Ausbildung am Esalen-Institut erheblich beigetragen. Durch sie konnte ich am eigenen Leib spüren, welche Veränderungen sowohl im Selbsterleben als auch im Erleben der Umwelt durch einfühlsamen Körperkontakt und bewußte Bewegungen bewirkt werden können.

Meine beruflichen Bestrebungen gelten der Entwicklung einer Medizin, Therapie und Gesundheitsförderung, die sowohl auf den Sinnen als auch auf dem Verstand aufbaut. Die Schulung des Verstandes wurde mir während meiner Studien und der jetzt fast zwei Jahrzehnte währenden praktischen ärztlichen Tätigkeit intensiv vermittelt. Mit der Förderung eines deutlicheren Gespürs für und Vertrauens in die Sinne tut sich die moderne Medizin nach meinen Erfahrungen wesentlich schwerer. Das Erlernen von gezieltem Tasten, Horchen, Abklopfen, Reflexprüfen oder Bewegungtesten gehört zwar auch zur ärztlichen Ausbildung. Diese Tätigkeiten haben aber angesichts der unglaublichen Entwicklungen medizintechnischer Verfahren heute für viele den Beigeschmack von primitiven, bisweilen überholten und obsoleten Verrichtungen bekommen. Meine körpertherapeutischen Erfahrungen und meine Lernprozesse in humanistisch orientierten Psychotherapieverfahren haben mich zum Glück eines Besseren belehrt. Durch meine langjährige Beratertätigkeit für die Weltgesundheitsorganisation habe ich mich darüber hinaus intensiv mit den sozialen und ökologischen Rahmenbedingungen von Gesundheit und Heilungsprozessen auseinandergesetzt.

All diese unterschiedlichen Erfahrungen kommen mir bei meiner augenblicklichen Tätigkeit als Oberarzt einer psychosomatischen Klinik zugute. Sie ermöglichen mir, mich während der Therapie von Patienten klarer in deren Realität hineinzuspüren und hineinzudenken. Sicher können technische Geräte objektivere Bilder der Körper der Patienten wiedergeben. Computer können erkrankte Menschen systematischer testen und befragen. Aber sie können nicht das herstellen und wahrnehmen, was für mich ein wesentliches Element humaner ärztlicher und therapeutischer Arbeit ist, nämlich eine Atmosphäre, die Sicherheit, Geborgenheit, Vertrauen, klare Anwesenheit und Bereitschaft zur Gesundung schafft. Mir scheint, daß die moderne Medizin zu einseitig auf Versachlichung, Objektivität, Neutralität, Standardisierung und professionelle Distanz baut, die alle vorwiegend aus leibfremdem akademischem Denken entsprungen sind. Eine klare Trennung von Hilfesuchenden und Hilfeleistendem sowie Respekt für deren unterschiedliche Rollen ist zwar notwendig, aber diese darf nicht zu schädlichen Gegensätzen wie Experte/Laie, Technik/Mensch oder Objekt/Subjekt führen.

Ob wir es wollen oder nicht, ob wir es leugnen oder bewußt anerkennen, jeder Dialog zwischen erkrankten und helfenden Menschen ist auch eine Begegnung zwischen ihren Leibern. Sie teilen sich gegenseitig durch ihre Haltungen, Gesten, Mimik, Tonfall, Atmung, Raumaufteilung, Schwingungen, Spannungen, Rhythmen, Tempi, Farben und Gerüche mit. Ein großer Teil dieser nüchtern als »nonverbal« bezeichneten Kommunikation verläuft unbewußt und intuitiv. Bei geschulter Aufmerksamkeit und bewußter Anwesenheit können sie Wesentliches zu hilfreichen Beobachtungen, Erfahrungen und Veränderungen des Heilungsprozesses beitragen.

Wie wirkt ein erkrankter Mensch auf mich? Welchen Einfluß hat seine Krankheit auf ihn? Welchen Einfluß hat er auf seine Krankheit? Welche Ausstrahlung hat er auf mich? Welche Eindrücke nehme ich wahr? Bemühe ich mich darum, das besondere Gegenüber, diesen konkreten Menschen, offen und vorurteilsfrei auf mich wirken zu lassen? Welche Fragen und Impulse ruft er in mir wach? Wie sehe und erlebe ich seinen Körper? Was zieht mich an ihm an, und was stößt mich ab? Was vermittelt mir seine Stimme über seine Worte hinaus? Welche Bewegungen erlaubt er sich? Welchen Spannungsgrad hat sein Körper? In welchen Regionen und wie antwortet er auf meinen Kontakt? Wie ist er in seinem gesamten Organismus, als Gestalt, organisiert? In welcher Weise modifiziere ich selbst meine Haltung, Bewegungen, Stimme, meinen Körper und mein Verhalten in der Begegnung mit diesem Menschen?

Körpererleben und Gedanken sind in einem kontinuierlichen Wechselspiel miteinander verbunden. Nur indem sich die Helfer ihrer eigenen Leiblichkeit deutlicher bewußt werden, können sie auch die leibliche Existenz ihres hilfesuchenden Gegenübers empfindsam wahrnehmen. Wissenschaftliche Körper- und Krankheitsvorstellungen werden durch konkrete zwischenmenschliche Körpererfahrungen relativiert und können dadurch zu einer hilfreichen Synthese von Sinn und Verstand werden.

Für die körper- und bewegungstherapeutische Umsetzung der auf diese Weise erstellten »Diagnose« gibt es eine Vielzahl unterschiedlich differenzierter Methoden. Im Verlauf des Buches werde ich am Beispiel einzelner Körpererfahrungen auf diese Methoden näher eingehen.

Dem bewußten Zugang zum eigenen Leib und zum Leib des Gegenübers sind auch vielfache Grenzen gesetzt. Vor allem das tiefere Verständnis für die biologischen, sozialen und kulturellen Unterschiede zwischen Männern und Frauen bleibt unzulänglich. Worte können immer nur verkürzt wiedergeben, welche besonderen Erfahrungen jemand in seiner Lebensgeschichte gemacht hat.

Sie rufen beim Zuhörer immer nur dessen eigene Assoziationen und Hypothesen hervor.

Es erschien mir wichtig, einige Aspekte meiner eigenen ärztlichen Arbeitsweise kurz zu schildern, um dadurch meine Vorgehensweise in ihren praktischen Konsequenzen zu verdeutlichen. Jeder Kontakt mit Menschen, ob erkrankt oder gesund, vermittelt wichtige Hinweise und macht Neues begreiflich.

Das vorliegende Buch sollte nicht als ärztlicher Ratgeber mißverstanden werden. Es orientiert sich bewußt an jedem zugänglichen körperlichen Alltagsphänomen. Daß diese Erfahrungen auch auf jeweils besondere Krankheits-, Heilungs- und Gesundungsprozesse Einfluß nehmen, ist ein zusätzlicher Aspekt.

Es gibt viele Hinweise darauf, daß wir auf unser eigenes Mißoder Wohlbefinden aktiv und bewußt Einfluß nehmen können. Wissen und theoretische Kenntnisse sind wichtige Bestandteile dieser möglichen Veränderungen, aber nur durch körperliche Bewegungen und praktisches Handeln können sie Wirklichkeit werden.

Menschen sind keine tragisch losgelösten Individuen, sondern immer vielfach in größere ökologische und soziale Zusammenhänge integrierte Lebewesen. Wie wir diese Zusammenhänge anerkennen, wahrnehmen, bewerten und gestalten, darin liegen die qualitativen Unterschiede unserer Existenz. »Ist die Erde, die wir berühren, Teil unserer selbst oder ist sie uns einfach zum Ding geworden, auf dem wir gehen, etwa wie ein Bürgersteig? Sind wir in unserem Bewußtsein von den Sternen getrennt, ihnen gegenüber ebenso gleichgültig wie elektrischen Leuchtern in der Halle eines Hotels? Werden wir ins Exil getrieben oder treiben wir uns selbst aus der Einheit der Natur heraus?« (C. Morgan)

Wir haben unsere alltägliche Existenz oft mit so vielen vergangenen Erfahrungen und zukünftigen Plänen vollgestopft, daß wir für offene Begegnungen mit den Möglichkeiten der Gegenwart kaum noch Platz haben. Wir suchen mögliche Lösungen für die Zukunft zu häufig ausschließlich im Nachdenken über unsere Vergangenheit. Bewußtes Körpererleben kann uns dabei helfen, wieder neu zu entdecken, daß wir jeden Augenblick, jeden Tag und jedes Lebensalter in vielerlei Hinsicht immer wieder als Anfänger beginnen. Dies ist für manche eine bedrohliche Seite des »wiederentdeckten Körpers« und birgt für andere die hoffnungsvolle Gelegenheit, neues, lebenslanges Wachstum zu fördern.

Berühren

Selbstverständlicher, verunsicherter und bewußter Kontakt

»Man berührt den Himmel, wenn man einen Menschenleib betastet.«

(Novalis)

»Die Welt der Sinne nimmt immer Bezug auf unsere Möglichkeiten zur aktiven Antwort.«

(D. Leder)

Berührung als allgegenwärtige Erfahrung

Während ich berühre, werde ich zugleich berührt. Berührung ist ein lebenswichtiges Element unserer menschlichen Existenz. Ohne die Möglichkeit zur Berührung verlieren wir die Orientierung. Schon vom Säuglingsalter an vermittelt sie uns die konkrete Erfahrung von Mitwelt, Nähe und Miteinander. Keine Worte und keine Gesten können den Gefühlen von Liebe, Sexualität, Zuneigung, Trost und praktischer Unterstützung so eindeutig Ausdruck verleihen wie die Berührung. »Berührung spricht. Sie spricht in Stimmen, die lauter und klarer sind als jeder andere Klang, der jemals dem Zwerchfell entwichen ist.« (S. Cohen)

Hautkontakt geht unter die Haut, Berührung ist ein äußerliches Geschehen, das im ganzen Inneren nachhallt. Zwischenmenschlicher Körperkontakt hat auffordernde, um Antwort bittende Qualitäten. Aber diese fallen je nach der Berührungsgeschichte der Menschen sehr unterschiedlich aus. Während der eine sich nach Zärtlichkeit sehnt, können andere durch Berührungsreize leicht überflutet werden sowie Qualen und Ängste erleiden.

Empfindsame Berührung regt das Wachstum von frühgeborenen Säuglingen ebenso an wie sie den drohenden Lebensentzug von isolierten alten Menschen aufhalten kann. Die englische Bezeichnung für Krankheit – »disease« – bedeutet ursprünglich »nicht verbunden, getrennt oder nicht berührend«. Der Tastsinn ist der erste Sinn, der sich entwicklungsgeschichtlich beim Embryo entwickelt. Auf ihm bauen alle weiteren Sinnesqualitäten auf. Menschen, die tief im Koma liegen, reagieren auf berührenden Kontakt selbst dann, wenn sie nicht mehr ansprechbar sind, was sich etwa in der veränderten Frequenz ihres Herzschlags zeigt.

Berührung ist ein schöpferischer Akt, wie dies Michelangelo 1511 in seinem Bild von der Erschaffung Adams durch den Finger Gottes an der Decke der Sixtinischen Kapelle großartig dargestellt hat.

Die heilende Kraft der Berührung

Wo und wann heilsame therapeutische Berührungen, Massagen und Manipulationen entstanden sind, ist nicht sicher auszumachen. Wahrscheinlich entstanden die ersten Formen der Massage im Orient. Bereits 2500 Jahre v. Chr. wurden in China medizinische Handschriften gefunden, die auf den Gebrauch von heilenden, energetischen Berührungen verweisen. In Persien und Indien sind Berührung und Massage seit langer Zeit Teil religiöser Rituale. V. Krizek zitiert eine Passage des indischen Susruta aus dem 6. Jahrhundert v. Chr., wo es heißt: »Massage erfrischt den Körper, die Adern, die Haut und Gelenke, fördert den Kreislauf, stärkt die Nerven und erweckt wohltuende Gefühle der Gesundheit, Reinheit und des Glücks.«

Gründerväter der Medizin wie Ibu Sina (Avicenna), Hippokrates, Paracelsus oder Galen verwiesen auf die heilungsfördernde Bedeutung von Berührung. In den römischen Thermen ölten und salbten zumeist Sklaven (tractatores) die Haut der Römer. In Afrika, Indien, der Mongolei, Japan und anderen Kulturen wurden berührende Behandlungen auch mit den Füßen (pedipulatio) durchgeführt. In den Badehäusern des Mittelalters kneteten, strichen, rieben, klopften oder schüttelten Badeknechte, manchmal auch leicht bekleidete »Streichfrauen« die Körper der Heilungsuchenden. In türkischen und arabischen Bädern nahm Massage eine bevorzugte Stellung ein. »Oftmals wurden dabei die Gelenke in extreme Lagen gebracht, und die dabei entstehenden Geräusche betrachtete man als besonders erfolgversprechend.« (V. Krizek) Die fachkundigen Manipulationen der englischen »bownsetters« waren die direkten Vorläufer von chirurgischen Interventionen. Seit dem 17. Jahrhundert sind die ersten Lehrbücher über Massage in Japan bekannt. Mitreisende französische Ärzte konnten während des Ägyptenfeldzugs Napoleons arabische Massagetechniken eingehender studieren.

Im deutschen Sprachraum kamen später Wasseranwendungen nach Priesnitz oder Kneipp als physiotherapeutische Anwendungen hinzu. Sie waren dadurch charakterisiert, daß sie kaum direkte manuelle Berührung, sondern verschiedene Formen von Fallduschen, Guß- oder Druckstrahlmassagen als durch das Wasser vermittelte Berührungen anwendeten.

Bei der Behandlung von psychischen Erkrankungen wurde seit

dem 16. Jahrhundert die Berührung durch Wasser systematisch eingesetzt. Der Hautkontakt mit eiskaltem Wasser im Sinn von schocktherapeutischen Überraschungsbädern war weit verbreitet. So wurden zum Beispiel gegen manische Zustände häufig Stunden dauernde kalte Sitzbäder angeordnet, bis der Kranke völlig unterkühlt war. Unruhige Patienten wurden fixiert, indem man ihnen stundenlang Wassertropfen aus größerer Höhe auf den Kopf fallen ließ. Durch das langsame und stetige Betropfen hoffte man, die bösen psychischen Geister physiotherapeutisch zu vertreiben. Die historische Verwendung von berührenden, physiotherapeutischen und mechanisch-manipulativen Verfahren in der westlichen Psychiatrie hat K. Dörner in seinem Buch »Bürger und Irre« ausführlich dargestellt. Diese Verfahren zeigen eine Fülle von Parallelen zu manchen mechanischen Therapieansätzen in der heutigen Medizin und Psychotherapie.

Im 19. Jahrhundert kamen vor allen Dingen in England und Amerika spezielle manipulative Verfahren wie die Chiropraktik oder die Osteopathie auf. Palmer, der Begründer der Chiropraxis, ging davon aus, daß die Grundlage aller Erkrankungen sich im Bereich der Wirbelsäule befindet. Seiner Ansicht nach behinderten subluxierte Wirbel die freie Tätigkeit der Nerven und hinderten dadurch die »angeborene Intelligenz« des Körpers am freien Fluß.

Die erste medizinische Dissertation zur Massage wurde in Europa etwa in der zweiten Hälfte des 19. Jahrhunderts erstellt. In der Folgezeit entwickelten sich zahlreiche unterschiedliche Techniken der Massage wie die Ganzkörper-, Reflexzonen-, Bindegewebs-, Muskel-, Periostal-, Lymph-, Akupressur- oder Sportmassage. In der Tradition der naturwissenschaftlichen Medizin beziehen sich diese Verfahren zumeist ausschließlich auf äußere Manipulationen von Teilbereichen des biologischen Körpers. Trotz vielfältiger Verweise auf die allgemeine Steigerung des Wohlbefindens haben diese Techniken bisher die psychosomatischen Dimensionen ihrer Berührungen kaum systematischer reflektiert.

Von jahrtausendealten Traditionen der heilenden Berührung wie Akupressur, Handauflegungen in der Tradition des Asklepius, Wirbelsäulenmanipulationen des Hippokrates oder Reflextechniken des Celsus, von religiösen Traditionen wie dem Heilen eines Leprösen durch das Handauflegen Jesu Christi oder von den exorzistischen Prozeduren im Badezuber des Mittelalters zieht sich eine Berührungslinie bis zu den klassisch-physiotherapeutischen und neueren Körpertherapien unserer Zeit. Geschickte und geschulte Berührung können ebenso dabei helfen, abgewichene, verdrehte oder verklemmte Strukturen unseres Körpers zu richten, wie sie auch dazu beitragen können, gestautes, verhärtetes und geschwächtes Gewebe wieder zu neuer Flexibilität anzuregen. Therapeutische Berührung kann vergessene Körperteile neu in Erinnerung rufen, dem Nervensystem neue Impulse zur Bewegung vermitteln oder das vegetative Nervensystem aus einem übererregten Zustand in neue Ruhe hinüberleiten. Die Verbindung von therapeutischen und manipulativen Techniken mit empathischem Mitgefühl kann helfen, neues Wohlbefinden im eigenen Körper zu erleben.

Wenn wir uns verletzen oder stoßen, bemühen wir uns automatisch darum, den gespürten Schmerz durch Kontakt mit den entsprechenden Körperregionen zu lindern. Durch Auflegen unserer eigenen Hände, durch Druck oder kreisende Bewegung versuchen wir, den Schmerz erträglicher zu machen. Wenn die eigenen Versuche der heilenden Berührung nicht ausreichen, wenden wir uns an die verschiedenen therapeutischen »Berührungsexperten«. Ihr Arsenal an Berührungen hat viele mögliche Qualitäten. Federleichte Berührung erinnert uns sanft, fordert auf, unsere Aufmerksamkeit in die Region der Berührung zu lenken. Einfache Formen des Handauflegens bieten Möglichkeiten zu Kontakt und Wahrnehmung. Leichte, streichende Bewegungen können Trost und Wohlbefinden vermitteln, schüttelnde und schaukelnde Formen der Bewegung muskuläre und skelettäre Strukturen lösen und uns dadurch an den natürlichen Fluß und die pulsierenden Bewegungen in unserem Organismus erinnern. Reiben und klopfen beleben und energetisieren unser Körperempfinden. Durch langsames oder schnelleres passives Bewegen können Glieder gelöst und in ihrer Bewegungsfreiheit gestärkt werden. Streckende Berührungen können ein neues Gefühl von Länge vermitteln. Erfolgt die Berührung mit größerem Druck in die Tiefe, so wird ermöglicht, verspannte, vergessene Regionen neu zu öffnen, zu beleben oder loszulassen.

Berührung findet immer in einem besonderen Kontext statt. Verschiedene wissenschaftliche Disziplinen sind der Frage nach spezifischen Häufungen von Berührung und Kontakt nachgegangen. Sie haben dabei den wechselnden Umgang mit Kontakt aus der Perspektive kultureller Unterschiede, sozialer Klassenstrukturen, Bildungsniveaus, Altersstrukturen, Geschlechtsunterschiede oder familiärer Hierarchien herausgearbeitet. Die Ergebnisse dieser For-

*Kein Lebewesen kann auf Dauer ohne Berührung und Kontakt existieren.
Behutsame zwischenmenschliche Berührung vermittelt von der Geburt bis
zum Tod das Gefühl von Nähe, Geborgenheit und Anwesenheit und
beeinflußt entscheidend unsere Wahrnehmungen, Gefühle, Gedanken,
unser Wohlbefinden und unsere Heilungsprozesse.*

schungen sind jedoch zumeist verstreut, bisher kaum miteinander verglichen oder in Beziehung zueinander gesetzt worden.

Das für Säuglinge und Kleinkinder »natürliche« Erleben von Berührung wird im Laufe ihres Wachstums von einer Vielzahl unterschiedlicher Einflüsse überlagert und mitgeformt. Im Erleben von und im Umgang mit Berührung spiegeln sich kulturelle, religiöse, soziale, familiäre, mythologische oder wissenschaftliche Vorstellungen sowie Macht- und Herrschaftsverhältnisse wider. Sie prägen körperlichen Berührungen ihren Stempel auf und nehmen Einfluß darauf, welche Formen der Berührung anerkannt, gefördert oder tabuisiert werden. Sie belegen den Körper der Menschen auch mit unterschiedlichen Tabuzonen. So stellt beispielsweise das Christentum Freude an körperlicher Berührung häufig unter das moralische Verdikt der Sünde. Gleichzeitig erleben wir in der Werbung der öffentlichen Medien eine übersteigert positive Darstellung des Tauschwertes von Haut und Nacktheit, die Berührungen oft auf eine übertriebene, einseitige Symbolik von Sexualität verkürzt.

Die ursprüngliche Reihenfolge der Sinnesentwicklung beim Embryo, bei der sich zuerst die taktilen, dann die auditorischen und schließlich die visuellen Sinne entwickeln, wird in unseren Kulturen durch die Sozialisation mit zunehmendem Alter auf den Kopf gestellt. Die Folge ist, daß zwischen Erwachsenen immer weniger zwischenmenschliche Berührungen ausgetauscht werden. Diese Tendenz wird unterstützt durch die zunehmende soziale Vereinzelung und Individualisierung der Menschen in den Industrienationen bei gleichzeitigem Trend zur stärkeren Zusammenballung auf engeren städtischen Siedlungsräumen und zunehmender Vermassung ihrer Lebensstile. In den letzten zwei Jahrzehnten hat sich die Zahl der alleinlebenden Menschen verdoppelt. In Deutschland lebt heute schon etwa ein Drittel aller Menschen in Ein-Personen-Haushalten, in manchen städtischen Bezirken sogar die Hälfte. Dies betrifft insbesondere die zunehmende Zahl alter Menschen. Sozial finden immer weniger persönliche, vertraute Berührungen und immer mehr zufällige, öffentliche oder professionalisierte Berührungen durch »Berufsberührer« der unterschiedlichsten Herkunft statt.

Der häufigste taktile Kontakt ist die Geste des Händedrucks. Sie wird bei formellen Kontakten wie Begrüßung, Abschied, Ausdruck von Beileid, Beglückwünschung oder Bekräftigung von Abmachungen und Verträgen angewandt. Sie soll ausdrücken, daß man sich in respektvoller, freundschaftlicher oder friedlicher Absicht die

Hand zum Austausch reicht. Darüber hinaus gibt es eine Vielzahl von öffentlich demonstrierten »Bindungszeichen« (D. Morris), die durch Berührung die persönliche Bezogenheit der Menschen aufeinander ausdrücken, wie beispielsweise das Bei-der-Hand-Nehmen von Kindern, kranken oder gebrechlichen Menschen, Kontakte wie Unterhaken, Umarmung, Arm um die Schulter legen, über den Kopf streichen sowie verschiedene Formen der Körperstütze und intime Formen der körperlichen Berührungen.

Wo die Möglichkeit zur privaten Berührung für immer mehr Menschen verlorengeht, tritt an ihre Stelle die formalisierte, legalisierte Berührung unterschiedlicher Berufsgruppen wie die medizinischen Berufe der Pflege, der Körperhygiene oder der Massagepraktiker. D. Morris merkt dazu an: »Ein Heer von geschulten Berührern wartet nur darauf, praktisch jeden Körperfleck, den man ihnen gibt, nach allen Regeln der Kunst zu kneten, zu beklopfen, zu massieren, zu streicheln und durchzuwalken.« In unterschiedlicher Form und Ausprägung sind sie dabei behilflich, durch Körperkontakt wieder mehr Selbstvertrauen oder im Fall von Verlust, Krankheit und Trauer stärkenden Trost zu ermöglichen.

Selbstberührungen erfolgen vor allem bei hygienischen Verrichtungen wie Duschen, Baden, Cremen, Salben, Ölen oder beim Auftragen von Kosmetika. Im sozialen Austausch und im Gespräch nehmen wir mit vielen selbstberührenden Gesten selbstversichernden Kontakt mit unterschiedlichen Körperpartien auf. Die Erforschung von »Körpersprachen« hat in dieser Hinsicht ein umfangreiches Vokabular zusammengestellt. Selbstberührungen in Form von Selbststreicheln und Masturbation sind häufig tabuisierte Formen. Manipulationen an der Haut wie Kratzen, Ausdrücken von Pickeln und Mitessern, das Entfernen von Körperhaaren oder pathologische Formen der traumatischen Hautverletzung in Form von Brandwunden, Kratzwunden oder autoaggressiven Selbstverletzungen sind heute weiter verbreitet als allgemein bekannt. Auch die Zunahme von nichtinfektiösen Hauterkrankungen aller Art verdeutlicht, wie sehr die äußere Oberfläche unseres Körpers Schauplatz vielfältiger Berührungskonflikte geworden ist.

Zwischenmenschliche Berührung ist immer mehr zum zufälligen Kontakt mit Fremden geworden. In überfüllten Verkehrsmitteln oder innerstädtischen Bezirken, in Kaufhäusern oder bei Großveranstaltungen sind solche Berührungen häufig von demonstrativen Entschuldigungen gefolgt.

Wenn die zwischenmenschliche Berührung für isolierte Personen schwierig ist, kann berührender Austausch mit Tieren spürbare Hilfe schaffen, da er zur Minderung von Ängsten und Unruhe beiträgt und eine Reihe von gesundheitsfördernden, biologischen Folgen hat.

In Gesellschaften, in denen die Möglichkeit und Erfahrung von liebevoller und vertrauter körperlicher Berührung für immer mehr Menschen schwierig oder unmöglich wird, kann sich leicht auch erhöhte Empfindlichkeit und Reizbarkeit entwickeln, das heißt, eine Situation, die im Englischen als »touchy«, also als heikel oder kitzlig bezeichnet wird. Der amerikanische Zukunftsforscher J. Naisbitt stellte als einen wesentlichen Trend für die Zukunft der Industriegesellschaften die Notwendigkeit der stärkeren sozialen Förderung von »High touch« fest, als balancierendem Element zur zunehmenden Verbreitung von »High tech« fest. Darunter versteht er das allgemein wachsende soziale Bedürfnis nach Nähe und Zusammensein, das für Naisbitt durch das sprunghafte Anwachsen von Selbsthilfegruppen sowie von vielfältigen neuen Therapie- und Lernverfahren erkennbar wird. Sie werden in den USA häufig unter dem Sammelbegriff »Human potential movement« beschrieben.

U. Beck und E. Beck-Gernsheim zeichnen in ihrem Buch »Das ganz normale Chaos der Liebe« ein ähnliches Bild. Sie weisen für die Industriegesellschaften eine soziale Dynamik nach, die einerseits von zunehmend notwendiger individueller Mobilität, Flexibilität und Individualisierung und andererseits von einer wachsenden Suche nach individueller Geborgenheit im Rahmen kleiner Beziehungs- oder Familieneinheiten geprägt ist. In den Industriegesellschaften hat sich eine Situation entwickelt, in der die Menschen paradoxerweise den körperlichen Kontakt um so notwendiger brauchen, je sorgfältiger sie ihn zu vermeiden suchen.

Tastsinn als lebensspendender Sinn

Eines der fundamentalen Prinzipien jedes lebenden Organismus ist Kontakt. Er ist Bedingung für den lebensnotwendigen »Stoffwechsel«, für den Austausch von Informationen in Form von Materie und Energie. Schon bei der Befruchtung nehmen zwei unterschiedliche Zellen mit genetischen Informationen unterschiedlicher Welten miteinander Kontakt auf. Die neu entstandene befruchtete

Keimzelle bedarf ihrerseits des unmittelbaren Kontakts mit dem mütterlichen Gewebe, aus dem sie die notwendigen Energien zur Freisetzung ihres genetischen Potentials bezieht. Zugleich gibt sie an ihrer äußeren membranösen Grenze verbrauchte Stoffwechselprodukte ab. Mit Hilfe moderner, mikroskopischer und biotechnologischer Forschung haben sich unsere Vorstellungen über die Detailprozesse des Stoffwechsels zwischen dem wachsenden menschlichen Keimling und seinem mütterlichen Wirtsorganismus enorm erhöht.

Zur Entstehung von Leben ist die Überschreitung der abgrenzenden Membranen der einzelnen Zellen notwendig. Nach der Vereinigung von Ei- und Samenzelle bilden beide Zellen eine neue gemeinsame äußere Membran zur Kontaktaufnahme. Ohne den Schutz dieser äußeren Zellmembran gäbe es keine gesicherte Nahrungsaufnahme und damit kein Wachstum. Ohne die sich vereinigenden Zellkerne wären keine Auswirkungen der Vererbung bei der Entwicklung möglich. »Ohne Zellkern wäre kein rückwirkender Prozeß gegen das von außen angeregte (exogene) Wachstum möglich.« (E. Blechschmidt) Von Beginn des Lebens an sind die Austauschbeziehungen zwischen der »Innenwelt«, dem, was sich innerhalb der Membran oder der schützenden Hülle befindet, und der »Umwelt«, dem umgebenden Milieu, innig und lebensnotwendig. Die Differenz zwischen Zellinnerem und umgebendem Milieu bleibt als schöpferische Spannung für das gesamte Leben jeder Zelle erhalten. In der folgenden Ausdifferenzierung des Embryos im Rahmen der menschlichen Entwicklungsgeschichte übernehmen seine Zellen gemeinsame, geordnete Funktionen, verbinden sich zu Zellsystemen, Organstrukturen und größeren Funktionseinheiten.

Aus dem äußeren Keimblatt, dem Ektoderm, geht in der Entwicklungsgeschichte des Menschen sowohl die Haut als auch das Nervensystem hervor. Es ist anatomisch und physiologisch korrekt, wenn Dean Juhan sagt: »Je nachdem, welche Perspektive man einnimmt, kann man sagen, daß die Haut die äußere Oberfläche des Gehirns ist oder, daß das Gehirn die tiefste Schicht der Haut ist.«

Das Prinzip der äußeren Kontaktmembran prägt auch die Haut. An ihrer Oberfläche entwickeln sich Stoffwechselfunktionen, Flüssigkeitsregulation, Atmungsaktivitäten, immunologische Abwehrfunktionen, Regulierung des Wärmeenergiehaushaltes und eine Vielzahl differenzierter Informationsvermittlungen in den Berührungen mit der Außenwelt. Schon von der sechsten Woche an entwickelt sich beim Embryo der Tastsinn als erster, strukturell entwickelter Sinn. Er ist in unterschiedlicher Form über die gesamte äußere Oberfläche des wachsenden Embryos verteilt und geht den sich später an bestimmten Stellen des Organismus entwickelnden speziellen Sinnesorganen wie Augen, Ohren, Nase oder Zunge voraus. Vom Entwicklungszeitpunkt her und von seiner Einflußnahme auf das Gesamtgeschehen der Embryogenese aus betrachtet, ist Berührung die »Grundlage der Erfahrung«, wie Barnard und Brazelton sagen.

Der konstante Kontakt zwischen der Hautoberfläche des wachsenden Embryos und seiner uterinen Umwelt ist ein fundamentales Prinzip seiner Entwicklungs- und Reifungsprozesse. Bereits vorgeburtlich entwickelt sich eine spezifische Form des Körperbewußtseins. Der Embryologe Blechschmidt schreibt: »Durch die vorgeburtliche Entwicklung haben wir – wenn auch vorbewußt – ein Vorwissen vom eigenen Körper. Wir erleben mit ihm immer von Neuem uns selbst und vermögen umgekehrt unser Inneres (Selbst) durch die Sprache des Leibes auszudrücken. Die Ursprünglichkeit unseres Körperbewußtseins äußert sich in vielen Gesten. In ihnen wird der Zusammenhang von Somatischem und Psychischem besonders deutlich.«

Die spätere Ausdifferenzierung der unterschiedlichen Körperbereiche und ihrer Aktivitäten verfeinert das allgemeine Körperbewußtsein. Die spezifische Anreicherung von Rezeptoren mit ausgeprägterem Tastempfinden im Bereich von Händen und Füßen ist ein wichtiger Aspekt der embryonalen Entwicklung. Schon vorgeburtlich praktiziert der Embryo Funktionen des »Wachstumsgreifens« als handelnde Kontaktaufnahme mit Strukturen der uterinen Umwelt und dem eigenen Körper. Auf vorbewußter Ebene prägen sich so dem wachsenden Organismus vielfältige Erinnerungsspuren seines körperlichen Selbst ein. Neurophysiologisch gesehen ist das Neugeborene kein »unbeschriebenes sensomotorisches Blatt«. Kontakt und Berührung sind vom ersten Beginn des menschlichen Lebens an orientierungsbildende Erfahrungen, auf denen alle späteren Wahrnehmungen und Bewegungsprozesse aufbauen.

Die Haut – Schutz, Hülle und Organ des vielfachen Austauschs

Es gibt kaum ein Organsystem in unserem Körper, das zur gleichen Zeit so vielfältige Funktionen ausübt wie die Haut. Sie umhüllt als äußere Grenzschicht unseren Körper. Dabei bildet sie aber keine hermetisch geschlossene Grenze, sondern sie ist selektiv durchlässig. Sie ist am Atmungsprozeß, an der Ausscheidung von Flüssigkeiten und toxischen Substanzen, am Stoffwechselgeschehen, an der Wärmeregulation und am Kreislaufgeschehen beteiligt. Als Teil des Immunsystems bildet sie die erste Grenze bei der Abwehr von schädlichen äußeren Reizen. Sie trägt mit dazu bei, den ganzen Körper in der Homöostase, im Fließgleichgewicht, zu halten. Die Haut nimmt Informationen von außen auf und spiegelt gleichzeitig innere Prozesse wider. Ihre äußeren Regionen korrespondieren mit inneren Organsystemen oder mit umschriebenen Bereichen der Nervenaustrittswurzeln, die parallel zur Wirbelsäule verlaufen. Unsere Haut regeneriert sich beständig. Die äußeren Hornhautschichten ihrer Oberfläche werden immer wieder abgetragen. Während unseres Lebens »häuten« wir uns im wahrsten Sinne des Wortes vielfach. Täglich löst sich die oberste Lage der Hautzellen ab, und die gesamte Hornschicht erneuert sich in etwa vier Wochen. Etwa zwei Milliarden Hornzellen stößt jeder Mensch täglich ab. Würde dies nicht geschehen, so würde die fortgesetzte Neuproduktion von Hautzellen uns bald mit einem Panzer wie Schildkröten umgeben. Wasser- und Fettmoleküle befeuchten die Haut und halten sie geschmeidig. Zusammen mit den mehreren Billionen von Mikroorganismen, die unsere gesamte Hautoberfläche besiedeln, bildet sie die äußere Verteidigungslinie gegen krankheitsträchtige Erreger.

Wahrnehmungen der Hautoberfläche dringen tief in das Innere des Menschen vor. Gleichzeitig ist die Haut an einer Vielzahl von emotionalen Reaktionen mitbeteiligt und bringt diese sichtbar zum Ausdruck. Wenn jemand vor Schreck oder Erregung eine »Gänsehaut« bekommt, wenn er infolge von Verlegenheit oder Scham im Gesicht »errötet«, wenn ihm »der Schweiß auf die Stirn tritt« oder er vor Angst am ganzen Körper zu schwitzen beginnt, dann ist die Haut auch Kommunikationsorgan. In besonders streßvollen Situationen bekommen manche Menschen Hautausschläge oder Ekzeme. Ebenso wie äußere Informationen Spuren im Inneren hinter-

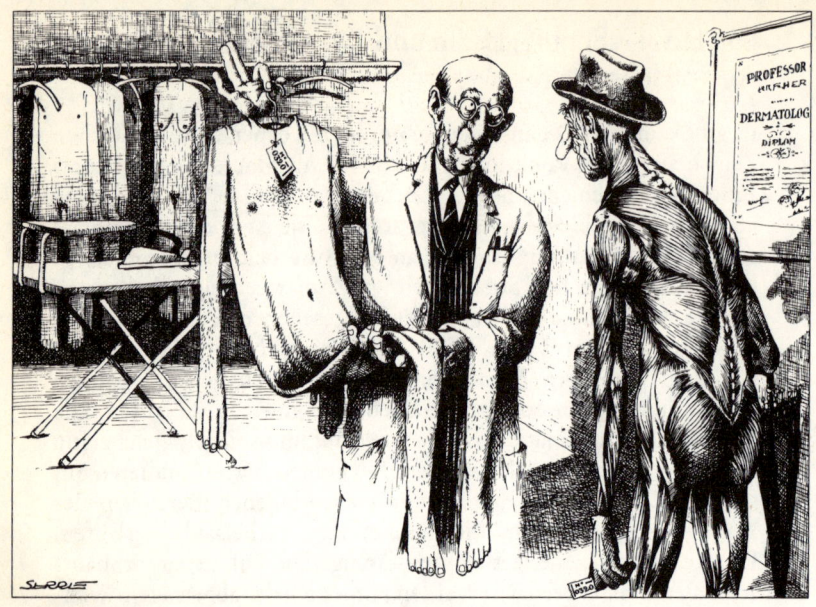

Das größte Sinnesorgan unseres Körpers ist die Haut. Sie umhüllt uns als Grenze, läßt uns spüren, wo wir als Körper enden, nimmt wesentlich an unserem Stoffwechsel mit der Welt teil und schützt uns gegen schädliche Organismen der Umwelt. Sie kann große Lust erregen oder vor anderen, als Nacktheit, schamhafte Blöße hervorrufen.

lassen, hinterlassen ihrerseits innere Befindlichkeiten und Gefühle Spuren auf der Haut.

Der Philosoph Ernst Bloch schrieb: »Aus seiner Haut kann jeder heraus, denn keiner trägt sie bereits.« An einer anderen Stelle bemerkte er: »Als der und jener scheint ein jeder schon da. Aber keiner ist, was er meint, erst recht nicht, was er darstellt. Und zwar sind alle nicht zu wenig, sondern zu viel von Haus aus für das, was sie wurden. Später gewöhnen sie sich an die Haut, in der sie nicht nur stecken, sondern in die man sie auch noch gesteckt hat, beruflich oder sonst wie.« Eine Vielzahl von Redewendungen verweist auf das populäre Wissen über die Haut. Wir sprechen bei einem aufrichtigen Menschen von einer »ehrlichen Haut«. Wer sich ausruht, »liegt auf der faulen Haut«. In schwierigen Situationen möchte man nicht »in jemand anderes Haut stecken« oder man »fühlt sich in seiner eigenen Haut nicht wohl«. Manche Erfahrungen gehen einem »unter die Haut«, und man ist froh, wenn man sich »seiner Haut retten kann« oder »mit heiler Haut davonkommt«. Manchmal möchte man vor lauter Wut »aus der Haut fahren« oder jemandem »das Fell über die Ohren ziehen«. Ein anderer ist »mit Haut und Haaren verliebt«. Wir sprechen davon, bestimmte Situationen »hauteng« oder »hautnah« erlebt zu haben. Manche Menschen bezeichnen wir als »dünnhäutig« und andere als »dickfellig«. Wenn man sich über jemanden ärgert, möchte man ihm gerne einmal »den Pelz waschen«.

Als Kommunikationsorgan hat die Haut auch einen hohen symbolischen Stellenwert. Farbe, Spannungsgrad und Pigmentierung stehen in Beziehung zu Rasse und Alter. Die Haut unterliegt vielen individuellen Korrekturbemühungen etwa in Form von natürlicher Sonnenbräune oder maschinell und chemisch erzeugten Tönungen. Angesichts der übertriebenen Sonnenexposition der Haut ist heute die Zunahme von Melanomen und bösartigen Hauttumoren zu verzeichnen. Werbefachleute für Kosmetika haben den Spruch geprägt: »Umweltschutz beginnt schon bei der eigenen Haut.« Erschlaffte Hautgewebe werden heute häufiger als früher kosmetisch-chirurgisch korrigiert. Die in den Industrieländern verbrauchten Mengen an Hautkosmetika verschlingen enorme Geldsummen. Tätowierungen sollen einzelne Hautareale dekorativ hervorheben. Wieviel Haut jemand zeigt oder verhüllt, soll dazu beitragen, sexuelle Attraktivität zu steigern oder zu mindern. Haut wird auf vielfältige Art und Weise auf verschiedene Märkte der Eitelkeiten getragen. Anstatt sich »ihrer Haut zu wehren«, »verkaufen viele ihre Haut« so gut wie möglich. Haut ist sowohl ein Sinnesorgan als auch ein demonstrativ sinnliches Organ.

Die Haut als Sinnesorgan

Über unsere Haut nehmen wir beständig Empfindungen über uns selbst und unsere Umwelt auf. Sie ist unser »größtes« Sinnesorgan. Im Gegensatz zu den anderen Sinnen ist sie jedoch nicht in einer besonderen Körperregion organisiert, sondern unser ganzer Körper nimmt als »Tastkörper« an den Prozessen der taktilen Informationsaufnahme teil.

Anatomische und feingewebliche Untersuchungen zeigen, daß die für Berührung empfindsamen Nervenendigungen in den unterschiedlichen Regionen des Körpers unterschiedlich dicht gelagert und ausgebildet sind. Über eine halbe Million Sinnesrezeptoren vermitteln uns Empfindungen von Druck, Temperatur oder Schmerz. Am dichtesten von Rezeptoren besiedelt sind die Lippen, am wenigsten dicht ist ihre Konzentration im Rückenbereich. Acht verschiedene Typen von Nervenendigungen, die unterschiedliche Qualitäten der Berührung aufnehmen, sind bisher bekannt. Es handelt sich dabei zum einen um sogenannte freie Nervenenden, die sich über den ganzen Körper verteilt finden. Empfindungen für leichte, streichende Berührungen werden von den »Meissner-Körperchen« aufgenommen. Mit feinen Haaren besetzte Berührungsrezeptoren können noch subtilere Objekte erkennen, die nur ganz geringfügige Kontakte auf der Haut verursachen oder auf ihr ruhen. Zum anderen sind spezifische Druckrezeptoren bekannt, die uns einen Eindruck über die Dauer eines tiefen Drucks vermitteln. Diese »Ruffini-Endorgane« informieren uns ebenfalls über »innere Berührungen« und Bewegungen, wie etwa die Stellung und Bewegung unserer Extremitäten. Neben diesen langsam funktionierenden Rezeptoren gibt es noch die auf schnelle, vorübergehende Berührungen oder Vibrationen reagierenden »Paccini-Körper«. Die verschiedenen, spezialisierten Formen von Rezeptoren und Nervenendigungen wirken gemeinsam an unseren Berührungserfahrungen mit und vermitteln uns eine komplexe »Gestalt« der Berührung.

Neurophysiologische und biochemische Forschungen haben detaillierte Kenntnisse über die Prinzipien der körperlichen Informationsverarbeitung herausgestellt. Sie zeigen, daß die verschiedenen sensorischen Informationen über eine Vielzahl von Synapsen und Schaltstellen moduliert werden, bevor sie die unterschiedlichen Bereiche des Zentralnervensystems und des Gehirns erreichen. Während dieser Verschaltungsprozesse beeinflussen berührende Informationen unser subjektives Befinden und werden gleichzeitig, je nach unserer aktuellen Ausgangssituation bei der Berührung, ihrerseits emotional »getönt«.

Anatomische und physiologische Forschungsergebnisse erklären biologische Grundlagen und Prinzipien der taktilen Wahrnehmung. Zum umfassenden Verständnis dessen, was menschliche Berührung ist, sind sie allein jedoch nicht ausreichend. Obwohl wir beständig eine Vielzahl von unterschiedlichen Berührungsinformationen aufnehmen, wird uns nur ein geringer Teil von ihnen bewußt. Die individuelle »Empfangsbereitschaft« eines Menschen für die Berührungsreize wird von seinem jeweiligen Spannungs- und Erregungszustand sowie von seiner aktuellen Aufmerksamkeit erheblich beeinflußt.

Das »physikalisch-sensorische Modell« (R. Weber) des Berührungsgeschehens beruht auf exakten, quantitativen Betrachtungen sowie detaillierten, strukturell-funktionellen Untersuchungen, die für sein naturwissenschaftliches Verständnis unbedingt notwendig sind. Die sorgfältig herausgearbeitete Vielzahl von Variablen, die auf der biologischen Ebene am Berührungsprozeß beteiligt sind, stellt ein solides Fundament für die wissenschaftliche Kommunikation über Berührung dar. Allgemeine physikalisch-sensorische Wahrnehmungsprozesse der Berührung sind aber immer eingebettet in die individuell-besondere, psychologische Wahrnehmungsbereitschaft. Was man bei einer Berührung spürt, wird begleitet von dem, wie man sich dabei oder damit fühlt. Biographische Prägung und individuelles, leibliches Berührungsgedächtnis bewirken, daß physikalisch-sensorische Berührungen immer mehr als nur mechanische Reiz- und Reaktionsmuster auslösen.

Würden physikalisch-sensorische Erklärungen des Prozesses der Berührung ausreichen, dann wäre die spezifische »Quelle« der Berührung ohne Bedeutung, und zwischenmenschliche Berührung würde immer die gleichen Ergebnisse bewirken.

Berührung als Begegnung

In der lebendigen Wirklichkeit haben wir es aber nicht mit leblosen physikalischen Maßen zu tun, sondern hier berühren wir immer im Kontext unserer individuellen Erfahrungsprozesse. »Wahrnehmen« von Berührungen beinhaltet immer auch Anteile von aktivem »Nehmen«, Erfassen und Auswählen. Berührung erregt Aufmerksamkeit, welche ihrerseits erst zur Wahrnehmung befähigt. In dieser Hinsicht sind also die Tastrezeptoren des Nervensystems nicht nur passive Antennen, sondern auch ausführende Organe. Jedes Empfinden ist auch Bewegen, jedes Bewegen beinhaltet auch Empfindung (v. Weizsäcker). Erst durch die Entwicklung von anwesender Aufmerksamkeit werden die biologischen Strukturen der Reizwahrnehmung zu persönlichen Sinnen, welche subjektive Sinngebung und Sinnfindung ermöglichen. Berührungen bewegen

Gefühle, Gedanken, Phantasien und Handlungen. Je nach subjektivem Empfinden werden berührende Kontakte mit Abgrenzung oder offener Annahme beantwortet. Berührung eröffnet uns den direkten Kontakt mit sich stets verändernden Wirklichkeiten. Sie vermittelt Gegenwart und die Möglichkeit zur Anteilnahme, zum Wahrnehmen von Beziehungen, die verdeutlichen, daß man mit der Welt und mit anderen gemeinsam *ist*. Aus der Berührung erwächst ein Gespür für Nähe, Miteinander, Zärtlichkeit, Trost, Schutz, Geborgenheit, Zuneigung oder Liebe. Sie reizt zur Erwiderung, regt an, versichert einem eigene Möglichkeiten, belebt, erweckt, befördert Lebendigkeit, verändert Spannung und Stimmung, setzt Schwingungen frei und lädt zur Bewegung ein.

Ein wesentlicher Unterschied von Berührung im Vergleich zu den anderen Sinnesqualitäten – Sehen, Hören, Schmecken oder Riechen – liegt darin, daß Berührung immer ein wechselseitiges Geschehen, ein reziproker Kommunikationsprozeß ist. Ich nehme nicht nur wahr, sondern ich vermittle auch demjenigen, der mich berührt, Informationen über mich und mein augenblickliches Befinden. Ein »psychologisch-humanistisches« Verständnis von Berührung lenkt die Aufmerksamkeit auf die empfindsamen Wechselwirkungen zwischen den besonderen, individuellen »Spendern und Empfängern« von Berührungen. Zuneigung, Mitgefühl, persönliche Charaktereigenschaften, Bewußtseinsprozesse und soziale Aspekte des Austauschs sind wichtige Elemente einer solchen Sichtweise. Im Zentrum steht die Frage nach Bedeutung und Sinn der Berührungserfahrungen für die betroffene Person. Der besondere Umstand, daß jemand konstante soziale Kontakte pflegt oder isoliert ist, nimmt erheblichen Einfluß auf die individuelle Erfahrung von ansonsten physikalisch-sensorisch ähnlichen Reiz-Reaktionsmustern.

Bei starker emotionaler Erregung und Unruhe ist man nur schwer bereit, sich von Berührung wirklich erreichen zu lassen. Wer vor Schmerz, Verzweiflung, Hilflosigkeit und Trauer erregt ist, der fühlt sich meist isoliert von der übrigen Welt. Zugleich mag er ein großes Bedürfnis nach schützender Nähe verspüren. Der Wunsch nach »Gehaltenwerden« geht auf kindliche Erfahrung des Beschütztwerdens zurück. Körperliche Nähe und Berührung der Mutter oder einer anderen vertrauten Person tragen erheblich zur Beruhigung und Linderung kindlicher Krisen und Schmerzen bei. Die Suche nach berührender, schützender Nähe ist eine »instinktive«, nicht nur menschliche Verhaltensweise.

Bei vielen Menschen ist die Erfahrung der Nähe und Berührung aber auch von ambivalenten und angstbesetzten Erinnerungen geprägt. Wenn bei ihnen kindliche Erregung nicht mit schützender Nähe, sondern mit Schlägen und körperlicher Gewalt beantwortet wurde, dann entwickeln sie bisweilen ein angstvolles leibliches Gedächtnis für Berührung. Jede neue Berührungserfahrung wird bei ihnen potentiell auch von neuen Ängsten vor Verletzungen, Übergriffen und Bedrohung der persönlichen Integrität begleitet. Berührung löst bei diesen Menschen zunächst statt der erhofften Beruhigung verstärktes körperliches Zusammenziehen und allgemein erhöhtes Streßniveau aus. Es kann für solche Menschen geraume Zeit dauern, bis sie in der Lage und bereit sind, neue Qualitäten der Berührungserfahrung ohne Ängste zu erleben und zuzulassen. Im Begriff »Angst« stecken die Andeutungen Enge, Beklemmung und gewaltsame Klemme, die Schrecken auslösen sowie starr, steif und unbeweglich machen. Wo gewaltsame Berührungen Erschrecken und Bewegungslosigkeit als tiefe Erfahrung hinterlassen haben, da können liebevolle oder einfühlsame therapeutische Berührungen Anregungen zur Erlaubnis und Erfahrung neuer körperlicher Wirkung, Ausdehnung und Bewegung geben.

Der Einfluß von Hautkontakt auf das körperliche Streßgeschehen

Als 1958 H. Harlow, der Präsident der Amerikanischen Psychologischen Gesellschaft, ein Referat mit dem Titel »Die Natur der Liebe« vortrug, sorgte er für nachhaltige Aufregung. Bis dahin hatten Forscher und Kliniker unterschiedlicher theoretischer Richtungen die Sättigung des Hungers als grundlegende Voraussetzung für individuelles Wohlbefinden angenommen. Harlow überraschte die Teilnehmer des Psychologen-Kongresses mit Forschungsergebnissen, die diese allgemeine Annahme in Frage stellten. Er hatte in seinem Labor Rhesusaffen unter anderem mit »künstlichen Müttern« aufgezogen. Eine Art dieser Ersatzmütter war aus Draht geformt, aber gleichzeitig mit einer Nahrungsquelle für Milch versehen. Die andere Art der »Mütter« war mit einem Fell überzogen, spendete jedoch keine Nahrung. Harlow konnte in seinen Untersuchungen eindeutig nachweisen, daß die jungen Rhesusaffen bevorzugt intensiven und langanhaltenden Kontakt mit den »behaarten Müttern« aufnahmen, obwohl diese ihnen keine Nahrung spendeten. Harlow nannte das gefundene Phänomen »contact-comfort«, also beruhigenden, tröstenden Kontakt. Das Bedürfnis nach angenehmem, »behaartem« Körperkontakt war für die jungen Affen zur Herstellung des Gefühls von Sicherheit und Wohlbefinden wesentlich.

Harlows Experimente fanden in der Öffentlichkeit großes Echo, und ihre Auswirkungen auf die verschiedenen wissenschaftlichen Disziplinen, die sich mit der Entwicklung des Menschen beschäftigten, trugen wesentlich dazu bei, daß die Bedeutung von frühem Körperkontakt im Sozialisationsprozeß größere Beachtung fand. Seit Harlows Präsentation vor nunmehr fast 35 Jahren hat sich das Forschungswissen über die Einflüsse des Körperkontakts auf die Gesamtbefindlichkeit und auf die verschiedenen Organsysteme erheblich erweitert. Der Anthropologe A. Montagu hat eine ausgezeichnete Übersicht über diese Forschungsentwicklungen in seinem Buch »Körperkontakt – die Bedeutung der Haut für die Entwicklung des Menschen« zusammengestellt. Aus verschiedenen tierexperimentellen Untersuchungen wissen wir heute, daß für die Entwicklung des Verhaltens junger Tiere das Vorhandensein von Körperkontakt mit den Müttern kritisch ist. Wenn man im Experiment jungen Tieren den Körperkontakt zu ihren Müttern verweigert, dann beenden diese Jungen schlagartig jede Art von aktiver Erforschung ihrer Umwelt, selbst dann, wenn ihre Mütter in Sicht-, Geräusch- oder Riechkontakt bleiben.

S. Levine von der amerikanischen Stanford-University hat speziell den Einfluß des Körperkontakts zwischen jungen Squirrel-Affen und ihren Müttern auf das Hormonsystem dieser Tiere untersucht. Er konzentrierte sich dabei insbesondere auf die Hormone, die in Streßsituationen vermehrt ausgeschüttet werden, wie Adrenalin und Noradrenalin. Ausgangspunkt seiner Untersuchungen war die Beobachtung, daß während der Frühphase der Entwicklung dieser jungen Affen fast ständig Körperkontakt zwischen Mutter und Kind vorhanden ist. Levine untersuchte unter anderem, ob sich dieser körperliche Kontakt kritisch auf die Regulierung des hormonellen Erregungsniveaus bei Müttern und Jungtieren auswirkt. Das hormonelle Regulationssystem zwischen Hypophyse und Nebenniere ist ein extrem empfindlicher Anzeiger für die biologische Reaktion des Organismus auf verschiedene Streßbelastungen. Levines Forschungsgruppe konnte zeigen, daß sich unmittelbar nach der gewaltsamen experimentellen Trennung der Jungtiere von ihren Müttern bei beiden Partnern eine dramatische Erhöhung der Streßhormone feststellen läßt. Mit der Dauer der Trennung von Jungtieren und Müttern steigt der Streßhormonspiegel bei beiden Partnern beständig an. Wenn aber Mutter und Kind nach kurzer Trennung wieder zusammengebracht wurden, kam die Ausschüttung von Streßhormonen bei beiden schlagartig zum Stillstand.

Die Ergebnisse dieser breit angelegten Forschungen an Primaten zeigen exemplarisch die biologische Bedeutung des Körperkontakts zwischen Mutter und Kind. Körperkontakt mit der Mutter ist die Basis, von der aus Kinder die Erforschung ihrer Umwelt und ihre Entwicklung zu autonomen, sozialen Wesen beginnen. Psychoanalytische Studien über frühkindliche Entwicklung von Spitz, Winnicott und Mahler haben die Bedeutung des Körperkontakts für die psychische Entwicklung des Menschen systematisch dargestellt. In der psychoanalytischen Tradition von S. Freuds Aussage, daß das Ich zunächst als körperliches Ich existiert, spricht D. Anzieu vom »Haut-Ich«. Die ersten wichtigen Erlebnisse, Gefühle und Umweltwahrnehmungen jedes Menschen beruhen auf der symbiotischen, als »Einheit« vorgestellten Haut zwischen Kind und Mutter. Auch pädiatrisch-klinische Beobachtungen, vor allen Dingen bei Frühgeborenen, verweisen auf den wichtigen Einfluß von Körperkontakt auf die Wachstumsentwicklung von Säuglingen. Im Rahmen der Frühgeborenenmedizin ist das sogenannte Early handling der Frühgeborenen heute eine anerkannte und gängige Behandlungsmethode. In ihren Langzeitstudien über »Bindungsverhalten« haben K. und K. Großmann auf den prägenden Einfluß der Nähe zwischen Eltern und Kleinkindern hingewiesen.

Widerspiegelung von Kontakt und Berührung in der Sprache

D. Anzieu schreibt, daß die Erläuterungen der Wörter Haut, Hand und berühren im wichtigsten französischen Wörterbuch die umfangreichsten sind, und noch vor machen, Kopf oder sein rangieren. Die Erläuterung zu »to touch«, berühren, ist die längste im berühmten Oxford English Dictionary. Die Bedeutungen des Begriffes »Berührung« sind äußerst vielfältig. Er beruht ursprünglich auf der altgermanischen Wurzel »rühren«. Diese finden wir auch in Begriffen wie *anrühren, rührend, gerührt sein, rührselig* oder *rührig*. Sie verweist sowohl auf die äußere Erfahrung von körperlichem Kontakt als auch auf das sie begleitende innere Erleben von Bewegtheit, Rührung oder Ergriffensein. Unterschiedliche Berührungsqualitäten werden mit Begriffen umschrieben wie streifen, hinlangen, anfassen, angreifen, antasten, anlangen, befühlen, befingern, befummeln oder angrapschen. Sie verdeutlichen dadurch unterschiedliche Intentionen von Berührung.

Berührung ist eine direkte Form von Kontakt, Verbindung oder Fühlungnahme mit anderen Menschen. Der Begriff Kontakt stammt ursprünglich vom Lateinischen »contactus« oder »contingere« (begegnen) ab. Dabei hat der lateinische Begriff »tangere« (beeindrucken, berühren, anfassen) sprachgeschichtlich eine Reihe interessanter Wandlungen durchgemacht. Er taucht im 16. Jahrhundert zum Beispiel im mathematischen Begriff »Tangente« auf, als der Geraden, die eine Kurve nur in einem bestimmten Punkt berührt. Auf diesen Zusammenhang verweisen noch Begriffe wie »intakt« oder »integer« (unberührt). Die emotionale Bedeutung von »tangieren«, also innerlich berührt oder beeinflußt werden, entwickelt sich erst im 19. Jahrhundert. Weitere Abwandlungen finden wir bei den lateinischen Begriffen »tactus« (Berührung oder Gefühlssinn) sowie »taxare« (berühren, antasten, prüfend betasten, im Wert abschätzen). Aus ihnen entwickelte sich der Begriff »tasten«. »Tactus« liegt auch dem Begriff »Takt« zugrunde, der ursprünglich »Berührung« bedeutete, sich aber vom 16. Jahrhundert an zu Begriffen wie »Schlag oder Stoß« wandelte. Seit dem 18. Jahrhundert wird der Begriff »Takt« im erweiterten Sinne für das Gefühl von situativer Schicklichkeit, Anstand, Feingefühl oder vornehmer Zurückhaltung verwendet.

»Kontakt« bezeichnet vielfältige Formen von Verbindung, Kommunikation, Anschluß, Annäherung, Brückenschlag, zwischenmenschlicher Beziehung oder direkter Tuchfühlung. Unterschiedliche Arten des Kontakts sind etwa Blickkontakt, Augenkontakt, Anmache, Aufreiße oder Liebelei. Kontakt aufnehmen bedeutet Fühlung nehmen, Berührungsängste überwinden, Anschluß suchen, Warmwerden, um schließlich Kontakt zu finden. Kontaktarmut, Kontaktlosigkeit oder Kontaktschwäche sind Bezeichnungen für mißlungene Umgangsweisen mit Nähe.

Mit unseren Händen betasten, begreifen und behandeln wir unsere Mit-welt. Wir fühlen mit ihnen viele unterschiedliche Qualitäten, können rasch und fest zupacken, festhalten, drücken, formen, fein konstruieren, differen-zierte Fingerübungen ausführen oder Gefühle wie Trost und Zärtlichkeit mitteilen.

Die Hand – fühlen, greifen, handeln

Neurologische und neurophysiologische Forschungen haben un-tersucht, wie sich die verschiedenen Empfindungs- und Bewe-gungsmöglichkeiten des Menschen im Bereich der menschlichen Großhirnrinde abbilden. Würde man entsprechend der Fläche, die die verschiedenen Körperteile auf dem sensomotorischen Areal der Großhirnrinde einnehmen, ein menschliches Modell rekonstru-ieren, so würde ein geometrisch erheblich verzerrtes Bild des Menschen entstehen. Entsprechend der hohen anatomischen Dichte von Sinnesrezeptoren im Bereich des Gesichts, vor allem im Lippen- und Mundbereich sowie im Bereich der Hände, hier vor allem in den Fingern, würde dieser »Homunculus« riesige, schwül-stige Lippen und überdimensionale Hände haben. Je mehr Rezeptoren und Sinnesorgane pro Fläche des Körperteils vorhanden sind, desto besser ist das räumliche Auflösungsvermögen und die differenzierte Informationsverarbeitung für diese Körperregion im zentralen Nervensystem und im Gehirn.

Beim Wachstum des menschlichen Embryos entwickeln sich die Anlagen der Hände und Füße bereits zu einem sehr frühen Zeitpunkt. Der Kontakt, den die »Hand- und Fingersprossen« des menschlichen Keimlings mit ihrer uterinen Umgebung aufnehmen, ist dabei von entscheidender Bedeutung. Die Hand des menschlichen Embryos wächst sozusagen von außen nach innen, angeregt durch den Kontakt mit der Umwelt (E. Blechschmidt). Die äußeren Reize des Kontakts mobilisieren die inneren genetischen Entwicklungsmöglichkeiten. Bereits im mütterlichen Körper beginnt die Hand des Embryos eine rege Tätigkeit und übt schon lange vor der Geburt eine Vielfalt von Greifbewegungen aus.

Zur herausragenden Funktion der Hand schrieb H. Kükelhaus: »Die Fühl- und Formfähigkeit der Finger hängt entwicklungsgeschichtlich aufs engste mit den Funktionen des Denkhirns zusammen.« Und I. Kant merkte an: »Die Hand ist das äußere Gehirn des Menschen.«

Bei den ersten Kontaktaufnahmen des Säuglings mit der Mutterbrust dienen die Hände neben dem Mund als primäre Orientierungsorgane. Die Hände sind die ersten Teile des eigenen Körpers, die der Säugling durch Drehen und Wenden mit den Augen spielerisch entdeckt und mit dem Mund betastet. Tasten und Greifen der Hände sind die Grundlagen späteren Begreifens.

Praktische und symbolische Bedeutungen von Hand und Fingern

In der Evolutionsgeschichte ist die Entwicklung des menschlichen Daumens, der in Opposition zu den übrigen vier Fingern steht, ein entscheidender Fortschritt gegenüber anderen Primaten gewesen. Die spezifische Anordnung des Daumens war es, die uns als menschlichen Wesen erlaubte, sowohl die verschiedenen Dinge unserer Umwelt handzuhaben und zuzugreifen als auch tastend zu begreifen und zu behandeln. Die anatomische und mechanische Konstruktion der Hände ist ihrerseits ein Wunderwerk der Evolution. Ein Handpaar enthält insgesamt 54 Knochen. An jeder Hand gibt es 14 Fingerknochen, 5 Mittelhandknochen und 8 Handwurzelknochen. Sie sind durch ein kompliziertes Netzwerk von Muskeln, Sehnen und Bändern miteinander verknüpft. Auf der einen Seite können sie kraftvoll zupacken und haben zugleich die Möglichkeit zu hohem Präzisionshandeln. Die Hand eines jeden Menschen weist hohe individuelle Spezifität auf. Ein bekanntes Beispiel dafür sind die Hautleisten der Fingerbeeren, deren schlaufen-, wirbel- und wellenartige Strukturen ein für jeden Menschen einzigartiges Muster aufweisen. Es gibt keine zwei Menschen auf der Welt, die den gleichen Fingerabdruck haben. Die Kriminalistik hat den Fingerabdruck als zuverlässiges Zeichen der Identifikation von Tätern in ihre Arbeit einbezogen.

In früheren Zeiten wurde die Besonderheit der menschlichen Hand für die magische Kunst des Handlesens verwendet. Dabei verwendete man hoch suggestible Bezeichnungen wie: »Kopf, Herz, Lebens- und Schicksalslinie« der Hand.

Die Hände sind auch die aktivsten Körperteile. Sie haben eine extreme Variationsbreite an Möglichkeiten und bringen so unterschiedliche Leistungen hervor wie das differenzierte Spielen eines musikalischen Instruments mit hohem Tempo, Meisterwerke der Malerei, operative Eingriffe am Gehirn, das Aufnehmen von Zeichen in der Blindenschrift oder die differenzierte Kommunikation in der Zeichensprache bei gehörlosen Menschen.

Über ihre empfindenden und handelnden Qualitäten hinaus haben die Hände und ihre einzelnen Bestandteile in verschiedenen Kulturen unterschiedliche Bedeutungen erhalten. Alle Finger der Hand haben einen eigenen Namen, eine eigene symbolische Bedeutung und stehen in Zusammenhang mit eigenen Gesten.

Bekannt sind zum Beispiel die Geste des nach oben zeigenden Daumens, die anzeigen soll, daß alles in Ordnung ist, oder die nach unten zeigende Geste des Daumens, die symbolisch für Niedergang, Verurteilung oder negative Bewertung steht. Der Zeigefinger als der unabhängigste und wichtigste Finger der Hand wird mit Aggression, Präzision, der Auslösung von Schußwaffen, Richtung weisen, heranwinken, um Aufmerksamkeit und Ruhe bitten in Verbindung gebracht. Er ist auch der Finger, der den entscheidenden Knopf drückt. Der Mittelfinger hat eine Vielfalt von Bedeutungen. Am bekanntesten ist die obszöne Geste des »Fuck you«, die dem Gegenüber Aggression und obszöne Beleidigung anzeigen soll. Der Ringfinger ist derjenige Finger der Hand, der am unbeweglichsten, am wenigsten unabhängig und mit einem großen Mangel an Selbständigkeit belegt ist. Er hat symbolische Bedeutung als der Finger, an dem die eheliche Verbundenheit zwischen den Partnern mit einem Ring symbolisiert wird. Darüber hinaus hat der Ringfinger in den verschiedenen traditionellen Heilkulturen große Bedeutung gehabt und wurde auch als Digitus medicus, als der ärztliche, heilende Finger bezeichnet. Aufgrund seiner geringen Beweglichkeit und seiner geringen Beteiligung an Kontakten und Berührungen wurde er früher von Ärzten zum Umrühren von Arzneien verwendet. Er war derjenige Finger, der über lange Zeit zum Salben von Wunden oder als magischer Finger benutzt wurde, der symbolisch über die Wunde streicht (D. Morris).

Der kleine Finger wurde als der »Ohrfinger« bezeichnet, mit dem sich die Menschen bei spirituellen Sitzungen die Ohren zuhielten, um dadurch bei geschlossenen Augen Visionen zu provozieren. Bei esoterischen Séancen wird davon ausgegangen, daß der kleine Finger der »energetische« Finger ist. Dementsprechend fassen sich die im Kreis sitzenden Teilnehmer solcher Sitzungen häufig beim kleinen Finger. D. Morris verweist auf eine interessante geschlechtsbezogene Bedeutung des kleinen Fingers, der in der klassischen Malerei bei Darstellungen von Frauen abgespreizt dargestellt wurde. Die aufkommende Frauenbewegung verwendete später das Symbol des abgespreizten kleinen Fingers auch als Ausdruck für bewußte sexuelle Unabhängigkeit.

Die Kombination von einzelnen Fingern zu Gebärden und Signalen im Rahmen der nonverbalen Kommunikation zeigt weitere Bedeutungen der Hand. Entsprechend den Gefühlen, von denen wir gerade beherrscht werden, signalisieren wir mit geballter Faust, fächerartig ausgebreiteten Fingern, demonstrativ zupackender Klaue oder schlagkräftiger Handkante nonverbale Botschaften im zwischenmenschlichen Austausch.

Kein Teil unseres Körpers spiegelt so eindeutig den soziokulturellen Wandel unserer Gesellschaften wider wie die Hand. Die kräftige, derbe, schwielige Hand des Bauern oder Handwerkers, die feingliedrige Hand von Präzisionshandwerkern wie etwa eines Uhrmachers, Chirurgen oder Künstlers, die weiche, wenig differenzierte Hand des Angestellten unserer Tage, dessen manuelle Tätigkeit sich auf die Handhabung der Tastatur eines Computers verlagert hat – sie alle drücken auch stellvertretend unsere sich wandelnde Handhabung unserer alltäglichen Um- und Mitwelt aus.

Persönliche und professionelle Berührungsgeschichte

Berühren und Berührtwerden beinhaltet eine Vielzahl möglicher, oft widersprüchlicher oder gegensätzlicher Botschaften wie: Gefühl von Nähe, Gehaltenwerden, Hilfeleistung, Trost, Unterstützung, Selbstversicherung, aber auch Angriff, Eingriff, Distanzverletzung, Grenzüberschreitung, Suche, Perversion, Sucht nach Nähe oder Festgehaltenwerden.

Meine eigene Geschichte der Berührungserfahrung ist von unterschiedlichen Begegnungen geprägt. Als Kind, das im direkten Austausch mit mehreren Generationen aufwuchs, wurde mir viel Körperkontakt durch Personen unterschiedlichen Geschlechts und unterschiedlichen Alters zuteil. Vornehmlich erinnere ich mich an freundlichen und unterstützenden Kontakt. Aber es gibt auch Erinnerungen an strafende Schläge, an Raufereien und Schlägereien mit Gleichaltrigen oder Fremden, an Verletzungen im Rahmen von Sport und Wettkampf. Des weiteren erinnere ich mich an meine eigene Suche nach körperlicher Identität und Selbstbestätigung, an pubertäre Unsicherheiten und erste Selbstbefriedigung, unsichere Annäherungen an Sexualität und spätere befriedigende sexuelle Kontakte. Aus diesen Erfahrungen entwickelte sich erst langsam ein sicherer, authentischer Umgang mit Nähe, Zärtlichkeit, beruhigender oder tröstender Berührung. Durch den Kontakt mit den unterschiedlichen körperlichen Spannungsgraden meiner eigenen Kinder, mit ihrer Zerbrechlichkeit als Säuglinge, dem unterschiedlichen Tonus ihrer Kleinkinderzeit bis hin zum kontaktverunsicherten Jugendalter, haben sich meine Berührungserfahrungen erheblich vertieft.

Der zweite Strang meiner eigenen »Berührungsgeschichte« ist von unterschiedlichen professionellen Berührungen geprägt. Sie begannen mit ersten unsicheren Berührungen im Krankenpflegepraktikum und ersten bewußten Berührungen von fremden Menschen. Ihnen folgten Kontaktaufnahmen mit Toten und sezierende Berührungen im Anatomiekurs. Daraufhin wurde ich zunächst einmal in die Kunst der angemessenen Distanzierung von kranken Menschen eingewiesen. Ich sollte bevorzugt lernen, sie zu berühren, um Informationen über ihren körperlichen Zustand zu erhalten. Das ambivalent-selbstverständliche Recht und die Pflicht des Arztes zu berühren sind auf gleichzeitiger Nähe und prüfender

Distanz begründet. Der Begriff der »Palpation« bezeichnet die ärztliche Tastkunst, die sich um die analytische Bestimmung von Größe, Konsistenz, Strukturierung, Lage, Schmerzhaftigkeit, Abwehrspannung und Temperatur einzelner Körperbezirke bemüht. Berührung im Zusammenhang mit ärztlicher »Palpation« ist eher eine Verlängerung des diagnostischen Sehens und ist geprägt von den Qualitäten des distanzierten, prüfenden Betastens und Berührens, die den objektiven Zustand des körperlichen Gegenübers erkunden. Der Begriff »palpable« (»greifbar, tastbar«) taucht im übertragenen Sinne im englischen Begriff »palpably« (»eindeutig«) auf.

Während meiner jetzt fast zwei Jahrzehnte dauernden ärztlichen Tätigkeit habe ich Tausende von Menschen körperlich untersucht und berührt, zu denen ich Zuneigung oder Abneigung verspürte. Eine besondere Variation waren die Berührung von narkotisierten und reaktionsunfähigen Menschen oder die operativen Eingriffe, die mit schneiden, brennen, abtrennen, entfernen und dem Vernähen von Wunden verbunden waren. Hinzu kam das Spektrum körperlicher Berührung im Rahmen der Frauenheilkunde und der Geburtshilfe sowie der Kontakt mit Hunderten von Neugeborenen, denen meine Hände die erste Begegnung mit einer neuen Welt bedeuteten. Am anderen Ende standen tröstende Berührungen von Menschen auf der Intensivstation oder das Bemühen, sterbenden Menschen berührende Hilfe beim Abschied von dieser Welt zu vermitteln.

Vor einigen Jahren habe ich am Esalen-Institut in Kalifornien eine mehrmonatige Weiterbildung zum Masseur erfahren. Dabei wurden mir, als Bereicherung meiner vorhergehenden ärztlich-diagnostischen Tätigkeit, neue Aspekte des bewußten Kontakts vermittelt. Sie umfaßten die gesamte Breite der bewußten Wahrnehmung und Beobachtung von Qualitäten wie Feuchtigkeit und Trockenheit der Haut, Wärme und Kälte, Empfindlichkeit und Empfindsamkeit, Spannung und Gelöstheit oder Unwohlsein und Gelassenheit im berührenden Kontakt. Mein gewachsenes eigenes Verständnis für Berührungsqualitäten, für den Umgang mit Intention, mit subtilen Variationen in den Graden möglicher Manipulation vom sanften Berühren bis hin zum tiefen Kontakt mit den speziellen Strukturen von Muskeln, Sehnen oder Knochen ist mir eine große Hilfe bei meiner heutigen Arbeit. Die Erfahrung der Veränderungsmöglichkeiten, die die differenzierte Handhabung von Berührungsqualitäten erlaubt, sind mit neuen taktilen Zugängen zur Ermutigung, Unterstützung und Information verbunden. Aufmerksamer und bewußter Kontakt kann Hände so leiten, daß ihre Informationen auf so unterschiedliche Bedürfnisse wie Stärke und Nähe oder sanften und empfindsamen Kontakt antworten können.

Meine Erfahrungen im differenzierten Umgang mit Berührungen haben mir auch ein tieferes Verständnis von körperlichem Geben und Nehmen eröffnet. Meine eigenen, intensiven Erfahrungen der Berührung durch eine Vielzahl von begabten und erfahrenen Masseuren und Körpertherapeuten haben mir meine eigene körperliche Existenz sowie deren vielfältige Verbindung mit meinem emotionalen Befinden auf wohltuende, manchmal auch auf schmerzhafte Art nahegebracht. Durch meine privaten und professionellen Erfahrungen mit Berührung habe ich ein wachsendes Interesse für die klinische und gesundheitsfördernde Bedeutung der zwischenmenschlichen, berührenden Kommunikation entwickelt. Kommunikation mit Worten verweist immer in erster Linie auf das Getrenntsein, auf das Ich, während bewußte Kommunikation durch Berührung im Gegenseitigen, Zusammengehörenden, Mitmenschlichen begründet ist.

Berührung geht unter die Haut

Berührung ist mehr als der physische Kontakt zwischen zwei körperlichen Massen, und sie ist auch mehr als das Setzen von Reizen, das mit automatischen Reaktionen beantwortet wird. Bewußte zwischenmenschliche Berührung zielt darauf ab, Kontakt als einen Schritt empathischer Verbundenheit zu gestalten. Berührung wird zwischen zwei Menschen ausgetauscht, ist Begegnung zweier Menschenwelten. G. Groddeck hat darauf hingewiesen, daß in der therapeutischen und ärztlichen Berührung erst einmal eine gewisse Übereinstimmung zwischen Arzt und Patient auf animalischem Gebiet gefunden werden muß. »Animalisch« bedeutet dabei, daß ein solcher taktiler Austausch zunächst nur wenig mit theoretischem Wissen und Können der Experten zu tun hat, sondern daß dieser zu Beginn in der Begegnung zweier Menschen mit Sympathien und Antipathien entsteht. Groddeck schreibt: »Es gehört nicht viel Erfahrung dazu, um zu wissen, daß die körperliche

Berührung für die Ausbildung des ärztlichen Heilfaktors beinahe entscheidend ist.«

Bewußtes Bei-sich-Sein und bewußtes Anerkennen des menschlichen Gegenübers beeinflußt das »Miteinander-in-Kontakt-Kommen« und die Möglichkeiten der therapeutischen Arbeit, die sich hieraus entwickeln können. »Ob ich bei mir bin, angstlos bin oder Eindruck machen will, ob ich offen und gelassen oder aggressiv bin, jeweils werde ich, derselbe Mensch, von demselben Partner verschiedene Eindrücke bekommen. Auch das gehört zum Problem Ganzheit.« (H. Jacoby)

Die Einstellung zueinander prägt die »Atmosphäre« der therapeutischen Berührung und nimmt wesentlichen Einfluß auf die Wirksamkeit von Berührung. Bewußt wahrgenommene Berührung erreicht uns auf einer tieferen als der sichtbaren oder der Verhaltensebene. Sie erreicht uns in Dimensionen des Bewußtseins, die unsere Augen nicht erreichen können, ganz gleich, wie tief ihr Blick oder wie scharf ihr Fokus ist. Als Leitlinie für das Verständnis von bewußter, heilsamer Berührung gilt, was Goethe in einem Gedicht folgendermaßen ausdrückte:

> Müsset im Naturbetrachten
> immer eins wie alles achten;
> nichts ist drinnen, nichts ist draußen:
> denn was innen ist, das ist außen.
> So ergreifet ohne Säumnis
> heilig öffentlich Geheimnis.

Heilende Berührung basiert auf nahem, beseeltem, energetischem Austausch. Der fleischliche Kontakt ist dabei das Medium, aber der Empfänger der Berührung ist die ganze Person, das Selbst. Die Qualität der Berührung unserer Hände vermittelt auch eine »innere« Botschaft. Durch die Unmittelbarkeit des Kontakts werden auch Gedankengänge und Aufmerksamkeit gerichtet und gelenkt.

Eine wichtige Komponente für die Wirksamkeit von therapeutischer Berührung ist die »Atmosphäre«, in der sie stattfindet. Diese »Atmosphäre« ist für mich Ausdruck des Geistes, der Haltung, der therapeutischen Situation sowie der von diesen Faktoren geprägten Räumlichkeiten, in denen berührende Begegnungen stattfinden. Die Räumlichkeiten klinischer Physiotherapieabteilungen sind augenblicklich noch fast ausschließlich von hygienisch-technischen Gesichtspunkten geprägt. Sie vermitteln deshalb eher die Atmosphäre eines Operationssaals anstatt die eines Ortes, an dem heilsame Manipulation erfolgen kann. Ihre Atmosphäre narkotisiert den Patienten zu Passivität und ängstlicher Reglosigkeit und lähmt zugleich seine Sinne, wirkt also positiven Veränderungen des Patienten geradezu entgegen. Freude am Wiederentdecken des eigenen Körpers und der eigenen Leiblichkeit wird in ihr erstickt. Durch Übertapezieren der Wände, lärmdämpfende Maßnahmen wie Teppiche, Wand- statt Deckenbeleuchtung, Integration von natürlichen Lichtquellen sowie eine bewußte Absprache der Mitarbeiter zur größeren Stille während der Arbeit, haben wir Atmosphäre und Klima der physiotherapeutischen Abteilung unserer Psychosomatischen Klinik mit geringen Investitionen grundlegend verändert.

Äußere Stille und innere Ruhe befördern sich gegenseitig. Sie erhöhen Aufmerksamkeit, Anerkennung und Freude körperbezogener Therapie. Das Gefühl von Vertrauen, Geborgenheit und Wärme ist ein wichtiger Faktor für die Entfaltung der heilsamen Wirkung von berührendem Kontakt. Wie wesentlich Atmosphäre und Klima für therapeutische Berührungen sind, zeigt auch das Beispiel des »Therapeutic Touch«. Diese Methode wurde von den amerikanischen Krankenschwestern D. Kunz und D. Krieger entwickelt. Obwohl sie zumeist mit direkter sanfter Berührung arbeiten, haben sie auch Formen der »nicht berührenden Berührung« gefunden. Diese Methoden können neben den subjektiv empfundenen Wirkungen auch nachweislich biologische Veränderungen zur Folge haben.

Manchen »esoterisch-energetischen« Konzepten gegenüber ist Skepsis geboten, aber an der prinzipiellen Existenz von feinstofflichen Energiekörpern und Auren habe ich kaum Zweifel. Es gibt eine Vielzahl von klinisch-therapeutischen Situationen, in denen direkte Berührung entweder nicht möglich, wie zum Beispiel bei schweren Verbrennungen, oder nicht ratsam ist, wie zum Beispiel gegenüber stark erregten oder akut psychotischen Patienten. Bei ihnen sind zu Beginn nur indirekte Formen der Berührung im Sinne einer »spürbaren«, durch Schutz, Ruhe und Geborgenheit »berührenden Atmosphäre« möglich. Zur sicheren, Geborgenheit vermittelnden Atmosphäre gehört auch, daß vor Beginn einer therapeutischen Behandlung klare Absprachen über die vorgesehenen Mittel und Wege, die Grenzen und die aktiven Teilnahmemöglichkeiten des Behandelten vereinbart werden.

Diagnostische Aspekte der Berührung

Der Philosoph Martin Buber hat auf die grundsätzlich unterschiedlichen Begegnungsweisen zweier Menschen als »Ich und Es« oder
»Ich und Du« verwiesen. Bei der »Ich-Es«-Begegnung reduziert
sich das eigene Interesse auf das Gegenüber als fremdes, äußeres
Objekt, das im Interesse meines Gebrauches fragmentiert, bewertet
und für eigene Ziele reduziert wird. Bei der »Ich-Du«-Begegnung
handelt es sich hingegen um eine ganzheitliche Art der Beziehung,
bei der die besondere, prinzipiell mir als Mensch gleichgestellte
Person des Gegenübers im Mittelpunkt steht und dadurch in ihrer
Anwesenheit aufmerksam anerkannt wird. Im Rahmen der Arzt-
Patienten-Beziehung sollte die »Ich-Du«-Beziehung immer den
Hintergrund einer Begegnung bilden, auch wenn die »Ich-Es«-
Beziehung in vielen Situationen notwendigerweise im Vordergrund
steht. Die medizinisch-körperliche Untersuchung eines Patienten
orientiert sich jedoch meist ausschließlich an den durch Beklopfen
oder Abhorchen gewonnenen objektspezifischen Informationen.
Die Tatsache, daß solche Untersuchungen immer auch eine Form
von subjekthafter, zwischenmenschlicher Kommunikation darstellen, daß die untersuchten Organe immer auch zu einem lebenden
und erlebenden Gegenüber gehören, geht in der Medizin zu häufig
unter.

Es ist schon fast ärztliche Gewohnheit und Standardvorgehen,
daß man jeden Kranken gleich bei der ersten Konsultation auch
körperlich untersucht. Vielleicht beruht dies auf der unbewußten
Kenntnis der Notwendigkeit des »animalischen Kontakts«
(G. Groddeck) zwischen Arzt und Patient für die Ausbildung eines
tieferen, therapeutischen Bündnisses. Obwohl auch Groddeck davon ausgeht, daß die rasche Kontaktaufnahme mit dem Kranken
prinzipiell große Vorteile für die Behandlung bietet, merkt er
warnend an: »Alte, vielbewanderte Ärzte haben gelernt, daß die
erste Untersuchung Gefahren mit sich bringen kann, die unter
Umständen nicht wiedergutzumachen sind; denn vorherbestim-
men läßt sich die Wirkung der körperlichen Annäherung nicht
immer.« Die Situation, in der sich ein Patient gerade befindet, seine
Lebensgeschichte von Berührung und Kontakt bringen spezifische
Belastungen und Streßsituationen in die Arzt-Patienten-Beziehung
mit. Zu solchen Besonderheiten gehören etwa Gefühle wie Scham,
Scheu, Schmerz, Angst, frühere Erfahrungen mit Berührungen,

Phantasien mit dem Verlust von eigener Autonomie oder von Selbstkontrolle sowie Ängste vor Regression, Verletztwerden, Beschmutzen oder sexuellen Annäherungen. Bei vielen Menschen spielt ihr schambesetzter Umgang mit Nacktheit und Hilflosigkeit eine wesentlich wichtigere Rolle in der ärztlichen Untersuchung, als Ärzte dies oftmals bedenken.

Bisweilen ist es hilfreich, körperliche Berührungen aufzunehmen, ohne daß der Patient sich entkleidet. In manchen Heilkulturen bleibt dies die einzige Form des körperlichen Kontakts in der Diagnose, wie beispielsweise in der traditionellen chinesischen Medizin. Sie bedient sich der Berührung hauptsächlich in der »Hand-zu-Hand-Berührung« ihrer Pulsdiagnostik. Aus ihr gewinnen traditionelle chinesische Ärzte wesentliche Informationen über die energetische Situation ihrer Patienten. Auch in westlichen Kulturen ist der Handkontakt die vertrauteste Form des Kontakts. Bei ängstlichen, schüchternen oder verschämten Personen ist es auch für westliche Ärzte bisweilen ratsam, die körperliche Berührung mit der Untersuchung des Pulses zu beginnen. Die Art und Weise, wie jemand auf diese Handberührung reagiert, wieviel Ängstlichkeit und Widerstand sein Muskeltonus zeigt, wie sich seine Atmung, sein Gesichtsausdruck oder seine allgemeine Körperhaltung verändern, können wichtige Hinweise für das angemessene weitere Vorgehen bei der körperlichen Untersuchung liefern.

In Zeiten, in denen die apparative oder laborchemische Untersuchung in der modernen Medizin immer größere – und oft einseitige – Anerkennung findet, erscheint die diagnostisch-körperliche Untersuchung bisweilen als »primitiv« oder sogar unwissenschaftlich. Der Tastsinn als praktischer Gefühlssinn wird immer weniger verwendet, obwohl er für die ärztliche Kunst historisch das Hauptwerkzeug der Diagnose war. Ich stimme mit Georg Groddeck darin überein, daß die aufmerksame Berührung bei der körperlichen Untersuchung ein »Untersuchungsinstrument ersten Ranges« ist. Aufmerksame Berührung bei der körperlichen Untersuchung kann den diagnostischen Blick des Arztes in hohem Maß schärfen und ihm Informationen vermitteln, die durch keine technischen Geräte geortet werden können. Es ist allerdings notwendig, daß die Ärzte ihren Blick und ihre Empfindsamkeit für die vielfachen Rückmeldeprozesse des Patienten (Atmung, Mimik und Gestik, Tonus des Gewebes, Körperhaltung, Farbe und Wärme der Haut) empfindsamer und bewußter als bisher beachten und schulen.

Absichtslose Absicht als Element therapeutischer Berührung

Als sich im Mai 1991 Pioniere verschiedener körperorientierter Methoden zu einem Austausch auf der Burg Plankenstein in Österreich trafen, stellten die anwesenden Therapeuten übereinstimmend fest, daß die hohe Kunst von körperorientierter Behandlung im bewußten Umgang mit der Haltung des »doing by non-doing« besteht. Über den empfangsbereiten Tastsinn wird dem aufmerksamen Spüren alles Wesentliche zugeführt. Erfahrungsbereitschaft für das, was den eigenen Händen vom berührten Körper des Gegenübers mitgeteilt wird, ist die Grundlage, um angemessene Kenntnisse über die besondere Form der notwendigen Behandlung zu gewinnen. Eine vorschnelle, standardisierte, unterschiedslose Absicht und rein manipulative Techniken gegenüber scheinbar immer gleichen strukturellen Problemen ohne spezifische Kenntnis des behandelten Menschen führt selten zum gewünschten dauerhaften Erfolg. Erfahrene Körpertherapeuten wissen, daß sie oft durch die größte Anstrengung und tiefe Manipulation nicht das bewirken können, was sich bisweilen durch sensible, bewußte Kontaktaufnahme mit dem besonderen Gegenüber fast mühelos erreichen läßt.

Die strukturellen Orientierungspunkte körpertherapeutischer Methoden sind verschieden und beziehen sich auf Haut, Muskulatur, Bindegewebe, Lymphgefäße, Nervensystem oder Skelettsystem. Manipulative Techniken können kognitiv-mechanisch, aber auch mit großer Sensibilität durchgeführt werden. Qualitativ gute Körpertherapie zielt darauf ab, eigenes Wissen, eigene Technik und eigene Theorie so weit hintenanzustellen, daß man auf sie bauen kann, daß aber jede neue therapeutische Beziehung erst einmal mit »leeren Händen« beginnt.

Faktoren ganzheitlicher Körpertherapie

Für ganzheitliche Körpertherapie erscheinen mir folgende Faktoren wesentlich:
- Klare Intention des eigenen therapeutischen Handelns, um auf der Basis von anwesender Gelassenheit eine bewußte Erfahrungsbereitschaft zu entwickeln. Der Körpertherapeut Dean Marson vom amerikanischen Esalen-Institut verweist auf die

Bedeutung des »essential touch«. Er sagt, daß tiefergehende Berührung dann zustandekommt, wenn der Therapeut aus konzentrierter Klarheit heraus mit respektvoller und liebevoller Haltung arbeitet: »Nach meiner Erfahrung ist wirksame Körpertherapie davon abhängig, daß der Therapeut in sich die Fähigkeit fördert, eine solche Haltung zu entwickeln.«

- Intensität des Kontakts als empfindsames, der Situation angemessenes Maß von Anspannung, Kraft, Stärke und Eindringlichkeit der Berührung.

- Tempo des Kontaktes, das sowohl dem Behandelten als auch dem behandelnden Therapeuten die notwendige Zeit zur Integration der ausgetauschten Information ermöglicht.

- Dauer des Kontaktes, die den Besonderheiten der jeweiligen leiblichen Geschichte und des leiblichen Gedächtnisses des Behandelten entspricht, damit dieser von der Berührung weder überwältigt wird noch ihr hilflos ausgeliefert ist.

- Möglichkeit zur aktiven Intervention für den Behandelten, damit dieser in Situationen, die für ihn momentan nicht erträglich sind, jederzeit das volle Recht hat, die Behandlung zu unterbrechen.

- Empathie als therapeutisches Mitgefühl, das die Ausbildung von heilsamer Präsenz wesentlich fördert.

Krisen und Konflikte in der Berührungs-Behandlung

Berührung geschieht immer auf dem Hintergrund des besonderen Berührungsgedächtnisses eines Menschen. Qualifizierte therapeutische Berührung kann verkörperte Erinnerungen an emotionale oder körperliche Traumata in Bewegung bringen, die über lange Zeit im Körper chronisch »festgefroren« waren. Während der therapeutischen Berührung können verdrängte oder vergessene Erfahrungen von erlebten Eingriffen oder gewaltsamen Übergriffen auf die eigene körperliche Integrität geweckt werden oder zum Durchbruch kommen.

Berührung kann Ängste oder den Wunsch zur Flucht auslösen. Diese Gefahren sind vor allem bei zu plötzlicher, zu intensiver oder zu rasch gesteigerter Berührung gegeben. Die Unmittelbarkeit der therapeutischen Berührung erschwert den Patienten, ihr gewohntes Vermeidungsverhalten anzuwenden. Dies kann bei manchen die Ängste noch verstärken. Um so wichtiger ist es, daß der Körpertherapeut seine kontinuierliche Aufmerksamkeit für körperliche Signale wie Atemfrequenz, körperlichen Tonus, Anspannungen etwa im Gesichts- und Kieferbereich, Herzschlag oder Schweißausbruch schult. In schwierigen Situationen kann es hilfreich sein, ausdrücklich die Möglichkeit zum verbalen Austausch anzubieten. Schon vor Beginn der Behandlung sollte klar herausgestellt werden, daß eine Beteiligung des Behandelten notwendig ist und er von seinem Recht auf Einspruch Gebrauch machen sollte. Körpertherapeuten ohne zusätzliche psychotherapeutische Kompetenz sollten wissen, wo ihre eigenen Grenzen liegen und wo die Mit- und Weiterbehandlung durch einen qualifizierten Psychotherapeuten oder Arzt erforderlich ist.

Eine besondere Gefahr der berührenden therapeutischen Arbeit liegt darin, daß der Kontakt für einen der beiden Partner zu intensiv wird. Erotische und sexuelle Gefühle können bisweilen einseitig oder beidseitig die notwendigen Grenzen einer berührenden therapeutischen Behandlung zu überschreiten drohen. Eindeutige ethische Normen müssen einen klaren Rahmen der Behandlung bilden.

In der körpertherapeutischen Arbeit soll die Berührung durch die Hände dazu beitragen, Schmerzen und Behinderungen zu beseitigen oder zu lindern, neue Kontaktaufnahme und Selbstfindung zu ermöglichen sowie Wohlbefinden und Wachstum freizusetzen. Durch die gespürte Anerkennung der eigenen Person, durch die Aufhebung erlebter Isolation, durch neue existentielle Gewißheit soll sowohl neues Vertrauen in die eigenen Genesungskräfte als auch die homöostatische Regulation von vorhandenen leiblichen Disharmonien gefördert werden. Qualifizierte Berührung kann körperliche Strukturen korrigieren, neues Gleichgewicht ermöglichen, biochemische Funktionsprozesse regulieren sowie Gefühle und Verhaltensweisen beeinflussen. Sie kann erheblich zur Klärung des häufigen Mißverhältnisses zwischen realem Fühlen und angenommenem Gefühl beitragen. Empathische Berührung ist eine Form des Kontakts, die Veränderungen herbeiführt, aber sich gleichzeitig bemüht, die eigenen Vorgänge des lebendigen Gewebes eines Menschen nicht zu stören. P. Douce hat dieses Ziel so ausgedrückt: »Ich bewege den Körper nicht – ich berühre den Körper, und er bewegt sich von selbst.«

Wenn alte oder alleinstehende Menschen unter chronischem Kontakt- und Berührungsmangel leiden, kann professionelle therapeutische Berührung bisweilen für diese auch zu einer Form von

Sucht werden. Wichtig ist, sich bewußt zu machen, daß jeder konstruktive therapeutische Kontakt auch von einer notwendigen, bewußten Lösung des Kontakts begleitet wird. Berührung und Kontakt sind erst dann wirklich hilfreich, wenn sie darauf abzielen, das Vertrauen in die Autorität der eigenen Sinne zu stärken, die den Menschen erlaubt, selbständig über den für sie individuell notwendigen Grad von Nähe und Distanz sowie über den Zeitpunkt der Lösung mitzubestimmen.

Liegen

Ruhe, Erholung und Schlaf

»Auch die Stille ... bestand aus hundert und hundert Bewegungsmomenten, die sich im Gleichgewicht hielten.«

(R. M. Rilke)

»Aufmerksamkeit ist für die Wahrnehmung, was Intention für das Handeln ist.«

(B. Vincent)

Erfahrungen mit dem Liegen des eigenen Körpers und dem fremder Menschen

Beim Studium einer Bewegungsübung von Moshé Feldenkrais machte ich vor einigen Jahren eine bewegende Erfahrung. Die von ihm gestellte Aufgabe bestand erst einmal darin, sich mit dem Rücken auf den Boden zu legen. Dann folgte der schwierigste Teil der Übung, der darin bestand, daß jeder Teilnehmer es sich auf dem Boden »bequem« machen sollte. Ich bemerkte, wie ich eine Vielzahl von kleineren Korrekturbewegungen durchführte, bis ich eine für mich bequeme Lage gefunden zu haben glaubte. Plötzlich fragte ich mich, warum ich mich nicht gleich bequem hingelegt hatte. Warum hatte ich mir nicht spontan und ohne vorherige Aufforderung erlaubt, die für mich bequemste Lage einzunehmen?

Im Rahmen meiner Klinikarbeit habe ich in den vergangenen Jahren eine Vielzahl von Körperwahrnehmungsübungen für Patienten nach der Methode von Feldenkrais angeleitet. Dabei konnte ich immer wieder beobachten, daß sich die überwiegende Zahl der Patienten auf die Bemerkung, eine »bequeme Lage« für sich zu finden, unruhig hin und her bewegte. Es scheint, als ob Feldenkrais mit seiner Beobachtung recht hatte, daß es für die meisten von uns unüblich oder schwierig ist, sich spontan in einer bequemen Lage hinzulegen. Er hat im Rahmen seiner Gruppenarbeit, die er »Bewußtheit durch Bewegung« nennt, den uns allen vertrauten Vorgang des Liegens in genialer Weise mit Übungen der aufmerksamen Selbstwahrnehmung verbunden. Schon eine kurze Zeit der bewußten Kontaktaufnahme und des anwesenden Spürens der Berührung zwischen dem eigenen Körper und dem Boden kann uns bei entsprechender Aufmerksamkeit eine Vielzahl von wichtigen Informationen über unser Körpererleben geben. Der Boden kann uns sozusagen als Spiegel, Wand oder Gegenüber Eindrücke der informierenden Berührung vermitteln und uns auf einfache Art und Weise erlauben, zwischen Selbst und Fremd, zwischen eigenem Körper und Umwelt zu differenzieren.

Eine bequeme Lage bedeutet im ursprünglichen Sinn, eine »passende«, »taugliche« Lage zu finden. Die heute gebräuchlichsten Bedeutungen »angenehm«, »keine Schwierigkeiten bereitend«,

»träge« oder »faul« hat der Begriff »bequem« erst seit dem 18. Jahrhundert erhalten.

Pädagogisch-therapeutische Methoden wie die Feldenkrais-Arbeit, Eutonie, Sensory Awareness oder Gindler-Arbeit bemühen sich darum, Liegen wieder als bewußten Vorgang und Prozeß erfahrbar zu machen und diesen gezielt als einen Weg der Regeneration und Heilung einzusetzen.

Mein persönliches Interesse an der Auseinandersetzung mit dem Liegen basiert auf unterschiedlichen Erfahrungen. Die eine ist den Erfahrungen aller anderen Menschen vergleichbar und beruht auf der täglichen Praxis des Liegens. Einerseits erinnern mich meine Liegeerfahrungen an Kinderkrankheiten, Unfälle und Krankenhausaufenthalte oder eine Vielzahl von verschiedenen Qualitäten der Liegestätten, die ich im Laufe meiner eigenen Entwicklung erlebt habe. Diese sind mit verschiedenen Lebensphasen und Altersstufen verbunden. Erinnerungen werden wach an Klappbetten der Kinderzeit, Liegen auf Fußböden, Wiesen, Luftmatratzen, Campingliegen, Matratzenlager und Schaumstoffmatratzen der Studentenzeit, Liegewagen in der Bahn, Liegestühle, Wasserbetten, Liegen im Schlafsack, am Strand, in der Hängematte auf dem Schiff, bequeme und unbequeme Betten im ärztlichen Bereitschaftsdienst, Hotelbetten jeglicher Qualität oder ausgefeilte Federkernmatratzen und Lattenrostkonstruktionen.

Auf der anderen Seite sind meine Auseinandersetzungen mit dem Liegen geprägt von meiner beruflichen Tätigkeit als Arzt und Therapeut. Mir wurde dabei zusehends deutlicher, daß sowohl während des Studiums als auch während meiner ärztlich-praktischen Ausbildung die biologischen, psychologischen und gesundheitsförderlichen Aspekte des Liegens kaum bewußte Aufmerksamkeit gefunden haben. Während der Jahre meiner klinischen Tätigkeit wurde ich jedoch mit vielen Arten der Lagerung von Patienten vertraut gemacht, wie etwa der Lagerung von Neugeborenen und Säuglingen, von Verletzten und Bewußtlosen, von zu operierenden Patienten auf dem OP-Tisch oder von chronisch bettlägerigen Patienten zur Verhinderung von Druckstellen und Druckgeschwüren. Die medizinische Ausbildung hat mich darin geschult, einen aufmerksamen Blick für das Detail zu entwickeln, sie hat mich aber zugleich systematisch davon abgehalten, einen liegenden Menschen als Ganzheit auf mich wirken zu lassen. Systematisch habe ich während des Studiums liegende Menschen nur in

Form von Leichen im Sektionssaal untersucht. Die bewegungslosen Leichen waren in diesem Kontext auf eine Ansammlung von anatomischen Fakten und Detailwissen reduziert.

Erst langsam wurde mir klar, welche Bedeutung für das Verständnis des Menschen das Gefühl von Hilflosigkeit und Ausgeliefertsein in der liegenden Position haben kann. Bilder von Großstadtmenschen und Immigranten, die krank in ihren Betten zu Hause im Appartement oder Hinterhaus lagen, oder von Bauern und Kleinbürgern, die ich während meiner Praxiszeit auf dem Lande zu Hause aufsuchte, steigen vor meinem geistigen Auge auf. Ich erinnere mich an die unterschiedliche Spannung von liegenden Körpern, an die Schwere des bewußtlosen Körpers oder den Tonusmangel des liegenden Körpers von Alkoholikern, geschockten oder frisch operierten Patienten. Mir wird der flexible, zarte Tonus der Körper von Neugeborenen wieder plastisch erfahrbar, die ich unmittelbar nach der Geburt in der Hand hielt, untersuchte und lagerte, oder die schwindende Körperspannung alter und sterbender Menschen.

Durch körper- und psychotherapeutische Arbeit und langjährige Selbsterfahrungsprozesse mit körperorientierten Methoden hat das Liegen für mich neue Qualitäten gewonnen. Ich stelle neue Fragen über biographische, traumatische, symbolische oder situative Aspekte der Erfahrung von Patienten mit dem Liegen, wenn sie an körpertherapeutischen Gruppen teilnehmen. Dabei ist es notwendig zu beachten, ob und warum sich jemand in der liegenden Position unterlegen fühlt oder einen anderen als überlegen erlebt. Studien über ängstliche Patienten zeigen, daß etwa ein Drittel der Betroffenen bei Übungen zur tiefen Muskelentspannung anfangs unter vermehrter Ruhelosigkeit, Schwitzen, schnellem Herzschlag und rascherer Atmung leiden. Dies sind mögliche Reaktionen auf die bewußte Erfahrung der Körperschwere und die aufmerksame Hinwendung zum eigenen Körper, auf die damit auftauchenden persönlichen Assoziationen und mentalen Vorstellungen sowie unbewußte Ängste vor Isolierung. Angst ist in ihren unterschiedlichen Formen mit der Angst vor dem Fallen verbunden (Unfall, Zufall, Anfall, Auffallen), woran auch die Redewendung erinnert, daß »jemand in den Schlaf fällt«.

Selbstbewußtheit, d. h. die Fähigkeit, sich selbst sowohl als Subjekt als auch als Objekt wahrzunehmen, ist vielleicht *das* wesentliche Charakteristikum der menschlichen Spezies. Arbeitet man im Rahmen von pädagogisch-therapeutischer Arbeit oder in Selbsterfahrungsprozessen an der Schulung von aufmerksamer Körperbewußtheit und Körperwahrnehmung, dann wird der scheinbar triviale Prozeß des Liegens zu einem komplexen und vielgestaltigen Vorgang, einer Grundwürde des Menschen.

Liegen als biologische Notwendigkeit

Wenigstens ein Drittel unseres Lebens verbringen wir im Liegen. Die meiste Zeit folgen wir damit einfach der biologischen Notwendigkeit von Ruhe und Schlaf. Schon unmittelbar nachdem wir in die Welt geboren worden sind, liegen wir und verbringen als Säuglinge mehr als ein halbes Jahr in dieser einzig möglichen Lage. Liegend verlassen wir im Tod die Welt. Auch in der Krankheit, in der unser Organismus besonderer Ruhe bedarf, liegen wir.

Liegen ist im wesentlichen eine zulassende, passive Körperhaltung. Die Positionen, die wir dabei einnehmen können, sind vielgestaltig. Wir können zum Beispiel auf dem Bauch, auf dem Rücken oder auf der Seite liegen, ausgestreckt oder zusammengerollt, mit angezogenen oder ausgestreckten Beinen, und dies alles in ständig wechselnden Kombinationen. In diesen Positionen vertrauen wir uns der Schwerkraft des Bodens an, erlauben uns loszulassen und uns von überflüssigen Anspannungen zu lösen.

Ein wesentlicher Aspekt der Geburt ist der Wechsel von der Schwerelosigkeit des Embryos im mütterlichen Fruchtwasser des Uterus hin zur Schwerkraft des Neugeborenen, die nach der Geburt auf den gesamten Organismus einwirkt. Von Geburt an prägt die stetige Auseinandersetzung mit der allgegenwärtigen Schwerkraft unser Leben. Sie erlaubt uns ebenso, aufrecht zu stehen oder uns koordiniert zu bewegen, wie sie uns dazu einlädt, im Liegen Ruhe zu finden und aktives Handeln für eine gewisse Dauer aufzugeben.

Liegen entspricht den biorhythmischen Notwendigkeiten des menschlichen Organismus. Ebenso wie unsere Umwelt in den täglichen Rhythmus von Tag und Nacht eingebettet ist, so bedarf auch unser inneres »biologisches Gleichgewicht« des rhythmischen Wechsels von Ruhe und Aktivität. Wenn uns diese Phasen der Ruhe und des ausgeruhten Liegens fehlen, dann zeigen Schlafstörungen als eines der sensibelsten Symptome von übermäßiger Streßbelastung an, daß wir aus der Balance zu geraten drohen. Wenn ruhendes Liegen fehlt, dann werden unserem Körper die vielfältigen Reparaturprozesse, die sich während der Ruhephasen ereignen, erschwert. Ohne ausreichende Ruhephasen sind wir auf längere Sicht anfälliger für Krankheiten, unsere Wahrnehmung wird gestört, und wir werden nervös und vergeßlich. Wir können heute davon ausgehen, daß etwa ein Drittel der Menschen in den Industrieländern unter Schlafstörungen unterschiedlicher Ausprägung leiden. Schlafstörungen sind in höherem Maße als Alkohol, Medikamente oder Drogen ursächliche Faktoren für schwere Auto-, Betriebs- und Haushaltsunfälle, und ihre ökonomischen Kosten sind enorm. Von den persönlichen Konsequenzen für die einzelnen Betroffenen wird später noch die Rede sein.

Obwohl Liegen, Schlafen und Ruhen Hauptelemente guter Gesundheit sind, wird dem Prozeß des Liegens in der medizinischen und therapeutischen Literatur kaum Aufmerksamkeit geschenkt. Schon vom Kleinkind an gilt das Hauptaugenmerk der Experten den Aktivitäten, wie etwa dem frühen Sitzen oder Laufen.

Bedeutungen des Liegens in der Sprache

Shakespeare läßt Macbeth eine Hymne auf den Schlaf erheben, wenn er ihn »Balsam kranker Seelen«, »den zweiten Gang im Gastmahl der Natur«, »das nährendste Gericht beim Fest des Lebens« nennt. Auch in unserer Alltagssprache hat Liegen mehrere Bedeutungen. Wenn sich jemand irrt, sprechen wir davon, daß er falsch liegt; wenn uns jemand gefällt, sagen wir, daß *er* uns liegt. Anstelle von begabt benutzen wir den Ausdruck *etwas liegt jemandem*, oder wenn uns etwas wichtig ist, sprechen wir davon, daß *uns* an etwas liegt. Wenn etwas bei jemandem liegt, hängt die weitere Entwicklung von ihm ab, und wenn etwas im argen liegt, wird es vernachlässigt. Wenn wir jemanden bewußt mißachten, dann lassen wir ihn links liegen. *Liegen* wird vielfach umschrieben wie etwa daliegen, langliegen, alle viere von sich strecken, sich aalen oder ruhen.

Liegen verweist darauf, daß sich etwas oder jemand in waagerechter Lage befindet oder der Länge nach ausgestreckt ist. Einerseits bedeutet *liegen*, daß etwas ruht, andererseits teilt es uns mit, wo etwas verortet ist. Auf den zweiten Aspekt verweisen umgangssprachliche Redewendungen wie *am Herzen liegen, im Magen liegen, im Ohr liegen, im Sinn liegen, auf der Zunge oder auf der Seele liegen*. Wenn jemand *unterliegt*, nach unten zu liegen kommt, kann dies Ausdruck einer *Niederlage* sein. Im Englischen bezeichnet der Begriff »to lie« sowohl den Vorgang des Liegens als auch die Tätigkeit des Lügens.

Die aktive Form *legen* bedeutet eigentlich *zum Liegen bringen*, sich *legen* oder *lösen*. Sich *legen* strebt nach *beruhigen*, was auch in Begriffen wie *etwas beilegen* oder *einen Konflikt beilegen* im Sinne von *schlichten* auftaucht. Einen interessanten Hinweis gibt die althochdeutsche Wurzel »*letar*«, *Gebärmutter*, von der sich das Wort *legen* ableitet. Im alltäglichen Gebrauch tauchen die Begriffe *verlegen sein* oder *etwas kommt gelegen* auf. Wir sprechen davon, daß jemand *über-* oder *unterlegen* ist, wir haben die Begriffe *Angelegenheit* oder *gelegentlich*.

Die Verwendung des Begriffs *legen* in Kombination mit einer Vorsilbe kann ganz unterschiedliche Bedeutungen haben. So bedeutet *ablegen* gleichzeitig ausziehen und leisten. *Anlegen* kann je nach Zusammenhang anziehen, zielen, ein Baby stillen, sich streiten oder verwenden bedeuten. *Auflegen* kann eine Aufforderung, etwas zu zeigen oder etwas anzuordnen beinhalten, wie dies in dem Begriff Auflage, Gebot, Anordnung der Fall ist. *Beilegen* kann sowohl den simplen Akt des Mitschickens von etwas oder die Tätigkeit des Schlichtens bezeichnen. *Erlegen* kann sowohl Schießen oder Töten sein, aber und andererseits kann man auch einem Irrtum erlegen sein. *Überlegen* ist je nach Bedeutungszusammenhang gleichzusetzen mit nachdenken, abwägen oder etwas bedecken. *Unterlegen* oder *eine Unterlage schaffen* kann bedeuten, ein Fundament oder eine Grundlage herzustellen oder ein Beweisstück beizubringen.

Der Ort, an dem und auf dem wir liegen, taucht in der Sprache etwa in Form des *Lagers* oder des *Gelages* oder der *Liegenschaft* auf. Die *Lage* bezeichnet die Art, wie etwas liegt, also die Situation oder die Schicht oder etwa die Tonhöhe. Wir kennen den Begriff der *Lebenslage* oder sprechen davon, daß wir uns *in einer bestimmten Lage befinden*. Der Begriff *Lage* wird andererseits als Bestimmungswort benutzt, etwa im Sinne von *Lagebericht, Lagebesprechung, Lageplan, Bauchlage, Rückenlage*.

Auf Zusammenhänge zwischen großen Überraschungen oder Ängsten mit dem Liegen deuten Redewendungen hin wie: »Das hat mich umgehauen« oder »Da legst' di nieder«.

»Wie man sich bettet, so liegt man«, sagt das Sprichwort. Wir bereiten uns ein Lager vor als dem Ort zum Liegen. Die Liegestatt ist im ursprünglichen Sinn das Krankenlager, und Lagerstatt ist die Grabstätte. Bei der Zuordnung des Begriffs »Bett« sind sich die Sprachforscher uneinig. Die einen weisen es dem Begriff »Badja« zu, der auf eine in den Boden eingegrabene Lagerstätte für Tiere zurückgeht. Die anderen sehen »Bett« eher in der Folge von »Bad«, welches in ursprünglichem Sinne »eine warme Stelle« bedeutet, wo man vor Kälte geschützt ist. Beide Begriffe gehen auf germanische Sprachwurzeln zurück. Die Germanen schliefen bekanntlich bis ins 9. oder 10. Jahrhundert auf Tierfellen, später auf Stroh und begannen erst dann, Schlafbänke an den Wänden aufzustellen. Der Gebrauch des beweglichen Betts auf einem hölzernen Gestell ist ursprünglich eine Erfindung der Mittelmeervölker aus klassischer Zeit und verbreitete sich in den nördlichen europäischen Regionen erst mit Beginn des Mittelalters.

Der Begriff »Lager« oder lagern verweist auch auf vorübergehende Unterkunftsmöglichkeiten im Sinne von Baracken, Zelte oder Lagerstätten für große Menschenmengen. *Lagern* hat darüber hinaus die Bedeutung von Aufbewahren. *Verlagern* heißt, daß wir etwas von einem Ort an einen anderen bringen oder, auf den eigenen Körper bezogen, daß wir unser eigenes Gewicht von einer Körperregion auf eine andere verlagern.

Liegen als Suche nach Ruhe

Ruhe ist ursprünglich abgeleitet von der germanischen Wurzel »Re« und bedeutet nachlassen, ohne Spannung, Aufregungen und Zwischenfälle sein. Wir kennen eine Vielzahl von Wörtern, die den Prozeß des *Ruhens* umschreiben, wie etwa *ausruhen, still liegen, rasten, der Ruhe pflegen, sich Ruhe gönnen, sich entspannen, verschnaufen, erholen, faulenzen, liegen, schlafen, Pause machen* und *die Waffen ruhen lassen.* Auch die Bezeichnung *ruhig* kann vielfache Bedeutung haben wie etwa *geruhsam, ruhevoll, bedächtig, still, friedsam, gemessen, würdevoll, bedachtsam, besonnen, sicher, überlegen, abgeklärt, beherrscht, gezügelt, gesetzt, kaltblütig, ohne mit der Wimper zu zucken, ausgeglichen, harmonisch, bedacht, gelassen, gleichmütig, gefaßt.* Je nach Kontext kann ruhig im Sinne von *gemach, gemächlich, seelenruhig, Gemütsruhe, nicht aufgeregt,*

tolerant, umsichtig, besorgt, sich nicht aus dem Gleichgewicht brin-
gen lassen, sich in der Gewalt haben, die Nerven behalten, nicht die
Nerven verlieren, nur ruhig Blut, schweigen, friedlich, still, ohne
Lärm, leise verstanden werden.

Wenn wir uns zur Ruhe legen, bemühen wir uns, äußere Reize
wie Licht, Lärm, übermäßige Kälte oder Hitze zu vermindern.
Ruhe zu finden bedarf neben der inneren Einstellung auch förderli-
cher äußerer Umstände.

Neurophysiologische Aspekte des Liegens und Schlafens

Während des Liegens sind alle Informationen, die das zentrale
Nervensystem von den »Propriozeptoren« als den sensiblen »Ner-
venempfängern« unserer körperlichen Eigenwahrnehmungen erhält, verändert. Diese »Propriozeptoren« informieren uns über die
Stellung unserer Glieder, Muskeln und Gelenke im Raum, und ihre
Informationen setzen sich im zentralen Nervensystem und in unserem Empfinden zu einem persönlichen Körperbild zusammen. Sie
werden dabei mit Informationen verbunden, die uns andere Sinnesorgane – wie etwa die Augen, die Gleichgewichtsorgane des Innenohrs oder die Tastempfindungen der Füße – vermitteln. Die Vielfalt
dieser Informationen wird in der sogenannten *Formatio reticularis,*
einer Region des Stammhirns, gefiltert und geordnet, bevor sie an
spezifische Regionen des Gehirns und an die Großhirnrinde weiter-
geleitet und dem Bewußtsein zugänglich gemacht werden. Die
ordnende Tätigkeit des Nervensystems hat eine schützende und
energiesparende Funktion, vermeidet Konfusion und unkoordi-
niertes Handeln.

Im Liegen vermindert sich die Menge der Reizeinflüsse von
außen, und somit verändert sich die Qualität der subjektiven Wahrnehmung. Diese allgemeine Veränderung des Wahrnehmungssche-
mas des menschlichen Nervensystems durch das Liegen hat beispielsweise M. Feldenkrais als Grundlage seiner Wahrnehmungs-
schulung im Liegen angesehen. Unser Nervensystem erhält grundsätzlich andere Informationen, wenn wir beispielsweise im Liegen
unser Bein heben, als dann, wenn wir das gleiche im Stehen
bewegen. Unser neurophysiologisches Differenzierungsvermögen
für Wahrnehmungen ist in der Liegeposition wesentlich feiner als

im Stehen. Liegen ermöglicht uns, komplexere Bewegungszusammenhänge des gesamten Körpers aufmerksamer zu beobachten und unser Körperbild zu präzisieren. Dies trifft in gleicher Weise für aktive Bewegungswahrnehmung wie auch für passive Bewegungen, die durch andere an uns im Liegen durchgeführt werden.

Über das Nervensystem hinaus erfahren noch andere körperliche Systeme grundlegende Veränderungen durch das Liegen, wie etwa die veränderten Druckverhältnisse des Blutgefäßsystems oder im Bereich der Zwischenwirbelräume und Bandscheibenregionen. Elsa Gindler hat die liegende Entspannung und die durch sie eintretende Spannungsverteilung als einen Zustand höchster Reagierfähigkeit bezeichnet, als eine Stille in uns, eine Bereitwilligkeit, auf jeden Reiz sensibler zu antworten.

Die Bedeutung des Liegens für die Bewegungsentwicklung des Säuglings

Erst unter dem Einfluß der klinischen Untersuchung verschiedener Pathologien des Liegens, wie etwa Hüftgelenksdysplasie oder Schiefhals, wurde in der Medizin eine Erörterung über die Bedeutung der Lagerung und des Liegens von Neugeborenen angestellt. Die ungarische Kinderärztin E. Pikler hat sich systematisch mit der Frage befaßt, ob Neugeborene auf den Rücken oder auf den Bauch gelegt werden sollen, und die Frage in den Mittelpunkt gestellt, ob die Bauchlage die von Geburt an natürliche und physiologische Lage und die Rückenlage des Säuglings erst ein Erbe unserer Zivilisation sei. Zur Zeit von Piklers Beobachtungen (1946–1979) plädierte die Mehrzahl der zeitgenössischen Orthopäden dafür, die Kinder während der ersten Monate systematisch auf den Bauch zu legen, denn so könne die Entwicklung von kindlichen Hüftanomalien und Schiefhals vermieden werden. Pikler hielt dagegen, daß nicht die Rückenlage an sich, sondern die Art und Weise, wie die Neugeborenen und Säuglinge gewickelt und angezogen würden, verantwortlich seien für die Entwicklung von Bewegungs- und Strukturanomalien. Diese Faktoren würden notwendige, spontane Drehbewegungen wie Wälzen und Rollen der Säuglinge behindern. Pikler betonte, daß darüber hinaus die psychische Entwicklung des Säuglings durch die Rückenlage durchaus gefördert werde. Jeder Mensch, der mit einem anderen bekannt werden möchte, wende sich ihm zu, und dies erfordere die Möglichkeit von koordinierten Kopf- und Augenbewegungen durch die Rückenlage. Die Beobachtungen, daß sich Kinder, die auf dem Bauch gelagert werden, früher aufsetzen, aufstehen und gehen, hinterfragt Pikler in ihrer Bedeutung als Kriterium für gute kindliche Entwicklung. Sie verweist darauf, daß Kriechen und Krabbeln wesentliche Perioden der psychomotorischen Entwicklung des Kindes sind. Eine gute physiologische Entwicklung sei nur dann möglich, wenn man die Kinder nicht zwanghaft in Bauch- oder Rückenlage fixiere sowie sie weder reguliere noch der Symmetrie zuliebe korrigiere und in selbstgesuchte Lagepositionen der Säuglinge eingreife. Statt dessen solle man für eine möglichst unbehinderte und freie Bewegungsentwicklung des Kindes Sorge tragen.

Kindliche Drehbewegungen dienen dazu, die Rumpfmuskulatur und den Gleichgewichtssinn zu stärken. In diesem Zusammenhang hat T. Hanna darauf verwiesen, daß die Entdeckung der Rückenmuskulatur für das Neugeborene eines der aufregendsten Abenteuer ist. Bei der Geburt sind die Kinder erst einmal hilflos, und ihre einzigen aktiven Bewegungsmöglichkeiten sind die frontalen Beugebewegungen, die den Säuglingen ermöglichen, sich an die Brust der Mutter anzuklammern. Sie können aber noch nicht aktiv den Kopf heben oder den Rücken anspannen. Die Rückenmuskeln sind im Wesen noch funktionsuntüchtig. Während der ersten Wochen ist das menschliche Baby einseitig. »Die Muskeln auf der Vorderseite des Körpers sind hochaktiv, die Muskeln auf der Rückseite sind hoch inaktiv – sie sind wie vor dem Tiefschlaf« (Hanna). Erst etwa um den dritten Monat ist es dem Kind möglich, den Kopf aktiv zu heben und die Augen in einer horizontalen Position in der Balance zu halten. Mit etwa sechs Monaten kann das Kind seinen Rücken bei ausgestreckten Beinen anspannen (Landau-Reaktion).

E. Pikler fand bei ihren Studien heraus, daß die Rückenlage dem Neugeborenen erleichtert, eine Koordination von Hand und Augen zu entwickeln und dabei im Zusammenhang mit Greifen und Kontakt ein Raumgefühl für sich zu finden. Wichtig für die Entwicklung von koordinierter Muskeltätigkeit ist es, dem Säugling eine feste Unterlage anzubieten, darauf zu achten, daß Wickeln und Kleidung ihn nicht in seiner Bewegungstätigkeit beengen und daß keine schweren, umhüllenden Decken verwendet werden. Nach ihrer Langzeitbeobachtung von Kindern, die entweder bevorzugt in der Bauch- oder in der Rückenlage während der ersten Lebens-

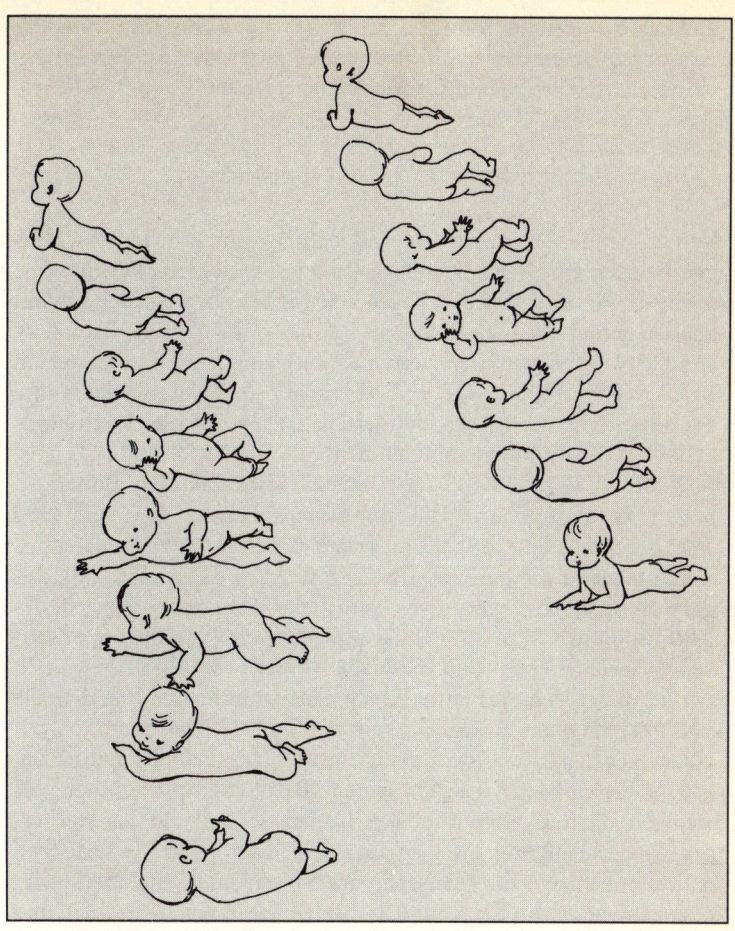

Durch die liegende Erfahrung des tragenden Untergrunds beginnt sich unsere Bewegungsentwicklung im spielerischen Erproben von Schwerkraft und Widerstand systematisch zu entfalten.

monate gelagert wurden, schrieb Pikler, daß Bauchlagekinder in den ersten Jahren häufiger ihr Gleichgewicht verlieren und dementsprechend häufiger hinfallen.

Unterschiedliche Kulturen haben noch heute die Tradition, Säuglinge beim Schlafen entweder in einem Tragetuch auf dem Rücken zu tragen oder mit einem Brett auf dem Rücken zu fixieren. Daß dabei neben der Reaktion der Säuglinge auf die Schwerkraft auch die Kontinuität ihres Körperkontakts und ihre Erfahrung der Körperbewegungen der Mutter für ihre Arten der Ruheerfahrung eine Rolle spielen, darauf hat Montagu verwiesen.

Kulturgeschichtliche Aspekte des Liegens

Vergleichende Anthropologie und kulturgeschichtliche Forschungen belegen eine Vielfalt von Varianten des Liegens, was den Ort sowie die Art und Weise zu liegen betrifft. Dies bezieht sich sowohl auf den Schlaf als auch auf andere Formen der Ruhelage. Rudofsky spricht von unserem zivilisierten »Aberglauben«, daß man nur im Bett schlafen könne. »Lieber eine schlaflose Nacht auf der Kante des allein seligmachenden Bettgestells fristen, als die Gastfreundlichkeit des Fußbodens anzunehmen.«

Während der Brauch, unerwartete Gäste auf dem Boden zu betten, vormals auch in Europas besten Häusern gang und gäbe war, beachtet der heutige Tourist auf dem Boden zu schlafen als wenig besser als in der Gosse zu liegen. Auch die Vorstellung, daß das Sich-schlafen-Legen etwas Natürliches sei, ist nach Ansicht des Anthropologen M. Mauss vollkommen falsch. Noch heute praktizieren viele Hirten- und Nomadenvölker, vor allen Dingen in Afrika und Asien, Varianten des Schlafens im Stehen, bei dem sie sich an einen Stock anlehnen.

Die gewachsene Gewohnheit unserer westlichen Zivilisation, daß jeder für sich allein in seinem Bett schläft, war noch vor wenigen Jahrhunderten unüblich. Damals schliefen in den Herbergen Menschen durchaus gemeinsam in einem Bett. In manchen Kulturen schlafen die Menschen auch heute noch eng aneinander oder gemeinsam im Kreis auf dem Boden liegend, während sich ihre Füße etwa um ein wärmendes Feuer gruppieren.

Ein Aspekt der traditionellen japanischen Kultur ist, daß in den japanischen Städten der einzelne etwa sein halbes Leben lang meist in einer Zwei-Generationen-Gruppe schläft, zuerst als Kind, dann als Vater oder Mutter. Das erste Zusammenschlafen mit einem anderen beginnt mit der Geburt und endet mit der Pubertät, beginnt dann wieder mit der Geburt des ersten Kindes und dauert etwa bis zum Klimakterium der Mutter, um im Alter ein paar Jahre lang wieder aufgenommen zu werden. Amerikanische Anthropologen kamen dabei zu dem Schluß, daß die Schlafgewohnheiten in den japanischen Familien die Unterschiede zwischen den Generationen und Geschlechtern zu verwischen neigen. Ein interessanter Nebenaspekt dabei ist, daß diese Anthropologen feststellten, daß »Selbstmord in Japan am häufigsten in Perioden des Allein-Schlafens begangen wird, also beim Heranwachsenden und beim Erwachsenen und später wieder im Alter. Es ist durchaus möglich, daß das Allein-Schlafen in diesen beiden Perioden dem einzelnen ein Gefühl von Isolation und Entfremdung gibt.« (Montagu)

In sehr unterschiedlicher Weise werden transkulturell auch der Gebrauch von Matten, Kopfkissen oder Decken gehandhabt. Nicht vergessen werden sollten indianische Traditionen, in denen Menschen in Hängematten schlafen. Der Gebrauch von festen, starren oder weichen Nacken- oder Kopfstützen ist in unterschiedlichen Kulturen weit verbreitet. Viele Zivilisationen unterhalb des 15. Breitengrades benutzen beim Schlafen Stützen für den Hinterkopf, wobei bisweilen Totemgegenstände oder Skulpturen benutzt werden.

Zur Entstehungsgeschichte unserer Schlafstätten merkt Rudofsky an: »Nicht etwa Spitäler, sondern Bordelle waren Bahnbrecher für das Bett.« Wir kennen in unserem Sprachgebrauch noch den Begriff »Bankert«, der auf uneheliche, im ursprünglichen Sinn auf der Bank gezeugte Kinder verweist. In der Vorstellung unserer Tradition sind Beischlaf und Bett bisweilen unzertrennlich, und man legt Wert darauf, in einem *Bett* gezeugt worden zu sein.

In verschiedenen kulturellen Epochen der westlichen Zivilisation haben das Liegen bzw. die Übergangsformen zwischen Liegen und Sitzen Wandlungen erfahren. Dies drückt sich in der Konstruktion der verschiedenen Möbel zum Ruhen und Schlafen aus. Verstärkt seit dem Beginn des 18. Jahrhunderts wird bei der Konstruktion des Mobiliars zum Liegen und Sitzen großer Wert darauf gelegt, eine Stütze für den Körper zu schaffen, die durch die spezifische Anpassungsfähigkeit des Mobiliars an den menschlichen Körper eine entspannte Haltung ermöglicht. Erstmals tauchen dabei Ruhemöbel auf, die auf ein rasches und kurz dauerndes Entspannen abzielen und damit Formen von Bequemlichkeit bieten, die etwas ganz anderes darstellt als die statische Ruhe des Betts. Erinnert sei hier beispielsweise an die sogenannte Chaiselongue, also den verlängerten Stuhl, der etwa Mitte des 18. Jahrhunderts konstruiert wurde und häufig mit erotischem Beigeschmack neben dem Bett des Schlafzimmers stand.

Seit Beginn des 19. Jahrhunderts trennten sich Denken und Gefühle zusehends, und auch die Konstruktion der Ruhemöbel wurde stärker von dem mehr ingenieurhaften Bemühen um die Lösung von Bewegungsproblemen geprägt. Parallel dazu verlief zu Beginn noch die Idee des in der Folge von romantisch-orientalischen Strömungen geschaffenen, bequemen Möbels. Diese besaßen kaum klare Umrisse und Strukturen. S. Giedion spricht davon, daß die Vielfalt dieser Lehnstühle, Sofas und schweren, voluminösen Diwane »knochenlos« war. Vielfach ausgeschmückt mit den farbigen, romantischen und märchenhaften Accessoires des Orients wurden komfortable Sessel geschaffen, die bewußt das Kissen- und Matratzenhafte betonten. »Sie erscheinen dem unbefangenen Auge wie eine Ansammlung von Kissen, die auf mirakulöse Weise zusammengehalten wird.« Das vorherrschende Zeitgefühl des mechanisierten Menschen des 18. Jahrhunderts war, daß er sich zu einer Atmosphäre hingezogen fühlte, die seiner entgegengesetzt war. »Im Osten hat jeder Zeit, ob reich oder arm. Im Westen keiner. Im Osten wurzelt die Lebenshaltung in der Entspannung, im Westen in der Anstrengung.« (Giedion)

Mitte des 18. Jahrhunderts wurden erstmals Betten und Matratzen mit Eisenfedern geschaffen, die kühl, reinlich und leicht transportierbar waren und erst einmal in Spitälern und Gefängnissen Anwendung fanden, bevor sie schließlich in den Haushalt gelangten. Eine weitere Wende gab es zu Beginn des 19. Jahrhunderts mit der Schaffung der Patentmöbel. Im Gegensatz zu dem vorherigen Ideal, bei dem der Körper durch passives Einsinken in die Kissen gestützt werden sollte, wurde jetzt Komfort durch die aktive Anpassung des Mobiliars an den Körper definiert. Auch diese Art des Sitzens zielte auf Entspannung hin, aber man versuchte, dies jetzt sowohl im Liegen als auch in den zahlreichen Zwischenstellungen durch Stützen der Arme und mechanische Haltung des Kopfes zu erreichen. Federnde und zwanglose Arten des Sitzens wurden angepriesen. Sie sollten ungehinderte, getragene Bewegungen nach allen Seiten erlauben. Damit einher ging die Konstruktion von variablen Liegen, bei denen die Fuß-, Bein-, Rücken- und Kopfteile jeweils gesondert beweglich und verstellbar waren.

Diesen Entwicklungen des Ruhemobiliars ist das Bestreben gemeinsam, Möglichkeiten für ein kurzes, erholsames Ausruhen zu schaffen, das nicht dem Schlaf dienen sollte. Sie reflektierten das veränderte Zeitgefühl der sich entwickelnden Industriegesellschaften.

Die Gestaltungsmöglichkeiten unserer Bettstatt variieren vielfältig und prägen mit, wie wir liegen und Ruhe einkehren lassen.

Im Mittelmeerraum besteht heute noch die kulturelle Tradition der täglichen Siesta oder des Mittagsschlafs. Es gibt Hinweise darauf, daß diese Tradition einen Einfluß auf eine niedrigere Quote von Herzattacken in den mediterranen Ländern hat. Das angesehene medizinische Fachblatt »Lancet« publizierte eine Untersuchung, in der in Griechenland zwei größere vergleichbare Gruppen von Patienten mit und ohne Herzinfarkt untersucht wurden. Dabei stellte man fest, daß diejenigen, die täglich eine halbe Stunde Siesta hielten, etwa 30 Prozent weniger Herzattacken hatten, und diejenigen, die eine Stunde Siesta hielten, 50 Prozent weniger Infarkte erlitten (Trichopoulos).

Liegen und Schlafstörungen

Untersuchungen zur gesundheitsfördernden Wirkung des Schlafs zeigen, daß bei einer Schlafmenge von sieben bis acht Stunden ein statistisch deutlich niedrigeres Sterberisiko für Erkrankungen wie Herzinfarkt, Krebs oder Schlaganfall besteht. Ornstein und Sobel verweisen auf die körpereigene Produktion spezifischer »Neuropeptide«, chemischer Botenstoffe, die sowohl die langsamen Gehirnwellen des Tiefschlafs auslösen als auch die Produktion von Lymphozyten (weißen Blutkörperchen) und natürlichen Killerzellen fördern, die für Infektabwehr und die Abwehr von Krebszellen von großer Wichtigkeit sind. Die Produktion solcher Neuropeptide und Botenstoffe könnte auch für die bekannte Müdigkeit und Schläfrigkeit im Fall von Krankheiten, insbesondere von Infektionskrankheiten, mitverantwortlich sein. Liegen und Ruhen bewirken im Fall von Krankheit durch die Vermeidung von überflüssigen und sinnlosen Bewegungen die Sammlung neuer Energien. Schläfrigkeit im Krankheitsfall ist nicht einfach Trägheit, sondern dient mit dazu, vielfältige Reparaturprozesse zu unterstützen. Die Bedeutung von ungestörtem Schlaf wird in Krankenhäusern oft nicht ausreichend gewürdigt. Schon der Aufenthalt in einem Krankenhaus birgt als solcher viele Störfaktoren für den Schlaf, wie zum Beispiel übertriebene körperliche Inaktivität, Langeweile, ungewohnt frühe Nachtruhe nach frühem Abendessen, fremde Umgebung und Nachbarn oder auch häufig hilflos verordnete Schlafmittel.

Ruhen und Schlaf sind biologische Notwendigkeiten zur Sammlung von Kräften und zur Regeneration. Die wachsende Zahl von Schlafstörungen in den zivilisierten Ländern, das »wachsende nationale Schlafdefizit« (Sobel) sowie die parallel dazu enorm gewachsene Schlafmittelindustrie zeugen von unserem »kollektiven Verlust von biologischer Homöostase« (Kabat-Zinn). Statistische Erhebungen verweisen darauf, daß etwa ein Drittel der Menschen in den westlichen Industrienationen über Schlafstörungen klagt. Da diese unterschiedliche Ausprägungen haben, hat sich die Medizin um einschränkende Kategorien in der Diagnostik bemüht. Nach ihren Kriterien liegt eine Schlafstörung erst dann vor, wenn mindestens über drei Wochen andauernde Schwierigkeiten beim Ein- und Durchschlafen bestehen und dadurch Beeinträchtigungen während des Tages entstehen.

Zur Abklärung von Schlafstörungen muß das jeweils vorliegende Lebensmuster des betroffenen Menschen auf äußere, organische, streßbedingte, psychische, nahrungs- oder genußmittelbedingte Faktoren und Lebensalter untersucht werden. Schlaf ist ein natürlicher Prozeß, bei dem sich unser Körper sozusagen sein eigenes Recht auf Regeneration nimmt. Ruhig schlafen bedeutet nicht, daß wir ständig auf einer Stelle liegen, sondern es ist organisch notwendig, daß sich der Mensch im Schlaf immer wieder bewegt. »Nur im Grabmal ist die Haltung des Schlafenden starr.« (Rudofsky)

Sogenannte Schlaflabors zur Erforschung von Schlafgewohnheiten haben detailliert die verschiedenen Aktivitätsmuster des zentralen Nervensystems systematisiert und dargestellt. Die Schlafforschung hat unseren Schlaf im Hinblick auf verschiedene Phasen und Tiefenlagen hin analysiert, die unterschiedlichen biologischen Erfordernissen dienen, zu Lern- und Gedächtnisprozessen beitragen und auf Traumaktivitäten Einfluß nehmen.

Die therapeutischen Empfehlungen, die Menschen, die unter Schlafstörungen leiden, gegeben werden, sind neben den weit verbreiteten chemisch-pharmakologischen Stützen sehr unterschiedlicher Art. Darüber hinaus wird von industrieller Seite in zum Teil produktiv-schöpferischer, aber auch in geschäftstüchtiger Art und Weise eine Vielzahl von Bettkonstruktionen und Matratzenvarianten zur Förderung erholsamen Schlafs entwickelt und vermarktet.

Schlafstörungen gehören zu den ersten und am meisten verbreiteten Symptomen von Streßüberlastung. Eine der schmerzhaften Erfahrungen, die Menschen mit Schlafstörungen machen, ist, daß sie, je mehr sie sich darum bemühen, nach dem Aufwachen wieder einzuschlafen, desto wacher werden sie. Man kann sich nicht zum Schlafen zwingen, sondern man kann nur versuchen, loszulassen und den Schlaf zulassen. Im Deutschen gibt es dafür Redensarten wie *in den Schlaf fallen* oder *der Schlaf überkommt uns*: Der Leiter der Stress-Management-Clinic, Boston/USA, J. Kabat-Zinn, empfiehlt, daß diejenigen, die unter Schlafstörungen leiden, diese erst einmal anerkennen, sich bei anhaltender Schlaflosigkeit aus dem Bett erheben und sich fragen sollten, ob es nicht möglicherweise Dinge gibt, die sie unbedingt tun möchten oder deren Erledigung ihnen ein größeres Wohlbefinden verschaffen könnte. Wichtig sei es anzuerkennen, daß man bereits wach ist, und darauf zu vertrauen, daß unser Organismus, wenn wir es erlauben, sich den

Schlaf zu seiner Zeit nehmen wird. Zugleich müsse man akzeptieren, daß der Organismus dies aber möglicherweise nicht dann tue, wenn wir es wünschen. Die ständige Sorge, nicht schlafen zu können, nicht lang genug schlafen zu können oder am Morgen zerschlagen zu sein, kann dazu führen, daß Schlafstörungen sich im Sinne einer »Self-fulfilling-prophecy« verfesten. Statt dessen ist es hilfreich, auftauchenden Gedanken und dem eigenen Körper häufiger aufmerksam zuzuhören und sie als »Lehrer« anzuerkennen, die uns zeigen können, was in dieser Situation für unser Wohlbefinden notwendig ist.

Der Hypnotherapeut M. Erickson arbeitete mit paradoxen Verordnungen zur Beeinflussung von Schlafstörungen. So ließ er beispielsweise Menschen, die keinen Schlaf finden konnten, mehrere Nächte hintereinander Tätigkeiten verrichten, die diesen sehr unangenehm waren, wie Boden schrubben, Bügeln, Spülen. Bei vielen Patienten wurde danach der Schlaf wieder zur ersehnten ruhevollen Abwechslung.

Selbsthypnotische, körperzentrierte Übungen können dazu beitragen, daß sich der Schlaf leichter einstellt. Die Ausrichtung unserer Aufmerksamkeit auf unsere Atmung oder das bekannte »Schäfchenzählen« können einer loslassenden Bereitschaft zum Schlaf Raum verschaffen. Auch die bewußte Kontaktaufnahme mit der Unterlage, auf der man liegt, sowie sensibles Empfinden der Schwerkraft des eigenen Körpers bewirken Ruhe und Gelassenheit und ermöglichen Neuordnung der Gedanken. »Je schwerer wir werden, desto leichter und ruhiger werden wir.« (Gindler) Dies drückt sich auch in der Verwandtschaft der beiden Wörter *Schlaf* und *schlaff* aus, wobei *schlaff* als Verminderung von überflüssiger Anspannung und unangemessen erhöhtem Muskeltonus zu verstehen ist.

Liegen als bewußt wahrgenommener Vorgang

Unterschiedliche bewegungstherapeutische Methoden benutzen Liegen als eine wesentliche Lageposition für ihre Arbeit. Dies trifft in gleicher Weise für die Arbeit von H. Jacoby, E. Gindler, C. Selver, G. Alexander oder M. Feldenkrais zu. Auch die von E. Jacobson propagierte »Progressive Muskelentspannung« oder das von H. Schultz entwickelte »Autogene Training« führt einen Großteil der Übungen im Liegen durch. S. Freud hat für seine psychoanalytische Technik die liegende Position auf der Couch ausgewählt, was mit seiner früheren intensiven Beschäftigung mit der Hypnose zusammenhängen könnte. Techniken zur Trance-Induktion benutzen oft liegende Positionen, weil sich im Liegen ein hypnoider Zustand leichter erreichen läßt. Dabei bedeutet liegende Position nicht immer eine horizontale Lage, sondern auch Zwischenlagen in bequemen oder speziell konstruierten Sesselformen.

»Jede Anstrengung, jedes Ruhig-werden-Wollen, jedes Gelöst-werden-Wollen ist unzweckmäßig. Man kann nur erlauben, daß Beunruhigtheit oder Zusammengezogen-Sein sich verringern«, schrieb H. Jacoby. Ähnlich äußerte sich E. Jacobson: »Wenden Sie hingegen Kraft auf, um sich zu entspannen, das heißt, arbeiten Sie auf Entspannung hin, so kommt praktisch keine Entspannung auf. Entspannung geschieht immer ohne Kraftaufwand.« Entspannung wird häufig mißverstanden als völlig amorpher Zustand von absolutem Spannungsverlust und regressives Schlaffsein. Die oben genannten Methoden arbeiten hauptsächlich daran, eine angemessene Spannungsverteilung, also »Eutonie« (G. Alexander) zu erreichen. Sie zielen darauf ab, »Erfahrbereitschaft« zu wecken und damit einen erfrischenden Zustand des Wachwerdens zu fördern. Liegen als Kontaktaufnahme mit dem Boden soll klareres Feedback über den eigenen Körper ermöglichen. Dabei werden kleine Bewegungen als Mittel zur stärkeren Fokussierung der Kontaktaufnahme zwischen Körper und Boden verwendet. R. Allon spricht davon, daß diese Kontaktaufnahme uns ermöglicht, das »Textbuch, das in uns selbst geschrieben ist« zu entziffern. Der Wahrnehmungspsychologe Gibson merkt an, daß »Wahrnehmung Aktion bedeutet, nicht Reaktion, einen Akt der Aufmerksamkeit, nicht ausgelöste Wirkung, sondern eine Leistung, nicht einen Reflex«.

Aufmerksamkeit ist für die Wahrnehmung das, was Intention für das Handeln ist. Aufmerksamkeit wacht in gewisser Weise auch über die Ökonomie der Beziehungen zwischen Gehirn und Umwelt. Wenn Entspannung eintritt, dann führt sie zu einer erhöhten Reaktionsfähigkeit, die auf einer Stille in uns basiert und getragen ist von innerer Bereitwilligkeit, auf alle wahrgenommenen Reize adäquat zu antworten. Der ganze Körper, alle seine Glieder, auch der Kopf, lernen dabei wieder zu fühlen und zu begreifen, daß sie beständig von der Schwerkraft getragen und unterstützt werden. Bewußte Entspannung ist eine Voraussetzung dafür, daß wir im

Alltag angemessene Spannung, Kraft, Mühelosigkeit, Lebendigkeit und Lust entwickeln können.

Wenn wir uns erlauben, aufmerksam und interessiert die Informationen, die uns Liegen als bewußter Vorgang ermöglicht, wahrzunehmen, dann können wir, wie C. Brooks dies ausgedrückt hat, wieder »langsam in die Gegenwart hinein erwachen«. Wir erleben uns, arbeiten an uns von innen heraus, sind auf dem Weg zu uns, nähern uns bewußter uns selbst an. Wir erarbeiten uns ein Gespür für den Unterschied zwischen bloßer Berührung der Unterlage und einem vollständigen auf der tragenden Unterlage Zur-Ruhe-Kommen. Wir lernen, die Kontaktaufnahme und Berührung mit dem Boden differenzierter zu spüren, und streben nach Hinzugesellen und Zusammensein mit der tragenden Unterlage. »Der beste Lehrer dafür, ihr Gewicht loszulassen, ist der erfahrene Zustand des Getragen- und Unterstütztseins durch den Boden.« (R. Allon) Er kann die Erfahrung einer heilenden Beziehung zwischen sich selbst und der tragenden Erde vermitteln.

Bewußte, entspannte Wahrnehmung des Liegens ist die geduldige Kunst des zulassenden Nachgebens. Sie kann neue Offenheit für eigene Lebensprozesse und sensiblen Kontakt mit der Umwelt fördern. Sie kann uns einladen, Kontakt zu unserem eigenen Gewicht und zu unserer eigenen körperlichen Last aufzunehmen, zum Zug, den die Schwerkraft auf unsere Körpermasse ausübt, sowie zur Nähe des tragenden Bodens.

Einen besonderen Aspekt von Getragenwerden kann das Schwimmen vermitteln. Durch die Physik wissen wir, daß das spezifische Gewicht des menschlichen Körpers etwas geringer ist als das des Wassers. Dadurch besitzen wir die physikalischen Voraussetzungen, uns wie ein Stück Holz vom Strömungsauftrieb des Wassers tragen zu lassen. Voraussetzung dafür, daß das Wasser uns tragen kann und daß wir dies erleben können, ist, daß wir, wie Jacoby sagt, angstlos sind. »Sobald man sich angstvoll zusammenzieht und den Atem anhält, kann man das Getragenwerden im Süßwasser nicht erleben, weil man dadurch unbewußt physikalisch ungünstigere Voraussetzungen dafür schafft, das heißt, man wird spezifisch schwerer und sinkt deswegen etwas tiefer ein.« (Jacoby) Tätige Auseinandersetzung mit der Angst, die auch die Angst vor dem Loslassen ist, zielt auf die Gewinnung einer neuen Gelassenheit hin. Dies erfordert zugleich die Bereitschaft zum interessierten Erproben und Erforschen sowie zum kontinuierlichen und geduldigen Üben.

Loslassen – eine Grundlage für Wohlbefinden.

Bei Übungen zur Verbesserung sensomotorischer Bewußtheit sollte man grundsätzlich darauf achten, diese langsam und behutsam durchzuführen. Dies gilt nicht nur für Übungen im Liegen, sondern auch für die Übergänge des Aufsetzens und Aufstehens oder des Hinlegens.

Zur Dauer und Häufigkeit solcher Übungen merkt T. Hanna an: »Ich werde oft gefragt: ›Wie lange muß ich mit diesen Bewegungen fortfahren?‹ Meine Antwort lautet: ›Wie viele Jahre muß sich eine Katze nach dem Aufwachen strecken?‹ Die Antwort ist dieselbe für

Katzen und Menschen: wenigstens einmal am Tag, möglichst sofort nach dem Aufwachen. Weil sich Muskeln und Bindegewebe einer Katze im Schlaf verkürzen, streckt sie sich nach dem Aufwachen zu ihrer ursprünglichen Länge. Die meisten Lebewesen strecken sich beim Aufwachen, um das volle Maß der Muskelkontrolle zu erhalten. Unsere Muskulatur und unser Gehirn unterscheiden sich in dieser Hinsicht nicht von denen anderer Lebewesen. Deshalb sollten Bewegungen, die zur Erhaltung der sensomotorischen Kontrolle beitragen, nicht mehr als ›Übungen‹ angesehen werden, genausowenig wie sie dies für eine Katze sind – sie sind einfach die natürliche Art, den Körper darauf vorzubereiten, daß er sich den ganzen Tag hindurch wohlfühlt.«

Praktische Hinweise

Wer an eigenen Erforschungen der Möglichkeiten von Entspannung sowohl zur Regeneration während des Tages als auch zur Förderung des Schlafs interessiert ist, der sei noch einmal daran erinnert, daß, »je schwerer wir werden, desto leichter und ruhiger können wir werden« (E. Gindler). Selbstbeobachtung sollte ein aktiver, freundlicher, teilnehmender und verändernder Prozeß, kein zwanghafter oder distanzierter Prozeß der Selbstdiagnostik seines objektivierten Körpers sein und sollte nicht dazu dienen, den eigenen Körper einfach als Mittel zum Zweck kontrollieren oder verwalten zu wollen. Liegen kann als bewußter Prozeß mehr Selbstgewißheit und Autonomie ermöglichen. Sie sollten sich erlauben, so zu liegen, daß Sie sich selbst klarer wahrnehmen können und danach das, was Sie tun, leichter und mit größerer Freude, mit angemessener Spannung ausführen.

Die von unterschiedlichen Methoden verwendete Technik der Bestandsaufnahme des spürbaren Kontakts zwischen dem eigenen Körper und dem Boden ist ein einfaches und hilfreiches Mittel zur belebenden Entspannung.

Ein weiteres Beispiel ist eine Übung von Brooks und Selver: Legen Sie sich mit dem Rücken auf eine feste, tragende Unterlage und nehmen Sie sich anschließend etwa 30 Sekunden Zeit, ein Bein langsam nur wenige Zentimeter vom Boden zu heben. Achten Sie darauf, welche anderen Teile des Körpers an diesem Vorgang beteiligt sind. Spüren Sie, welche Teile Ihres Körpers dabei mehr Kontakt zum Boden ausüben. Lassen Sie dann Ihr Bein langsam zum Boden zurückkehren. Spüren Sie aufmerksam die Fläche, auf der Ihr Bein auf dem Boden landet. Gestatten Sie sich ausreichend Zeit, um Ihr Bein ankommen zu lassen und den erneuten Kontakt Ihres Beins bewußt nachzuspüren.

Sie können diese Übung modifizieren, indem Sie danach auch das andere Bein oder jeweils einen Ihrer Arme oder den Kopf in der gleichen Weise langsam, vorsichtig, aufmerksam und ohne unnötigen Kraftaufwand heben und später landen lassen.

Sitzen

Sich-tragen-Lassen, angespanntes
Halten, In-sich-Ruhen

»Wie weit nach unten erlauben wir uns zu existieren?«

(C. Selven)

»Statt tausend Sitzpositionen haben wir tausend Sesselformen.«

(B. Rudofsky)

Die dominierende zeitgenössische Körperhaltung

Vor 100 Jahren schuf der Bildhauer Auguste Rodin seine bekannte Skulptur »Der Denker«. Obwohl Rodins Bezeichnung dieser Figur an einen kulturellen Akt erinnert, gewinnt man bei der Betrachtung dieser nackten, menschlichen Figur den unmittelbaren Eindruck eines körperhaften Wesens, bei dem Anspielungen auf kulturelle Bildung und Meditation erst einmal deplaziert wirken. Rainer Maria Rilke, zu jener Zeit der Privatsekretär Rodins, schrieb über die Gestalt des »Denkers«: »Er sitzt versunken und stumm, schwer von Bildern und Gedanken, und alle seine Kraft (die die Kraft eines Handelnden ist) denkt. Sein ganzer Leib ist Schädel geworden und alles Blut in seinen Adern Gehirn.« Auch für Rilke ist die Figur eine handelnde. Es drängt sich der Eindruck eines manuell Arbeitenden auf, der auf Mittel sinnt, der Last seines alltäglichen Schicksals zu entfliehen, unter der er leidet und die er verändern möchte. Dieser nachdenkliche Athlet nimmt dabei eine seltsame Haltung ein, auf die Y. Taillandier verweist: »Der Ellbogen des rechten Armes ist zum linken Oberschenkel hingedreht. Eine Haltung übrigens, die einer Art Yogadisziplin zum Training des Geistes zu entstammen scheint.« Sein nachdenkliches, angespanntes Sitzen scheint Vorbereitung von neuem Handeln zu sein.

Die Sitzposition kann als Übergangsposition oder Grenzsituation zwischen Liegen und Stehen verstanden werden, in der man Ruhe und Rast für neues Handeln sucht. Diese ursprüngliche Funktion des Ausruhens und Neue-Kräfte-Sammelns finden wir oft im Spiel der Kinder, die umherrennen und umhertollen, bis sie müde werden, sich dann dort, wo sie sich befinden, niederlassen und verweilen, bevor sie erneut losrennen. Sie vertrauen ihren Körper dem tragenden Grund des Bodens an, lassen neue, ordnende Ruhe einkehren und von unten, vom Boden her, neue Festigkeit und Kraft einkehren. Sitzen ist eine vermittelnde Position zwischen dem kompletten Loslassen des Liegens, etwa im Schlaf, und der unmittelbaren Handlungsbereitschaft des Stehens.

In den Industriegesellschaften ist die Sitzposition zur zeitlich dominierenden Körperhaltung geworden. Immer mehr Menschen verbringen dort den überwiegenden Teil ihres Alltags im Sitzen.

Von der Morgentoilette über das Frühstück, die Fahrt zur Arbeit im Auto oder im Zug, sitzende Tätigkeit am Schreibtisch, hinter der Ladenkasse oder am Schalter, Sitzen bei der Mittagspause in der Kantine, Sitzen während der nachmittäglichen Arbeit, Sitzen während der Heimfahrt, beim Abendessen, Sitzen zur Entspannung bei Musik, Buch, Fernsehen, Kino oder Kneipe.

Der Begriff des Sitzens in der Alltagssprache

Die deutsche Sprache nimmt in vielfältiger Weise auf den Vorgang des Setzens, auf das Sitzen, auf das passive Besetztsein oder auf den Satz Bezug. Wir sprechen davon, etwas zu *besitzen*, einen Konflikt *auszusitzen* oder einem Irrtum *aufzusitzen*. Der Verbrecher *sitzt ein*, oder eine Verhaltensweise *setzt sich fest*. Der Schüler befürchtet bei schlechten Leistungen *sitzenzubleiben*; etwas wird *abgesetzt, aufgesetzt* oder *umgesetzt*. Eine zerstörerische Aktivität ist *zersetzend*, und im Todesfall wird jemand *beigesetzt*. Wir bemühen uns, etwas *durchzusetzen* und *setzen* uns für eine Sache *ein*, wir *übersetzen* etwas aus einem Bereich in den anderen, wir sprechen davon, daß jemand *untersetzt* ist und benutzen einen *Untersatz*. Ein anderer Mensch wirkt *gesetzt*, man wird von jemandem *versetzt* oder *versetzt sich* in die Lage eines anderen Menschen. Konflikte *setzen einem zu*, und Erfahrungen *setzen sich fest*. Ein kritisches Erlebnis *versetzt* einem einen Schlag. Wenn man jemanden verfolgt, *setzt man ihm nach*. Man *sitzt* in der Klemme, *setzt* sich in die Nesseln oder *sitzt* zwischen zwei Stühlen, *setzt seine Hoffnungen auf* bestimmte Entwicklungen, *setzt sich einer Erfahrung aus*.

Auch das Substantiv *Satz* drückt die Tätigkeit des Setzens aus, bedeutet eigentlich, einen großen eiligen *Schritt* oder einen *Sprung* machen. Analog sprechen wir in der Schrift ebenso wie in der Musik vom *Einsatz* oder vom *Zusatz*. Wir haben *Grundsätze* und fassen einen *Vorsatz*. Hierarchische Verhältnisse beziehen sich auf die ursprüngliche Bedeutung des Sitzes als einem erhobenen *Thron*. Dementsprechend haben wir die Begriffe des *Vorsitzes, Beisitzes* oder des *Regierungssitzes*. In einer unsicheren Situation befürchten wir, auf dem *Schleudersitz* zu sitzen, und wenn jemand pensioniert ist, sprechen wir davon, daß er einen *Alters-* oder *Ruhesitz* gewählt hat.

Die Entfaltung des genetischen Potentials zum Sitzen

In der normalen biologischen Entwicklung des Säuglings und Kleinkindes vergeht etwa ein halbes Jahr, bevor das Kind sich durch vielfältige Experimente, durch Stärkungen seiner Muskulatur und durch Ausprobieren von Stellungen langsam dazu befähigt hat, sein genetisches Potential des Sitzens zu entfalten. Zuvor müssen seine Rücken- und Bauchmuskulatur gestärkt werden, sein Kopf und die Augen in die Lage versetzt werden, eine horizontale Richtung beibehalten zu können, und die vielfältigen sensomotorischen Signale aus der eigenen Muskulatur und den Gelenken müssen zu einem sinnvollen Ganzen koordiniert werden. Etwa 300 Muskeln sind mittelbar oder unmittelbar an den Bewegungen beteiligt, deren Schwerpunkt die Sitzfläche ist. Das Kind lernt, eine eigene Beziehung zu seinem Gleichgewicht zu entwickeln. Es erfährt den Boden als tragende Struktur. Die komplexen, selbstregulierenden Muskelreaktionen, die es dabei aufrechthalten, werden durch Einflüsse der Schwerkraft, der Eigenbewegung und des Sehens gelenkt. All diese Empfindungen und Reize müssen im zentralen Nervensystem integriert werden. In diesem Prozeß lernt das Kind, seinen Rumpf im Sitzen über den Sitzbeinhöckern auszubalancieren. Im Laufe von vielfältigen Bewegungen wie Kriechen oder Krabbeln kräftigt es seine Rumpfmuskulatur und kommt zu einem zunehmend aufrechteren Sitzen. Dabei probiert es eine Vielzahl von Positionen wie den Fersensitz, den Seitsitz, den Langsitz mit unterschiedlichen Positionen der Beine, Hüften, Kniegelenke, Arme und Ellbogen.

Die Anlage zum Sitzen ist genetisch programmiert. Wenn kein schwerwiegender genetischer, geburtsbedingter, traumatischer oder neuromuskulärer Defekt vorhanden ist, erlernt jedes Kleinkind ohne fremde Hilfe das Sitzen. Emmi Pikler hat die selbständige Bewegungsentwicklung des Kindes systematisch untersucht und einige mögliche Formen des Sitzens, die Kleinkinder spontan ausprobieren, grafisch dargestellt.

H. Jacoby hat für das Sitzen der Kleinkinder den schönen Ausdruck »selbstsitzig« geprägt. Er betonte immer wieder, daß dieses nur geschehen kann, wenn sich übereifrige Erwachsene nicht in falscher Weise und zum falschen Zeitpunkt in die eigene Bewegungsentwicklung des Kindes einmischen. Daß dies jedoch in vielfältiger Weise geschieht, zeigt etwa das Beispiel ehrgeiziger Eltern, die schon frühzeitig dem Kleinkind zum Sitzen ein Kissen in den Rücken stopfen.

Bodenhocker und Stuhlsitzer

Die Vielfalt der von den Kleinkindern in ihrer Entwicklung ausprobierten Sitzformen wird von den Erwachsenen der verschiedenen Kulturen in unterschiedlicher Weise genutzt. Dies hat 1957 der Anthropologe G. Hewes dokumentiert, als er versuchte, eine Anthropologie der Körperhaltungen nachzuzeichnen. Er fand etwa tausend unterschiedliche stabile Sitzhaltungen, die zu diesem Zeitpunkt in der ganzen Welt noch vorhanden waren. Unter »stabil« verstand er solche Haltungen, die über eine längere Zeit bequem aufrechterhalten werden können. Es gelang ihm nachzuweisen, daß Übung und kulturelle Gewohnheit dazu geführt haben, daß etwa noch ein Viertel der Menschheit gewohnheitsmäßig Sitzpositionen am Boden einnimmt, die für die »zivilisierten« Stuhlsitzer nicht nur seltsam, sondern teilweise auch extrem unbequem erscheinen. Er stellte fest, daß die Menschen vieler Kulturen gewohnheitsmäßig in einer Hockposition oder auf dem Boden sitzend ruhen und auch arbeiten. »Die Art und Weise, Platz zu nehmen ist wesentlich, Sie können die hockende Menschheit von der sitzenden Menschheit trennen.« (M. Mauss)

Sei es aus anatomischen, physiologischen, psychologischen, kulturellen, umweltbedingten oder technologischen Gründen – Tatsache ist, daß in den westlichen Industriekulturen die Körperhaltungen der Rast, Ruhe und sitzenden Entspannung entscheidende Veränderungen durchgemacht haben.

Heutzutage ist in unserer Gesellschaft das Bodensitzen allgemein verpönt. Diese Haltung mag ausnahmsweise erlaubt sein im Rahmen privaten Freizeitvergnügens, am Strand oder beim Picknick. In »zivilisierten« Zusammenkünften sitzen europäische und amerikanische Menschen jedoch so gut wie nie auf dem Boden. Bei Seminaren und Workshops von Körper- und Psychotherapeuten in größeren Räumen ohne Bestuhlung sitzen diese häufig für längere Zeit auf dem Boden. Obwohl man annehmen kann, daß diese Therapeuten ein bewußteres Verhältnis zu ihrem Körper und flexiblen Haltungsmöglichkeiten entwickelt haben, ist oft offensichtlich, daß ihnen

Aus der Vielfalt der Sitzmöglichkeiten der vermeintlich primitiven »Boden-hocker« anderer Kulturen können wir viele produktive Erinnerungen über vergessene eigene Bewegungsmöglichkeiten gewinnen.

längeres Bodensitzen erhebliche Schwierigkeiten bereitet. Anstatt dieses Dilemma zu thematisieren und es damit aufmerksam und produktiv zu bearbeiten, beißen die Teilnehmer dieser Gruppen oft die Zähne zusammen, um aufrecht zu sitzen, oder kollabieren nach kurzer Zeit unruhig in eine Vielzahl von räkelnden Hilfspositionen. Auch das Erlernen von längerdauernden idealen Sitzpositionen im Lotussitz oder Fersensitz während verschiedener Meditationsformen ist für westliche Menschen zu Beginn meist sehr mühsam und schmerzhaft.

»Stühle sind die Stützen der Gesellschaft«, schreibt Rudofsky. Er betrachtet unser konstantes Anlehnungsbedürfnis als kulturelles Gebrechen. Bequemlichkeit habe in unserer Gesellschaft zusehends die Bedeutung von Unbeweglichkeit angenommen, und sie werde schließlich zum Euphemismus für Trägheit. Rudofsky merkt an, daß, aus der Froschperspektive betrachtet, unsere Wohnungseinrichtungen einem »Pfahldorf« ähneln, in dem mehrere hundert »Beine« von Tischen, Stühlen, Regalen und Schränken unsere Räume bevölkern. Ironisch spricht er von »etwa 40 cm Kulturunterschied« zwischen den zivilisierten westlichen Kulturen und den übrigen vermeintlich primitiven Kulturen. In der japanischen Gesellschaft ist das Bodensitzen auch heute noch durchaus eine gängige kulturelle Alltäglichkeit.

Sitzen auf Stühlen, das uns heute als so selbstverständlich erscheint, hat eine kurze Geschichte. Das Erscheinen des Stuhls in seiner jetzigen Standardform wird etwa auf das Jahr 1490 und Florenz datiert (S. Giedion). Die historische Entwicklung des Stuhls ist eng verknüpft mit den Bereichen Hierarchie und Komfort. Komfort hat dabei die doppelte Bedeutung des ursprünglich lateinischen Begriffs »stärken« sowie der heutigen Behaglichkeit und Zufriedenheit. Komfort und Hierarchie sind geprägt vom jeweiligen soziokulturellen Lebenszusammenhang, in dem die Menschen sich befinden. So verweist Giedion darauf, daß die orientalische Deutung des Komforts davon ausging, daß der Mensch imstande sein soll, jederzeit Herr über sein Muskelsystem zu sein. Dementsprechend habe der Orient Körperhaltungen hervorgebracht, welche zugleich Entspannung und Beweglichkeit innerhalb des eigenen Organismus möglich machen sollen. Die kulturell dominierenden Haltungen dieser orientalischen Kulturen beinhalten dementsprechend sitzende Haltungspositionen, die das Anziehen der Beine bei gleichzeitigem Entspannen der Muskeln auf dem Boden betonen. Sie bedürfen keiner Lehne oder Armstütze, sondern der Körper ruht dabei in sich selbst.

Die westliche Vorstellung vom Komfort basiert demgegenüber auf dem Sitzen mit herunterhängenden Beinen. Für diese Haltung braucht der Körper zumeist eine äußere Stütze. Der Begriff Stütze geht ursprünglich auf die Bedeutung »tragen« oder »von unten halten« zurück. Giedion hat herausgearbeitet, wie sich die Gestaltung dieser Stütze im Verlauf der verschiedenen kulturellen Epochen des Westens entwickelt hat und wie die unterschiedlichen Körperhaltungen des Sitzens das unterschiedliche Wesen einer Zeit widerspiegelte.

Das jeweilige zeitgenössische Konzept von Hierarchie prägte die Entwicklung von Sitzpositionen und Sitzgelegenheiten. Erhöhtes Sitzen war ursprünglich verbunden mit einer überlegenen Machtposition. Ein freistehender Stuhl war in seinen verschiedenen Ausformungen lange Zeit der Thron des Herrschers. Die Untergebenen und das gemeine Volk saßen auf dem Boden. Dieses Konzept ist heute noch symbolisch vorhanden in der Form des erhobenen Podests des Vorsitzenden, etwa im Parlament, bei Gericht oder auf anderen formellen Veranstaltungen.

Die historische Entwicklung des Sitzens im Westen ist mit dem Erheben vom Boden erst zur gemeinsamen Bank, dann hin zum einzelnen Stuhl verbunden. Ein Nebenaspekt der Entwicklung des Stuhls ist, daß durch ihn zwischen den einzelnen Körpern, die vorher aneinandergedrängt gemeinsam auf Boden oder Bank saßen, jetzt größere Zwischenräume und Abstand entstehen. Damit wird das Berühren des Nachbarn bewußter vermieden. Wo dies doch geschieht, da rücken die Menschen sich entschuldigend auseinander.

Welchen Einfluß die Entwicklung von Körperhaltungen und Mobiliar und die prägenden kulturellen Schichten hatten, verdeutlicht Giedion beispielhaft am Mittelalter und der kulturbildenden Schicht der Mönche. Asketisches Verhalten und bewußte Auseinandersetzung mit der Atmosphäre des Raums standen zu dieser Zeit im Mittelpunkt des Interesses. »Eine Frage etwa, wie der Körper sich in einem Stuhl am besten entspannen könne, war für sie (die Mönche) bedeutungslos und konnte sie nicht beschäftigen, da sie ihr Leben der Kasteiung des Fleisches geweiht hatten.« Erst Mitte des 15. Jahrhunderts rückte mit dem aufstrebenden Bürgertum die weltliche Note des Behaglichen und des intimen, persönlichen Raums ins Zentrum. Um diese Zeit ging man dazu über, daß jeder seinen eigenen Stuhl, wenn auch noch in unterschiedlicher Form und Höhe, erhielt. Der Besitz eines Stuhls war von nun ab nicht mehr vorrangig mit einer hierarchischen Auszeichnung verknüpft.

Mit der Entwicklung der Mechanik im 18. Jahrhundert und der industriellen Technik im 19./20. Jahrhundert ging das Bestreben der westlichen Kulturen dahin, Stühle so zu gestalten, daß sie den Menschen entgegenkommen. Mit Hilfe von detaillierten Studien über die menschliche Statik wurden immer differenziertere Überlegungen angestellt, welche Formen Rücken- und Armlehnen zu möglichst bequemen und unterstützenden Haltungen für die Menschen führen könnten. Aspekte der Beweglichkeit und Verwandelbarkeit des Stuhls, der Federung und Schwingung, des konstruktiven Zustands eines schwebenden Gleichgewichts führten zur bewußten äußerlichen Formgebung des Mobiliars. Möbeldesigner und Autokonstrukteure, Ergonomen und Arbeitsplatzgestalter, Designer von Schulmöbeln und viele andere Berufe begannen, sich intensiv und systematisch mit der Entwicklung der »gesellschaftlichen Krücke« Stuhl zu beschäftigen. Die Entwicklung des modernen Mobiliars in Form von Sesseln, Schaukelstühlen und Sofas nahm dabei ihren Ausgangspunkt von der Konstruktion von Eisenbahnsitzen, Barbier-, Zahnarzt- oder Chirurgenstühlen.

Während der Stuhl als Besonderheit weiter in Begriffen wie etwa dem Predigtstuhl oder dem Lehrstuhl auftaucht, führte die Entwicklung des privaten, bequemen Stuhls zur Konstruktion des Sessels und des Sofas (arabisch: suffa – Ruhebank). Die Ausformungen der gepolsterten, weichen Lehnen hat viel zu dem beigetragen, was C. Selver so ausdrückt, daß wir heutzutage »weniger auf dem Stuhl als im Stuhl sitzen«. Bequemlichkeit und Komfort werden dadurch häufig Synonym für Sich-hängen-Lassen und Trägheit.

Eine besondere Konstruktion war der Toilettenstuhl für Kranke. Die Medizin benutzt den Ausdruck »Stuhl« übergreifend für menschliche Exkremente und fragt die Patienten dementsprechend nach dem Stuhlgang. Umgangssprachlich erinnern wir häufig an die Reinlichkeitserziehung der Kleinkinder und fragen ungeduldig, ob jemand »zu Potte kommt«, wenn wir wünschen, daß sich jemand beeilt und fertig wird. Das Thema Reinlichkeitserziehung und die damit verbundenen möglichen psychischen Deformationen sind in der Psychoanalyse ausführlich beschrieben worden. Die körperlichen Dysfunktionen und Deformierungen durch übertriebene Analität haben dagegen weit weniger Aufmerksamkeit erlangt.

Die soziale Dressur des Sitzens

Wer kennt nicht die befehlsartig vorgetragenen Aufforderungen »Setz dich gerade hin«, »halte dich gerade«, »bleib ruhig sitzen«, »nimm die Hände auf den Tisch«, »zapple nicht so mit deinen Beinen«, »paß auf, daß du keinen Buckel bekommst«? Kulturelle Normen des anständigen Sitzens überformen bald die selbsttätig gefundenen Bewegungsmuster des Kleinkindes. H. Jacoby hat darauf verwiesen, daß das kleine Kind beim Spielen im Sitzen sich voll auf sein Spiel konzentriert und in sich ruht. Später wird dem Kind die Konformität mit kulturellen Normen der Haltung durch verbale Aufforderungen antrainiert. Es soll seinen Körper in die richtige Haltung für die entsprechenden Gelegenheiten gesellschaftlichen Beisammenseins bringen. Dies geschieht entweder mit Befehlen und Bestrafungen oder auch in Form von Witzen und Lächerlichmachen. Bisweilen gehen Erzieher so weit, daß sie abweichende Haltungen als ungebührlich, unmoralisch oder sogar als eine Form mentaler Abnormität bezeichnen. Ein klassisches Beispiel »schwarzer Pädagogik« (A. Miller) ist in diesem Zusammenhang die Geschichte vom »Zappelphilipp«. Im frühen Alter bleiben den spielenden Kindern jedoch noch vielfältige Möglichkeiten zur Weiterentwicklung von unterschiedlichen Sitzpositionen, im Sandkasten, beim Spiel auf der Wiese, beim Klettern, beim Sitzen auf einem Baum oder beim Herumtollen im Turnunterricht.

Beginnend im Kindergarten, zwingend aber in der Schule, müssen die Kinder lernen, über längere Zeit ruhig zu sitzen. Dort, wo der kindliche Organismus für seine »nachgeburtliche Ausreifung« (Kükelhaus) Bewegung und Stimulation braucht, wird er über viele Stunden gezwungen, fest an einem Tisch zu sitzen. Von manchen folterinstrumentähnlichen Konstruktionen des Schulmobiliars bis hin zu den modernen, ergonomisch konstruierten Mobiliarsystemen der heutigen Schulen zieht sich bisweilen ein roter Faden. Dabei liegt das Schwergewicht des Interesses auf der Konstruktion des Mobiliars, das angeblich den Bedürfnissen des kindlichen Organismus entgegenkommt. Den körperlichen Entfaltungsbedürfnissen des Kindes wird dagegen wesentlich weniger Aufmerksamkeit gewidmet. Systematisch werden alle Möglichkeiten, ein vertrauensvolles Verhältnis zum Boden zu vertiefen, sich von den Stühlen oder vom Untergrund tragen zu lassen, vernachlässigt. In unseren Schulen wird meist einseitig Intellekt und Idee gelehrt, also die Fähigkeit, sich »etwas in den Kopf zu setzen«. Zugleich werden die biologische Organisation der Kinder und deren subjektive Achtsamkeit für ihr Sitzen ignoriert und mißachtet.

Die schulische Dressur zum Ruhigsitzen bewirkt häufig auch zunehmenden Verlust von Elastizität im Bereich von Oberschenkeln, Becken und Rücken. C. Selver merkte einmal an: »Verliert man die Elastizität erst einmal im Sitzen, dann ist sie auch für viele andere Dinge möglicherweise verloren.«

Was in der Schule begonnen hat, wird am Arbeitsplatz fortgesetzt. Die Aufmerksamkeit für die gesundheitliche Qualität der Arbeitsplatzgestaltung ist sehr unterschiedlich. Auf der einen Seite finden wir bloße Ignoranz für die Qualität des Arbeitsplatzmobiliars, für die Monotonie, Einseitigkeit und Dauer der Belastung sowie für die Haltung des Sitzens. Andererseits gibt es im Bereich der Ergonomie ausgefeilte Methoden, die jede einzelne Bewegung des Menschen analysieren, um sie zu einem »optimalen Mensch-Maschine-System« zu kombinieren. Häufig wird dabei zu wenig bedacht, in welch differenzierter Weise auch die Arbeitsinhalte die Haltung des arbeitenden Menschen beeinflussen. Jeder vierte Arbeitsplatz im westlichen Bereich der Bundesrepublik ist inzwischen mit programmgesteuerter Maschinerie, sprich Computersystemen, bestückt. Eine Analyse von »Spektrum der Wissenschaften« hat ergeben, daß mehr als eine Million Menschen regelmäßig vor einem Bildschirm sitzend arbeiten (Anfang der 70er Jahre waren es erst eine Handvoll).

Bei sitzender Tätigkeit am Arbeitsplatz werden die Bewegungen des gesamten Körpers immer mehr fragmentiert und monotonisiert. Bildschirmarbeit und einseitige Bedienung von Tastatur oder die Verrichtung von eintönigen Bewegungsabläufen – etwa bei Bandarbeit –, die in immer gleicher Form über viele Stunden durchgeführt werden, sind Beispiele für die systematische Produktion von körperlichen und mentalen Deformierungen.

Geschlechtsspezifische Bewertungen von Sitzpositionen

Körperhaltungen erfahren häufig geschlechtsspezifische oder geschlechtstypische Bewertungen. H. Wex hat Tausende von Fotos zusammengestellt, die dies verdeutlichen. Frauen ist grundsätzlich wesentlich weniger Raum für ihre Sitzpositionen gestattet. Sozialkulturelle Normen fordern, daß Frauen die Beine in Sitzpositionen möglichst geschlossen und nah beieinander aufstellen. Typisch dafür ist die »Rock-Sitzhaltung«, bei der die Beine übereinandergeschlagen oder ineinander verflochten gesetzt werden (»Beinflechten«) und der überschlagene Fuß von hinten das stehende Bein berührt. Männer dagegen neigen dazu, breitbeinig zu sitzen oder demonstrativ den Knöchel des einen Beins auf das Knie des anderen zu legen. H. Wex hat dazu angemerkt: »Durch bequemes Sitzen mit gespreizten Beinen beispielsweise signalisiert der Mann seine Macht, denn je entspannter und lockerer er sitzt, desto höher sein relativer Status. Bei einer Frau wird dasselbe Verhalten entweder als sexuell einladende Geste interpretiert... oder die Frau gilt als schlecht erzogen. Der Gedanke, auch Frauen könnten durch bequemes Sitzen Macht demonstrieren, kommt erst gar nicht auf.«

Aspekte der nonverbalen Kommunikation im Sitzen

Eine wachsende Zahl von zwischenmenschlichen Begegnungen findet heute im Sitzen statt. Es macht dabei einen Unterschied, ob Begegnungen informell zwischen Paaren, Familienmitgliedern und Freunden oder formell in Geschäftsbeziehungen, öffentlichen und therapeutischen Gruppen stattfinden. Die Körperhaltung der einzelnen Teilnehmer in sozialen Beziehungen kann Hinweise für ihr augenblickliches Befinden geben. Die Art und Weise, wie sie auf dem Stuhl sitzen, ob zum Beispiel auf der Kante oder zurückgelehnt, ob einander zugewandt oder voneinander abgewandt, die Haltung der Schultern, Hände und Beine kann wichtige Informationen vermitteln. D. Morris hat eine Vielzahl solcher Signale dargestellt. Beispielhaft sind die sogenannten Barriere-Signale, bei denen, als Relikt des kindlichen Abwehrverhaltens, zum persönlichen Schutz die Arme vor dem Körper gekreuzt werden oder andere unbewußte Handbewegungen vor dem Körper durchgeführt werden. »Intentionsbewegungen« verweisen darauf, daß jemand sich in einem Konflikt befindet, der ihn einerseits dazu drängt, zum Beispiel aufzustehen, und zugleich etwas anderes ihn zurückhält. Eine »Bereitschaftsstellung« ist etwa, wenn jemand auf die Vorderkante des Stuhls rückt und sich gleichzeitig mit beiden Händen an den Stuhllehnen festhält. Wenn jemand die Füße in Startposition bringt, deutet er damit an, daß er sprungbereit ist, und zeigt unbewußt ein Fluchtverhalten. Wenn jemand im Stuhl zusammengesunken sitzt oder in ihm versinkt, kann darauf hinweisen, daß sein gesamter körperlicher Tonus, etwa im Rahmen einer depressiven Verstimmung, vermindert ist und ihm dadurch Kraft und Energie zum Davonrennen fehlen.

Wenn sich jemand während einer Unterhaltung im Stuhl weit zurücklehnt, sich räkelt oder die Beine breit und bequem ausstreckt, kann dies als Anzeichen für Wohlbefinden gedeutet werden. Eine andere Variante nonverbaler Kommunikation ist das sogenannte Haltungsecho zwischen zwei Menschen, bei dem sie in einer Art Mikrosynchronie Körperbewegungen, Körperhaltungen oder Körpergesten gleichzeitig durchführen, wie etwa beide den Kopf in die Hände stützen, beide gleichzeitig die Beine vor dem Körper verkreuzen oder beide die Ellbogen auf den Tisch aufstützen. Solche Haltungsechos drücken zumeist freundschaftliche und sympathische Beziehungen zueinander aus.

Nonverbale Elemente der Kommunikation können wichtige Hinweise vermitteln. Man sollte sich aber davor hüten, körperliche Kommunikation zu schematisch und absolut zu interpretieren, und sich stets bemühen, sie im gesamten Kontext der sozialen Begegnung zu analysieren.

Zur Pathologie des Sitzens

Die pathologischen Konsequenzen von Sitzformen, die dem biologischen Aufbau des menschlichen Organismus nicht oder nur ungenügend Rechnung tragen, sind vielfältig. Verschiedene Schulen der Selbsterfahrung und Körpertherapie haben diese herausgearbeitet, wie etwa W. Barlow, K. Graf Dürkheim, C. Selver, M. Feldenkrais, T. Hanna oder G. Alexander. Sie betonen die Haltungsschäden, die insbesondere die tragenden Elemente des menschlichen Skeletts und die sie unterstützenden Bänder und

Sehnen betreffen. Zahlreiche chronifizierte Beschwerden im Bereich von Lendenwirbelsäule und oberer Brust- und Halswirbelsäule mit anhaltenden Rücken-, Nacken- oder Kopfschmerzen werden auch durch schlechte Sitzgewohnheiten gefördert und stellen ein Hauptproblem der öffentlichen Gesundheit dar. Hinzu kommt, daß sie vielfältige Beeinträchtigungen innerer vegetativer Organsysteme und -funktionen herbeiführen. Diese betreffen etwa das Zwerchfell, das bei gebückter Haltung in seiner Beweglichkeit erheblich eingeschränkt wird und entsprechende Konsequenzen für Atmungsfunktionen und Verdauungsfunktionen bewirkt. Auch der Aktionsraum des Herzens wird dadurch beeinträchtigt. Verdauungsstörungen in Form von Magenbeschwerden, Verstopfung oder Hämorrhoiden können durch pathologische Sitzpositionen ebenso gefördert werden wie gynäkologische Leiden. Gefäßleiden in Form von zunehmender Ausbildung von Krampfadern und Blutdruckdysregulation sind weitere mögliche Konsequenzen. Sitzende Körperhaltung beeinträchtigt die Funktion der Augen, und durch chronische Fehlhaltungen im Bereich von Hals und Schultern kann auch die Entwicklung von Krankheiten wie chronischem Ohrensausen (Tinnitus) unterstützt werden. Ärzte haben vielfache Warnungen im Hinblick auf die negativen Auswirkungen der sitzenden Lebensweise ausgesprochen sowie Ratschläge zu ihrer Veränderung formuliert, vor allem in Zusammenhang mit Herz-Kreislauf-Krankheiten und Erkrankungen des Gefäßsystems.

Auf weitergehende Konsequenzen des Sitzens hat auch F. Nietzsche hingewiesen, als er schrieb: »So wenig als möglich sitzen; keinem Gedanken Glauben schenken, der nicht im Freien geboren ist und bei freier Bewegung, in dem nicht auch die Muskeln ein Fest feiern. Alle Vorurteile kommen aus den Eingeweiden. Das Sitzfleisch ist die Hauptsünde gegen den Heiligen Geist.«

Die Begriffe Sitzen und Setzen tauchen vielfach im Zusammenhang mit psychischen Problemen auf. Man spricht davon, daß jemand *besessen, aufsässig, entsetzt* oder *versessen* ist. Die Redewendungen deuten darauf hin, daß jemand die Kontrolle über sich verloren hat, von einer fremden Macht oder einem fremden Einfluß gesteuert wird, unruhig und rebellisch ist oder blindlings und ohne Rücksicht auf mögliche Konsequenzen einem Trieb nachjagt. Im Bereich der Psychiatrie hat das Sitzen eine therapeutische Bedeutung in der Anwendung der sogenannten *Sedativa* gefunden. Der Begriff Sedativa leitet sich vom lateinischen »sedere« (sitzen) ab und bezeichnet pharmakologische Beruhigungs- und Linderungsmittel. Wo früher der wahnhaft, unruhig Besessene im Stuhl fixiert wurde, verwendet die heutige Psychiatrie chemisch-synthetische Drogen. Die Wirkung der Sedativa betrifft sowohl unspezifisch das gesamte Muskelsystem, das in seinem Tonus vermindert wird, als auch die übrige Aktivität des zentralen Nervensystems, das gedämpft wird. Der vorher Umtriebige und Aufsässige wird mit Hilfe der Sedativa im wahrsten Sinne des Wortes *seßhaft*. Wo vorher die Unruhe ihn übermannte und er keine eigenen Möglichkeiten der Rast und kraftspendenden Ruhe fand, vermitteln ihm nun die pharmakologischen Substanzen der Sedativa eine chemische Stütze. An dieses Vorgehen erinnert auch Alltagsverhalten, bei dem jemand in paternalistisch-autoritärer Weise einem anderen, der aufgebracht ist, empfiehlt: »Setz dich erst einmal, beruhige dich, und ruhe dich aus.«

Kraft- und ruhespendende Möglichkeiten des Sitzens

Anordnungen oder wohlgemeinte Ratschläge *vom hohen Roß* reihen sich allzu leicht in die Tradition der gutgemeinten Befehle ein, die uns die Dressur des Sitzens in der Kleinkindzeit beschert hat. Statt dessen möchte ich auf Lern- und Therapieformen hinweisen, die aktives Körpererleben in den Mittelpunkt stellen.

Die Frage nach richtigen oder falschen Sitzformen ist von den kulturellen Traditionen des Ostens und Westens in unterschiedlicher Weise beantwortet worden. H. Jacobys grundsätzliche Anmerkung: »Falsch ist immer, wenn man etwas, das nur durch beständiges Üben erarbeitet werden kann, sofort können will«, scheint mir ein guter Leitfaden für die Suche nach gesunden Sitzpositionen zu sein.

Schematisch lassen sich Sitzformen in *ideale,* statisch ausgerichtete Positionen sowie in *situationsadäquate,* dynamisch ausgerichtete Positionen unterteilen. Gemeinsam ist beiden Positionen, daß sie nach einer harmonischen Beziehung zwischen dem eigenen Leib und dem Boden streben. Entspannung bedeutet Loslassen von einengenden Verspannungen. Haltung wird somit zur Erfahrung und bewußten Anerkennung der selbsttragenden Statik des Skeletts.

Wenn es gelingt, im organischen Gleichgewicht zu sitzen, gibt es nichts zu halten. Wenn wir es unserem Skelett jedoch nicht ermöglichen, die seiner Struktur entsprechenden statischen Voraussetzungen zu entfalten, dann sind wir gezwungen, uns verstärkt durch Muskelkraft in der Balance zu halten, um Umfallen zu vermeiden. Muskuläres Halten ist uns häufig jedoch so vertraut und selbstverständlich geworden, daß wir gar nicht mehr spüren, wie sehr wir halten müssen. T. Hanna hat in diesem Zusammenhang den Begriff der »sensomotorischen Amnesie« als Ausdruck des Verlustes vom aufmerksamen Spüren des eigenen Körpers geprägt. Erst aus dem Halten-Müssen ergeben sich die bekannten Konsequenzen des chronischen Müde-*Seins,* des Energieverlustes, der Schmerzen in Rücken und Füßen oder dessen, was man allgemein als Haltungsschäden bezeichnet. Erstrebenswert sind Positionen, die dem eigenen Organismus erlauben, in sich zu ruhen und sich vom Boden tragen zu lassen. Die Erlaubnis des mühelosen Aufgerichtetseins und die Wiedergewinnung von Flexibilität im Becken-, Oberschenkel- und Beinbereich kann dann, von unten, neue Regeneration und Frische ermöglichen.

Becken und Gesäßregion sind mit einer Vielzahl von Tabus, Ängsten und Traumata belegt und sind oft der Ort von lächerlichen oder obszönen Bemerkungen. Sexualität und Genitalien, Gedanken an Kot, Schmutz und üble Gerüche machen diesen wichtigen Bereich des Körpers für viele Menschen zu einer mißachteten Problemzone, die von Scham und Peinlichkeit besetzt ist. Die Vielfalt der kulturellen Bedeutungen dieser Körperregion hat D. Morris detailliert dargestellt. Der Hintern, das Hinterteil, die Kehrseite, der Popo, die vier Buchstaben, der Allerwerteste, der Arsch – welche Namen man auch immer wählen mag, Tatsache bleibt, daß wir ohne die kräftigen Gesäßmuskeln und die spezifische Konfiguration und Beweglichkeit unseres Beckens heute noch auf allen vieren laufen würden. In diesem Sinne kann man C. Brooks nur zustimmen, wenn er schreibt, daß das Becken, mit Ausnahme des Kopfes, »der meistbewohnte Ort im Organismus ist«.

Ideale, mehr statisch orientierte Positionen des Sitzens werden vor allen Dingen in den Traditionen östlicher Religionen und esoterischer Schulen praktiziert. Ein bekanntes Beispiel ist dafür die buddhistische Tradition des Zen. Das Za-Zen ist ein Weg sitzender Erfahrung. Da Buddha durch das bloße Sitzen, unter bewußtem

Loslassen aller Gedanken und Gefühle, zur »Erleuchtung« kam, gilt meditatives Sitzen im Zen als das »Heilige Tor des Satori«. Die Wirbelsäule und der Oberkörper ruhen in sich. Der Schwerpunkt soll möglichst niedrig liegen (also Sitzen auf dem Boden), die Gliedmaßen sollen nicht nach außen weisen (also Zusammenlegen der Hände und Kreuzen der Beine). Durch diese Haltung soll die Atmung als Vermittlungsinstanz zwischen Körper und Psyche befreit werden, getragen durch reine Zwerchfell- oder Bauchatmung. Als geistige Haltung wird die völlige Leere von Denken und Gefühl angestrebt. Zen ist konzentriertes Sitzen im inneren und äußeren Schweigen. Za-Zen-Sitzen ist gelassene und doch höchst geistige Konzentration. Bevor die für die Zen-Meditation vorgeschriebene Sitzhaltung erreicht wird, bedarf es langer und zum Teil schmerzhaft unbequemer Übung.

Eine andere Tradition der idealen Position des Sitzens findet sich im Yoga und hier vor allem in der Kundalini-Tradition. Dieser auf den Vorstellungen der sogenannten Chakren aufbauende Weg geht aus von einem kontinuierlichen Energiefluß vom Boden durch den gesamten Körper zum Schädeldach. Im Hinblick auf das Sitzen ist in erster Linie das erste Chakra, das sogenannte Muladhara, von Bedeutung, das sich an der Basis der Wirbelsäule befindet und sich mit dem vierten Sakralwirbel verbindet. Im Kundalini ist dieses Chakra verantwortlich für die grundlegenden Notwendigkeiten des Überlebens und Handelns. Dort sind die Energien und Haltungen der ursprünglichen materiellen Werte versammelt. Das erste Chakra wird auch als »tragende Wurzel« bezeichnet und ist dem Element Erde zugeordnet. Durch die richtige Sitzposition in der Kundalini-Meditation soll der Körper senkrecht in sich ruhen und der Körperschwerpunkt möglichst nah am Boden sein. R. Lay hat darauf verwiesen, daß sich in den Lehren vom Sitzen eine jahrtausendealte Erfahrung sammelt: »Das körperliche Gleichgewicht vermittelt psychisches Gleichgewicht.« Sitzen ist auch hier nicht Selbstzweck, sondern Strategie zur Erlangung innerer Gleichgestimmtheit. Innere Ruhe ist Ausdruck der gewonnenen inneren Mitte, und Ruhe des Geistes ist erst über die Ruhe des Körpers erreichbar. Im Zentrum östlicher übungsorientierter Meditationsverfahren stehen vor allem das Erlernen von körperlicher Disziplin und Askese.

Die situationsadäquaten und dynamischen Positionen des Sitzens wurden von verschiedenen Schulen des Westens entwickelt. Sie

Gelassenes, in sich ruhendes Sitzen ist für viele spirituelle Traditionen eine Voraussetzung für einen bewußten und gesunden Zugang zur Welt.

orientierten sich an der Erarbeitung von eigener Körperbewußtheit auf der Basis experimenteller Erprobung verschiedener Möglichkeiten. Ihre Übungsanleitungen zielen auf verbesserte Selbstwahrnehmung ab. Die Erforschung der verschiedenartigen Eindrücke,

die wir von unserer Art des Sitzens und von der Art des Getragen-
werdens durch den Stuhl vermittelt bekommen, steht im Mittelpunkt. Während man auf verschiedenartige Weise probiert, seine
eigenen Sitzknochen zu erspüren und sich von diesen tragen zu
lassen, erlaubt man organismusgerechte Entspannung. Paradigma-
tisch für die Orientierung sind Fragen, die C. Selver stellt: »Wo ist
innen mehr Raum nötig? Wie weit sind wir? Wie weit nach unten
erlauben wir uns zu existieren?« Eine solche Haltung des Sich-
Erarbeitens von kraft- und ruhespendenden Sitzformen erfordert
Bereitschaft zur Stille, zum Bei-sich-Sein und Mit-sich-selbst-be-
schäftigt-Sein.

Die von G. Alexander begründete »Eutonie« baut in die Entfaltung von Körperbewußtheit immer wieder sogenannte Kontrollstellungen ein. Diese Kontrollstellungen sollen den Schülern ermöglichen festzustellen, ob ihre Muskeln und Bänder
wieder optimale Länge und Elastizität entfalten. Dabei wird auf
erprobte Sitzpositionen der Kinder zurückgegriffen, wie etwa
den Fersensitz, Sitzen mit gespreizten Knien oder mit gekreuzten
Beinen.

Sowohl in der von A. Lowen entwickelten »Bioenergetik« als
auch in der »Polaritätstherapie« von R. Stone wird eine besondere
Hockposition, »bioenergetische Hocke« genannt, besonders empfohlen, um eine vitalisierende und zugleich entspannende Sitzerfah-
rung zu machen. Ziel ist unter anderem die Befreiung von Blocka-
den in den Geweben durch leicht schaukelnde Bewegung.

Die von M. Feldenkrais entwickelten Bewegungsübungen im
Sitzen sind ein weiteres Beispiel für dynamische Konzepte der
Schulung von Körperbewußtheit im Sitzen. In differenzierter
Weise haben sie die einzelnen Elemente des Aufstehens und Sitzens
zu erfahrungsorientierten Übungsfolgen kombiniert.

Da es schwer sein wird, unsere kulturelle Tradition der sitzenden
Tätigkeit auf Stühlen rasch zu ändern, gilt es, Wege zu finden, die
uns gesundheitsförderndes Sitzverhalten erlauben. Länger dauerndes Sitzen soll dem Körper zugestehen, während bestimmter Tätigkeiten möglichst entspannt zu sein, also Perioden des Ausruhens in
Aktivität einzuflechten.

Wenn es verpönt und »unzivilisiert« ist, die vielfältigen Möglichkeiten des Sitzens auf dem Boden in unseren Gesellschaften weiter
zu pflegen, bleibt zu fragen, wer außer uns selbst verbietet uns, die
Vielfalt unserer Sitzmöglichkeiten neu zu erproben. Die Erfor-

schung der Vielfalt des tragenden Sitzens kann Spaß machen und ist zugleich gesund. Kinder bieten Erwachsenen oft willkommene Entschuldigungen zum Spiel. Sie laden ein, sich zu ihnen auf den Boden zu legen, zu setzen oder zu knien, spontan zu handeln und die kleinen, sinnlichen Freuden des Lebens mit ihnen spielerisch zu erforschen. Um lebendiges Sitzen zu erlernen, bedarf es zumeist keiner spezifischen Kurse und Workshops oder gezielter therapeutischer Hilfe, wenn wir uns selbst die Erlaubnis geben, wieder ein spielerisch-experimentierendes Verhältnis zum tragenden Boden zu erproben.

Praktische Hinweise

- Gestatten Sie sich häufiger wohlwollende Beobachtung und experimentierende Korrekturen Ihres eigenen Sitzens.
- Probieren Sie spielerisch verschiedene Sitzpositionen am Boden, auf Stühlen unterschiedlicher Höhe, auf Tischen und Schreibtischen usw., und achten Sie dabei auf Ihr eigenes leibliches Befinden.
- Versuchen Sie häufiger, Ihre eigenen Sitzknochen deutlicher zu spüren. Hilfreich ist dabei, wenn Sie auf dem Stuhl sitzend erst Ihre rechte Hand unter den rechten Sitzknochen und dann Ihre linke Hand unter den linken Sitzknochen legen. Auch wenn dies zu Beginn leicht schmerzhaft sein sollte, bleiben Sie einige Augenblicke auf den Händen sitzen und bewegen Ihr Becken leicht vor und zurück. Nehmen Sie dann die Hände weg und spüren Sie, wieviel Kontakt Sie jetzt zwischen Ihrem Gesäß und dem Stuhl vernehmen. Achten Sie auf die aufrichtenden Impulse, die von den Sitzknochen zum Körper hinaufsteigen.
- Plazieren Sie beim Stuhl- oder Sesselsitzen nach Möglichkeit beide Füße voll und bequem auf dem Boden.
- Ziehen Sie bisweilen mit einer Hand ein paar Haarsträhnen nach oben, so als ob Sie Ihren Kopf und Ihren Körper wie eine Marionette frei baumeln lassen wollten, während Ihr Gesäß guten Kontakt zum Boden behält. Versuchen Sie, alles Gewicht in Richtung Boden abzugeben.
- Machen Sie häufiger erfrischende Pausen in der bioenergetischen Hockstellung.
- Wer spezifischere Sitzübungen lernen möchte, dem seien je nach Mentalität systematische Übungen im Zen, Yoga, Eutonie oder Feldenkrais empfohlen.

Stehen

Aufrechte Haltung, selbständig werden
und wieder auf eigenen Füßen stehen

»Es geht darum, einen erlebbaren Standort
und nicht mehr nur einen gewußten Standort
einzunehmen.«

(H. Jacoby)

»Wahrheit steht immer in Relation zu einem
eingenommenen Standpunkt.«

(A. Watts)

Das erste freie Stehen – ein neuer Zugang zur Welt

Die wenigsten dürften sich deutlich an den Moment des eigenen ersten freien Stehens erinnern. Wer Säuglinge und Kleinkinder in ihrer Entwicklung beobachtet hat, weiß um die Großartigkeit des Augenblicks des ersten freien Stehens, wenn Kinder zum erstenmal selbständig ihren kleinen Körper über ihren Füßen ausbalancieren, breitbeinig, die Knie leicht angewinkelt und die Arme leicht nach vorne angehoben, um ihre hin und her schwankenden Bewegungen auszupendeln. Erinnerungen an diesen Augenblick tauchen wieder auf, wenn man sich nach langer Bettlägerigkeit und einer schweren Erkrankung zum erstenmal aus dem Krankenbett erhebt und wieder auf den eigenen Füßen steht. Manchem erscheint das Warten auf diesen Moment wie eine Ewigkeit, und viele schwerkranke Menschen zweifeln häufig, ob dieser ersehnte Moment überhaupt jemals wieder eintreffen wird.

Eine unserer ersten Tätigkeiten am Morgen ist die, uns aus der liegenden Position zu erheben und uns zum Stand aufzurichten. Dieser alltägliche Vorgang ist uns so selbstverständlich geworden, daß wir ihm kaum Aufmerksamkeit schenken. Je nach der Qualität der nächtlichen Ruhe und des Schlafs und je nach den Erwartungen, die der einzelne für den kommenden Tag hat, erheben wir uns mit unterschiedlicher innerer Einstellung, Intensität und Geschwindigkeit. Die Art und Weise, wie wir aufstehen, unser Tempo und unsere Achtsamkeit nehmen erheblichen Einfluß auf die physikalischen Umstellungen, auf die sich unser Organismus beim Übergang von der horizontalen in die vertikale Position des Stehens einstellen muß.

Zu welchen Konsequenzen Unaufmerksamkeit für den eigenen Körper beim Aufstehen beitragen kann, zeigt der Blick auf eine der großen Volkskrankheiten unserer Zivilisation, die akuten Kreuzschmerzen, im Volksmund auch »Hexenschuß« genannt. Finkenrath stellte fest, daß mehr als die Hälfte der akuten Lumbagobeschwerden (= akuter Kreuzschmerz) ohne klar diagnostizierbaren Anlaß sich morgens beim Aufstehen ereignen. Aufrecht zu stehen ist ein genetisches Potential, das jeder von uns in sich entfaltet. Wenn wir dieser Fähigkeit mehr bewußte Aufmerksamkeit schenken, könnte sie einen Beitrag dazu leisten, daß »Dorsopathien« (Rückenbeschwerden) oder »intervertebrale Diskopathien« (Bandscheibenbeschwerden) als häufigster Frühberentungsgrund für Männer und als zweithäufigster für Frauen abnehmen.

Die kurze Geschichte des aufrechten Stehens

Stehen ist eine gewöhnliche Tätigkeit, die uns vielleicht mehr als alle anderen vom Tier unterscheidet. Zugleich erkennt unsere Kultur sie überhaupt nicht mehr als Tätigkeit an. Was wir für selbstverständlich halten und zumeist nur wahrnehmen, wenn wir es nicht mehr können – der aufrechte Stand –, besteht nach Untersuchungen von Evolutionsforschern erst seit ca. einer Million Jahre. Wie D. Morris in seinem Buch »Der nackte Affe« detailliert dargestellt hat, entwickelten sich Stehen und aufrechter Gang über viele Generationen hinweg als Anpassungsreaktion an massiv veränderte ökologische Lebensbedingungen. Sie sind das langsame Resultat eines Überlebenskampfes der notwendigen Änderung von Nahrungsmittelbeschaffung und Formen des sozialen Zusammenlebens. Die konstante aufrechte Haltung des Menschen hat eine Vielzahl von Veränderungen und Umformungen in seinem Organismus nach sich gezogen. Durch die vertikale Ausrichtung der Wirbelsäule haben sich die Wirbelkörper auf eine Weise neu aufeinandergeschichtet, daß dadurch die freie Balance des Kopfes auf dem oberen Wirbel möglich wurde und eine Entlastung des Rückgrats eintrat. Diese Struktur erlaubte die Entwicklung des größeren menschlichen Hirns im unteren Schädel, öffnete den Wahrnehmungsraum vor den horizontal orientierten Augen, führte zur feinen Bewegung und Befreiung der Zunge, der Lippen, des Rachens und damit zu den ursprünglichen Voraussetzungen für das Entstehen unserer Sprachfähigkeit.

Was jedes kleine Kind für sich persönlich neu entdeckt und entwickelt – das freie Stehen – ist die individuelle Wiederholung und Verwirklichung des evolutionsgeschichtlichen Potentials des Menschen, der im Vergleich zur gesamten Lebensgeschichte der Organismen auf diesem Planeten als Gattung selbst noch »jung« ist.

Entwicklungsgeschichtliche Aspekte des individuellen Stehens

Der Mensch ist das Lebewesen, das die längste Reifungszeit zur vollen Entwicklung seines Bewegungspotentials braucht. Im Gegensatz zu Vierbeinern, die zumeist schon unmittelbar nach der Geburt stehen und laufen können, benötigen Menschen mehr als ein Jahr, bevor sie auf eigenen Füßen stehen können. Der kindliche Organismus muß viele Stufen einer systematischen, langsamen neuromuskulären Entwicklung durchlaufen, bis er sich aufrecht halten kann. Sein Knochenwachstum braucht lange Zeit bis zur Reife. Bauchlage und Rückenlage stärken langsam die Bauch- und Rückenmuskulatur und fördern die Möglichkeit, den Kopf zu heben. Arme und Beine werden durch Krabbeln, Robben, Wälzen und Rollen als Stützglieder entwickelt, helfen dabei, sich seitlich abzustützen und schließlich zum Sitzen zu kommen. Erste Versuche des Hochziehens folgen, um dadurch schließlich in den gehaltenen Stand zu kommen – all diese Lernerfahrungen und Bewegungsschritte brauchen ihre notwendige Zeit.

Die sensomotorische Entwicklung des Kleinkindes wird häufig von Erwachsenen zwar in bester Absicht, dennoch falsch gefördert. Kleinkinder werden angehalten, schon zu einem Zeitpunkt etwas zu üben, zu dem sie biologisch dazu noch nicht reif sind. Man sollte Kinder niemals zum Sitzen oder gar zum Aufstehen veranlassen, bevor die »unbewußte Klugheit des Organismus« das Signal dazu gibt, d. h. bevor sie es selbst versuchen. Das Kind hat oft lange Zeit vorher versucht, sich zu spannen, zu dehnen, seine körperliche Last zu heben und zu balancieren, ohne gezielt »stehen« zu wollen. Unermüdlich nutzt es Widerstände aus, schafft sich selbst Widerstände, hält sich irgendwo fest, zieht sich hoch oder stemmt sich weg. Dadurch wird der Gesamtorganismus schließlich straff genug, so daß das Kind seinen Füßen und Beinen zumuten kann, die ganze Rumpflast zu tragen. E. Pikler merkt dazu an: »Wenn man der (jeweils vorhandenen) Kompetenz des Kindes genügend Aufmerksamkeit widmen würde und dementsprechend mit dem Säugling und Kleinkind umginge, könnte man möglicherweise auch manchen späteren psychischen und somatischen Störungen vorbeugen.«

Die Entwicklung des Stehens von Kindern und Jugendlichen und ihre Körperhaltungen werden durch die Imitation elterlicher Körperhaltungen kulturell mitgeprägt. Hinzu kommt, daß Körperhaltungen von verschiedenen Idolen nachgeahmt werden. So gibt es zum Beispiel stereotype männliche Körperhaltungen wie die des »Helden«, des »Feiglings« oder »Bösewichts«, des »strammstehenden Soldaten« oder des »lässig stehenden Cowboys«. Weibliche stereotype Ideale wie die Verführerische, die Gutmütige, Aufrechte, Hinterlistige oder Verzweifelte sind ebenso zahl- wie einflußreich. In dieser Hinsicht sind Körperhaltungen Nachbildungen ihrer unterschiedlichen Vorbilder. Wie sehr auch schicht- und berufsspezifische Faktoren die Körperhaltung im allgemeinen und das Stehen insbesondere mitprägen, darauf weist die sozialdokumentarische Photographie, speziell die pionierhafte Arbeit von A. Sander hin.

Neurophysiologische Aspekte des Stehens

Stehen ist Auseinandersetzung mit der Schwerkraft. Unser Nervensystem integriert und ordnet beim Stehen eine Vielfalt von neuen Impulsen. Gegen die Schwerkraft ausgerichtete biologische Funktionen sind beispielsweise die Steh- und Stellreflexe des Menschen und die allgemeine Spannungsverteilung im Körper. Eine Vielzahl von Sinnesrezeptoren vermittelt uns Wahrnehmungen über Veränderungen in Spannungen und Druckzuständen. Orientierende Impulse des Nervensystems kommen aus den Labyrinthsystemen des Gleichgewichtsorgans im Innenohr, von den propriozeptiven Sinnesorganen der Muskeln, Sehnen und Gelenke, von den nach außen gerichteten Nervenenden der Sinne, die Tast-, Wärme- und Schmerzempfindungen aufnehmen, von den Sinnesrezeptoren der inneren Organe und Eingeweide und nicht zuletzt von den sogenannten Telezeptoren als den nach außen gerichteten Sinnesorganen, wie den Augen und den Ohren. Telezeptoren bieten die Möglichkeit, uns mit Hilfe von zweifach angelegten Organen wie den Augen, den Ohren oder den beiden Hälften der Nase räumlich zu orientieren.

Durch das aufrechte Stehen entwickeln sich für den Menschen grundlegend neue Möglichkeiten der Orientierung. Sein Kopf wird frei beweglich, er schaut mit seinen Augen nach vorne, kann Kopf und Augen zu den Seiten drehen und sich so einen »Überblick« verschaffen. Die vom Vierfüßler ursprünglich als Stützen benutzten

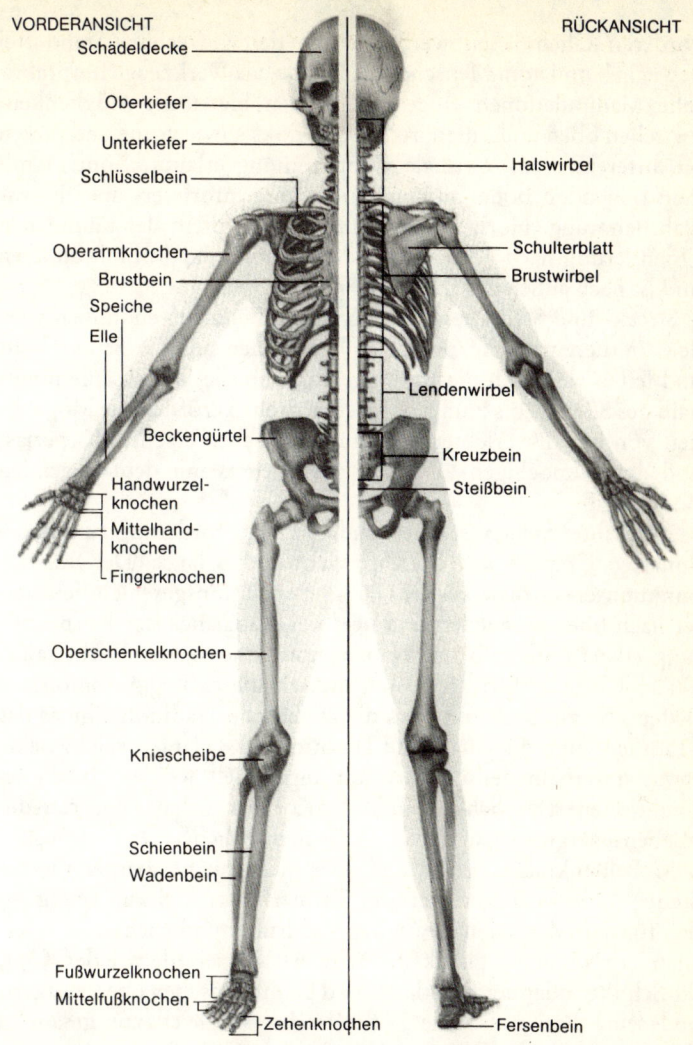

Schädeldecke

Oberkiefer

Unterkiefer

Schlüsselbein

Halswirbel

Oberarmknochen

Schulterblatt

Brustbein

Brustwirbel

Speiche

Elle

Lendenwirbel

Beckengürtel

Kreuzbein

Handwurzel-
knochen

Steißbein

Mittelhand-
knochen

Fingerknochen

Oberschenkelknochen

Kniescheibe

Schienbein

Wadenbein

Fußwurzelknochen

Mittelfußknochen

Zehenknochen

Fersenbein

*Das feine Zusammenwirken der tragenden Strukturen des lebenden Kno-
chensystems ist Voraussetzung für unsere Fähigkeit, auf eigenen Füßen zu
stehen. Obwohl die Knochen die ersten inneren Körperteile sind, die Kinder
bewußt erspüren, vergessen Erwachsene zumeist, ihnen gebührende Aufmerksamkeit zu schenken. Zentrum des Skeletts ist die Wirbelsäule, deren
einzelne Bestandteile federnd aufeinander sitzen, damit sie wirbeln und sich
drehen können, um nicht stocksteif zu werden.*

vorderen Gliedmaßen werden durch den aufrechten Stand frei beweglich und vom Menschen als Hände, als Werkzeuge für praktische Manipulationen eingesetzt. Stehen bietet die Möglichkeit, zwischen oben und unten, rechts und links sowie vorne und hinten zu differenzieren. Vertikale Wahrnehmung erlaubt, Kontakt mit dem tragenden Boden aufzunehmen, und informiert über Eigenwahrnehmung. Horizontale Wahrnehmung dient der räumlichen Orientierung nach vorne sowie der Kommunikation mit anderen und ist nach außen gerichtet.

Streck- und Stellreflexe, die durch die Füße aufgenommen werden, initiieren die körperlichen Reaktionen auf die Schwerkraft und leiten sie durch die Beckenregion und die Wirbelsäule innerhalb des Skeletts bis zum Kopf weiter. Stehen eröffnet die Möglichkeit von bewußt erlebter Beziehung zwischen eigener Körperlast und dem »knochigen« Kontakt des Skeletts mit dem tragenden Boden.

Aufrechtes Stehen ist eine ständige Herausforderung zum koordinierten Umgang mit Gleichgewicht und Balance. Der Schwerpunkt unseres Körpersystems hat sich evolutionsgeschichtlich weiter nach oben entwickelt und liegt bei ausbalancierter Körperhaltung etwas unterhalb der Nabelregion nahe an der Wirbelsäule. Verschiedene östliche Kulturen messen dieser Region besondere Bedeutung zu. So kennt etwa die taoistische Tradition Chinas das »Tant'ien« und die japanische Tradition das »Hara«, welche beide etwas unterhalb der Nabelregion angesiedelt werden. In diesen Traditionen ist der Schwerpunkt des Körpers auch das Zentrum der »Lebensenergie« – Chi oder Ki – des menschlichen Organismus.

M. Feldenkrais schreibt, daß »der menschliche Körper für das Stehen schlecht ausgerüstet« sei. Er merkt an: »Seltsam genug ist, daß für den Menschen Bewegung viel früher und leichter zu erreichen ist als Unbeweglichkeit.« Schwere Körperteile wie der Kopf, die Schulter oder der Brustkorb sind beim Menschen oben gelagert, und seine Basis, also die Füße, ist im Vergleich zur gesamten Körpergröße klein. Diese Art der Gewichtsverteilung des menschlichen Organismus macht beim Stehen eine Vielzahl von ständigen kleinen Korrekturbewegungen zur Ausbalancierung der verschiedenen Körperregionen notwendig. Die körperliche Gewichtsverteilung und der relativ hohe Schwerpunkt erlaubt aber zugleich große Bewegungsfähigkeit und großen Bewegungsspielraum.

Dadurch daß beim menschlichen Organismus das Nervensystem

und dessen sensorische und motorische Verknüpfungen auch noch eine lange Zeit nach der Geburt wachsen, reifen und sich bis etwa zum 25. Lebensjahr ständig weiterentwickeln, ist eine feine Abstimmung des individuellen Nervensystems an die jeweiligen Lebensumstände des einzelnen Menschen möglich. Dies bedingt die große Breite von Unterschieden des individuellen Umgangs mit Balance und Schwerkraft sowie der Art der einzelnen Menschen, ihren praktischen Umgang mit alltäglichen Handlungen zu organisieren.

Die evolutionäre Entwicklung des menschlichen Nervensystems hat es mit sich gebracht, daß die höheren, »kortikalen Zentren« eine übergreifende Kontrolle über die unbewußten, reflexbedingten Korrekturen des Stehens und der aufrechten Haltung gewonnen haben. Bewußte Aufmerksamkeit für das Stehen erlaubt den Menschen somit einen höheren Grad an Anpassungsfähigkeit während des Stehens, wobei die Augen eine zentrale Rolle einnehmen. Bei vielen sind die Augen jedoch so sehr zum dominierenden Sinnesorgan geworden, daß sie sich fast ausschließlich auf ihre Augen verlassen müssen, um sicheren Stand und Halt zu haben. Eine solche Haltung wird auch durch die starke erzieherische Betonung der Augen gefördert, die immer wieder darauf hinweist aufzupassen, genau hinzusehen oder sich etwas genau anzusehen. Aufpassen heißt im Englischen »watch yourself«, also schau dich an.

Widerspiegelungen des Stehens in der Sprache

»Wer von uns ist nicht aufgewachsen, um festzustellen, daß wir die meiste Aufmerksamkeit für das erhalten haben, was wir falsch gemacht haben?« (R. Allon) Kommandos zur äußerlichen Korrektur des Stehens sind vielfältig, wie etwa »geradehalten«, »stillstehen«, »nicht hampeln oder zappeln«, »Brust raus« bei Jungen oder »nicht die Brust vorstrecken« bei pubertierenden Mädchen. Widerspenstige oder nicht folgsame Kinder werden damit bestraft, *in der Ecke zu stehen.* Später wird Stehen häufig im Zusammenhang mit bestrafenden oder disziplinierenden Handlungen verwendet, wie etwa *unter Aufsicht, Kontrolle* oder *Quarantäne stehen. Gestehen* im Sinn von bekennen bedeutet ursprünglich zur Aussage vor Gericht treten. *Geständig sein* bedeutet das Eingestehen von eigener Schuld oder Vergehen. Man *steht Rede und Antwort,* oder *etwas steht zur Debatte.* Man *stellt sich bei einer Behörde oder einem Gericht ein, ein Bericht wird erstellt,* militärisch sprechen wir vom *Gestellungsbefehl.*

Stehen ist in der Sprache häufig mit Warten verbunden wie: Stehen, wenn kein Sitz mehr frei ist; anstehen oder in einer Schlange warten; Schmiere oder Wache stehen; stehen in öffentlichen Verkehrsmitteln; stehen bei der Standpauke.

Verschiedene Formen von Unterdrückung werden mit Stehen umschrieben wie *unter Dampf, Druck, Zeitdruck, der Fuchtel, der Knute, dem Pantoffel stehen.* Wer unter Drogen oder übermäßiger Medikamenteneinnahme *steht,* dem droht der Verlust des Gleichgewichts. Schicksalhaft ist die Bedeutung des Stehens in den Umschreibungen *unter einem guten, glücklichen oder unglücklichen Stern stehen.*

Die sprachgeschichtliche Bedeutung von *Stehen* ist *auf die Füße gestellt sein, auf einer Stelle verharren.* Viele Erweiterungen und Abwandlungen des Wortes *Stehen* nehmen auf diese Bedeutung Bezug, wie *stet, stetig, stieren, stur, ständig* oder *stets.* Schreckhaftes Stehen folgt dem aktuellen oder verinnerlichten Befehl: »*Halt, stehenbleiben!*« Wer stehenbleibt, der entwickelt sich möglicherweise nicht weiter.

Stehen ist darüber hinaus ein kommunikativer Prozeß, bei dem man *mit jemandem in Verbindung steht* oder *etwas im Zusammenhang mit oder im Widerspruch zu etwas steht.* Wir fragen nach dem *Stand der Dinge* oder dem *Zwischenstand.* Dinge in unserer Umwelt werden als stehend beschrieben wie das *Wasser,* der *Wind,* die *Sonne,* ein *Baum* oder der *Verkehr.* Von besonderer Bedeutung ist die Verbindung von Zeit und Stehen, wenn wir sagen, daß die *Zeit scheinbar stehenbleibt,* oder *die Zeitanzeige, die Uhr bleibt stehen.* Stehen ist in der Sprache verbunden mit Statik, Konstanz, Langsamkeit oder Stillstand.

Die kraft- und energiespendende Funktion des aufrechten Stehens taucht in einer Vielzahl von Begriffen und Redewendungen auf: *jemand steht auf seinen eigenen Füßen, ist selbständig* oder kommt nach überstandener Krise wieder *auf die eigenen Beine.* Der Tüchtige ist der, der *seinen Mann steht,* als *gestandene Person auf dem Boden der Tatsachen steht,* in der Lage ist, *zu widerstehen* und *Widerstand zu leisten, aufsteht, sich erhebt* und gegebenenfalls seiner Empörung auch in einem *Aufstand* Ausdruck verleiht. Wer von etwas abläßt, nimmt *Abstand,* wer *standhaft* und *beständig*

Wie wir in einer Situation dastehen, drückt sich auch in unserer Standfestigkeit aus, die ohne Worte Antworten gibt.

bleibt, dessen Unternehmungen können *Bestand haben*. Anderen helfen und Unterstützung leisten bedeutet, zum *Beistand fähig zu sein*. Kompetent und dazugehörig beschreiben wir damit, daß jemand *zuständig* ist.

Verstehen bedeutet wahrnehmen, begreifen, geistig erfassen, etwas beherrschen oder deutlich hören. Wer sich *mit jemandem versteht*, kommt mit jemandem aus, hat ähnliche Interessen oder Absichten, ist einsichtig und *verständig*. Der *Verstand* als die Fähigkeit, zu urteilen und zu denken, ermöglicht uns, uns mitzuteilen oder uns *verständlich zu machen*. Einfühlungsvermögen, die Fähigkeit, innerlich die Position eines anderen einnehmen zu können, bedeutet, *Verständnis* zu zeigen.

Die *Stelle* ist der Ort, wo etwas steht. Die Körperhaltung des Stehens taucht in den Begriffen *Stellung*, *Stand einnehmen*, *Stellung beziehen* oder einen *Standpunkt vertreten* auf. Von der gleichen sprachlichen Wurzel leiten sich auch Begriffe wie *steif, still* oder *stehend* ab. *Abstellen* bedeutet beenden, und *anstellen* heißt etwas in Bewegung setzen. *Zur Schau stellen* ist *ausstellen*; verunstalten heißt auch *entstellen*, etwas *aus der rechten Stellung oder Form bringen*. Anfertigen bedeutet *herstellen*; etwas wieder in den alten Zustand versetzen heißt *wiederherstellen*. Wenn man sich anders gibt, als man ist, oder etwas vortäuscht, wenn man sich unkenntlich machen will, dann *verstellt man sich, stellt* etwas anderes *dar*, nimmt eine andere *Gestalt* an. Steht bei einer Begegnung oder in der eigenen Einbildung etwas im Vordergrund, dann *stellt* man jemandem etwas *vor* oder *stellt* sich selbst etwas *vor*.

Die aufrechte Stellung oder der aufrechte Zustand, in dem man sich befindet, ist der *Stand*. Ausdauerndes und Beharrliches wird mit *standhaft* umschrieben, Dauerndes und Immer-Wiederkehrendes mit *ständig*. Der Punkt, auf dem man steht oder beharrt, ist der *Standpunkt*, von wo aus man seine Einstellung oder Haltung, aus der heraus etwas beurteilt wird, bezieht.

Wie wir eine Situation meistern und erleben, dies umschreiben wir damit, daß wir entweder *gut* oder *schlecht dastehen*. Wenn etwas völlig verdreht ist oder wir verwirrt sind, dann *stehen wir Kopf*. Beim Wünschen *steht uns der Sinn nach etwas*, wenn wir auf etwas oder jemanden begierig sind, dann *stehen wir auf jemanden*. Eine sexuelle Konnotation gewinnt Stehen durch die Erektion, wenn wir sagen, *jemand hat einen stehen*. Impotenz wird damit umschrieben, daß *jemandem keiner mehr steht*. Wenn wir uns selbst behindern, *dann stehen wir auf dem Schlauch*, und wenn wir eine kritische Situation zu meistern haben, dann *steht etwas auf dem Spiel* oder *des Messers Schneide* oder bei längerer Dauer *in den Sternen*. In Zusammenhang mit Stehen wird eine Vielfalt von Vergleichen und Metaphern verwendet, wenn wir davon sprechen, daß jemand *wie ein Baum, eine Eins, ein Fels in der Brandung* oder *ein Fragezeichen steht, schwankt, schaukelt, zittert* oder *sich hängen läßt.* Wir bezeichnen manche Menschen als *entwurzelt, unausgewogen* oder als jemanden, der *leicht umkippt.* Wir beobachten, daß jemand, der steht, sich dabei *duckt, versteift, zusammenzieht, von einem Fuß auf den anderen tritt* oder *in sich zusammenfällt.*

Versuche der Klassifizierung von stehender Körperhaltung

In seinen Ausführungen zu den bildhauerischen Schöpfungen von A. Rodin schrieb R. M. Rilke: »Das Leben, das in den Gesichtern wie auf Zifferblättern stand, leicht ablesbar und voll Bezug auf die Zeit – in den Körpern war es zerstreuter, größer, geheimnisvoller und ewiger.« An anderer Stelle heißt es, »daß der Körper aus lauter Schauplätzen des Lebens besteht, eines Lebens, das auf jeder Stelle individuell und groß werden kann«.

Körperhaltungen vermitteln eine Vielzahl von Botschaften. Sie sind vom jeweiligen Lebenszusammenhang, in dem sie eingenommen werden, von persönlicher Lebensgeschichte und von kulturellen Konventionen geprägt, in denen ein Mensch aufgewachsen ist. In der nonverbalen Kommunikation zwischen Menschen können sie wichtige symbolische Funktionen einnehmen.

Psychiatrie und Psychotherapie haben im Laufe der Zeit verschiedene Modelle von »somatischen Typologien« entwickelt. Ihre Bestrebungen, aus körperlichen Phänomenen spezifische Charaktereigenschaften herauszulesen, basieren auf dem Ziel, den individuellen Körper als Ganzes »von Kopf bis Fuß« wahrzunehmen, und ihm zugleich spezifische psychische Grundmuster zuzuordnen. Solche Typologisierungen nehmen für uns heute teilweise grotesken Charakter an, wie etwa das Konzept der »Phrenologie« als der Versuch, Charaktereigenschaften aus den Formen des Schädels abzulesen, oder die »Physiognomie« als das Bemühen, den Charakter aus Gesichtszügen herauszulesen. Die »Physiognomia« ist in ihrer ursprünglich griechischen Bedeutung als die »Lehre vom Urteilen nach der Erscheinung der Natur, des Körperbaus, der Gesichtszüge« verstanden worden. Der französische Arzt Sigoud bemühte sich Ende des 19. Jahrhunderts um differenziertere Körpertypologien, wie etwa den »Muskeltyp«, den »cerebralen Typ«

oder den »digestiven Typ«. Eine systematische Einbeziehung psychiatrischer Diagnostik und psychiatrischer Sprache verwendete der deutsche Psychiater Kretschmer. Er nahm Einteilungen wie den »asthenischen Typ«, den »pyknischen Typ« oder den »athletischen Typ« vor. Mit W. Reich, der seine Arbeit auf der Psychoanalyse aufbaute, gewannen körperbezogene, psychopathologische Aspekte des Charakters sowie neurotische Abwehrstrukturen und »rigide Muskelpanzerungen« stärkeres Interesse. Er orientierte sich an Freuds Konzept von »oralen, analen oder genitalen« Charakteren und fügte diesen eigene Bezeichnungen, wie etwa den »phallisch-narzißtischen« oder den »schizoiden Charakter« hinzu. W. Reichs Überlegungen sind von A. Lowen in der Bioenergetik detaillierter beschrieben und weiterentwickelt worden. Im Rahmen seiner Arbeit werden sogenannte Blocks als spezifische Bereiche des Körpers betrachtet, in denen Lebendigkeit, Ausdrucksfähigkeit oder gefühlsmäßige Wahrnehmung der Patienten vermindert sind. A. Lowen hat davon gesprochen, daß »der Körper eines Menschen offenbart, wie er im Leben dasteht«.

Für körperorientierte Psychotherapie können die Beobachtungen von Groddeck, Reich, Lowen und anderen hilfreich und sinnvoll sein. Solche Typologisierungen sollten aber keinesfalls schematisch verabsolutiert werden. Körperorientierte Psychotherapie muß sich immer darum bemühen, Körperhaltungen in den besonderen biographischen und soziokulturellen Kontext der individuellen Patienten zu stellen und ihre Bedeutungen mit den jeweils betroffenen Personen konkret erarbeiten.

Zur Pathologie des Stehens

Durch aufrechtes Stehen wurden dem Menschen neue Handlungs- und Bewegungsfreiheiten eröffnet, die anderen Lebewesen nicht möglich sind. Gleichzeitig wurden ihnen dadurch auch körperliche Leiden und Beschwerden beschert, die nur für die menschliche Spezies typisch sind. Eines davon ist der Kreuzschmerz oder das sogenannte »LWS-Syndrom«, das nach epidemiologischen Untersuchungen etwa die Hälfte bis zu drei Viertel der Bevölkerung wenigstens einmal im Leben plagt. Nach verschiedenen Untersuchungen besucht etwa jeder zwölfte Patient die Allgemeinpraxis und jeder dritte Patient die orthopädische Fachpraxis wegen Rükkenschmerzen im Sinne eines »Lumbago-Ischias-Syndroms«, das umgangssprachlich auch mit »Hexenschuß« bezeichnet wird. Etwa zehn bis zwanzig Prozent der Bevölkerung leiden chronisch und mit zunehmender Tendenz unter solchen Rückenschmerzen. 1980 wurden circa zehn Prozent aller Arbeitsunfähigkeitsbescheinigungen wegen Wirbelsäulenerkrankungen ausgestellt.

Zur Situation in der Medizin merkte der englische Rheumatologe und Alexander-Lehrer W. Barlow an: »In einem amerikanischen Lehrbuch werden über tausend mögliche Ursachen für Rückenschmerzen aufgeführt. Der Gebrauch des Körpers auf eine bestimmte Art ist darunter nicht zu finden. Die medizinische Behandlung von Rückenschmerzen mußte bei dieser weit verbreiteten Unkenntnis eines richtigen Gebrauchs des Rückens unzulänglich bleiben.«

Mit computergesteuerten, bildgebenden Verfahren wie Tomographie und Magnetresonanzaufnahmen steigt die Sicherheit in der Diagnostik von Schädigungen der Wirbelsäule. Die ebenfalls verbesserten orthopädischen und neurochirurgischen Operationsverfahren verführen dabei manchmal zu verfrühten oder überflüssigen Eingriffen. Zugleich ist kritisch zu bedenken, daß ein Großteil der ohne klare Diagnose bandscheibenoperierten Patienten auch weiterhin kaum Linderung verspürt und viele postoperativ eine Karriere als chronische Schmerzpatienten beginnen.

Über die psychosomatischen Zusammenhänge von Haltungsschäden im Bereich der Wirbelsäule gibt es eine Vielzahl von Studien und Publikationen. Kütemeyer und Schultz verweisen auf mögliche psychologische Schwierigkeiten wie: Autoritätsprobleme, Fluchttendenzen, die zwanghafte Aufrechthaltung, das Sich-Zurückhalten oder Sich-Anspannen, zwanghafte Helfereinstellung, übermäßiger Arbeitseifer und mangelnde Genußfähigkeit, Rivalität mit Geschwistern und Gleichaltrigen, Zuneigung zu Abhängigen und Kindern, kämpferische Selbstbehauptung und Rückgratbeweisen, expansive Unternehmungslust unter Verleugnung von Regressions- und Hingabewünschen, Ausgeliefertsein an gegensätzliche, unerfüllte Anforderungen und einiges mehr.

Aber nicht nur psychologische, sondern auch ökologische und kulturelle Faktoren spielen eine Rolle für die funktionsgerechte Entfaltung und das Wohlbefinden unseres Rückens und unserer Füße. Die Art, wie unser Schuhwerk von Kultur, Mode, Handwerk und Industrie konstruiert wird; der Untergrund, auf dem wir uns bewegen, wie etwa die konstant harte Unterlage des zementierten Stadtbodens oder die wechselnde Beschaffenheit natürlicher Böden; der militärische Drill zum Strammstehen, der häufig schon in der Schule beginnt, oder das genormte Repertoire von Tanzschritten – sie alle hinterlassen als erlebte »Eindrücke« auch ihre Spuren in unserem Muskel-, Nerven- und Skelettsystem.

Die von T. Hanna systematisch dargestellten, chronifizierten Haltungsgewohnheiten des »Stop- oder Startreflexes« führen dazu, daß unser Stehen immer weniger eine physiologische Auseinandersetzung mit der Schwerkraft ist, sondern immer häufiger zum angstbesessenen »An-sich-Halten« wird. Zum Begriff »Haltung« merkt H. Jacoby an: »Haltung bedeutet, daß etwas gehalten werden muß. Solange wir im Gleichgewicht stehen, gibt es nichts zu halten... Je weniger unser Skelett die in seiner Struktur gegebenen, statischen Voraussetzungen erfüllen kann, desto mehr sind wir gezwungen uns zu halten, um das Umfallen zu verhüten. ... Dieser Zustand ist uns so vertraut und selbstverständlich geworden, daß wir vom Haltenmüssen gar nichts mehr spüren, aber um so mehr seine Konsequenzen, nämlich das Müdewerden und die Fuß- und Rückenschmerzen, als ›Haltungsschäden‹.« In ähnlicher Weise hat sich Rudolf zur Lippe geäußert: »Wir sind derart gewohnt, die Zähne aufeinanderzubeißen, alles runterzuschlucken, die Backen zusammenzukneifen, für alles mögliche geradezustehen, unser Bündel zu tragen, daß wir verlernt haben, unser eigenes Gewicht einfach von der Erde, auf der wir stehen oder sitzen, tragen zu lassen.« Im Gleichgewicht sein setzt eine Beziehung zum Boden und Beziehung zu dem Gewicht des eigenen Körpers voraus.

Begegnungen mit dem tragenden Grund

Wenn wir einen Menschen als »bodenständig« bezeichnen, dann schwingt dabei häufig Ambivalenz mit. Einerseits wollen wir ausdrücken, daß jemand einen realitätstüchtigen Eindruck auf uns hinterläßt. Andererseits klingt bei dieser Bezeichnung aber auch eine gewisse Verachtung in dem Sinne durch, daß »jemand an der Scholle klebt«, »wenig über den Tellerrand hinausschauen möchte«. Die ursprüngliche Bedeutung des Wortes verweist aber darauf, daß jemand den Boden unter ihm und die Erde, die seine Stabilität erst gewährt, bewußt als unterstützende Basis anerkennt.

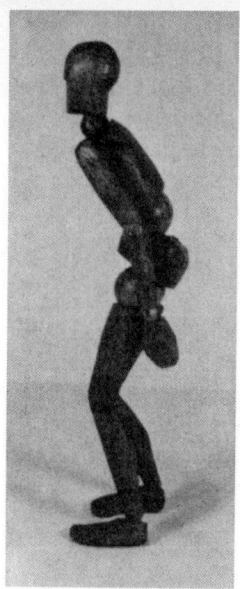 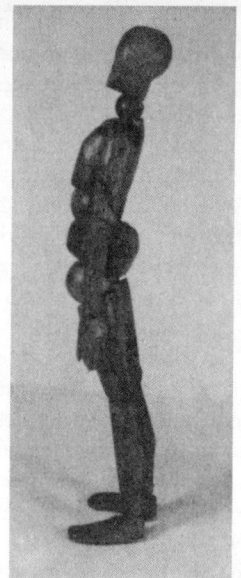 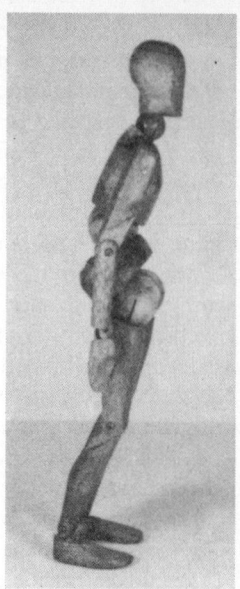

Die stehende Körperhaltung ist in unserer zivilisierten Kultur zusehends von chronischen Deformierungen geprägt. Ängstliche, sprungbereite Haltungen (Start-Reflex) und starre, aufgeblasene Haltungen (Stopp-Reflex) verschleißen unsere Möglichkeiten des aufrechten Stands vorzeitig zu chronischen, schmerzhaften, »senilen« Haltungen.

Die belebenden Impulse des tragenden Bodens aufzunehmen wird möglich, wenn wir Stehen häufiger wieder als eine Aufgabe erleben, die »ein klares Wahrnehmen der tragfähigen Basis und eine ebenso funktionale Reaktion zu dieser Basis erfordert« (C. Brooks). Zu selten stellen wir uns bewußt die Frage: »Worauf stehen wir?«, und selten spüren wir deutlich, daß unter unseren Füßen wirklich etwas »da ist«, das wir meistens für selbstverständlich halten, aber nur selten »erfahren«. Chronische Fehlhaltungen, die wir uns im Laufe unseres Lebens angewohnt haben, bewirken, daß wir nur teilweise ausgeglichenen Kontakt mit dem Boden haben. Vielleicht stehen die wenigsten von uns im wahrsten Sinne »mit beiden Füßen auf dem Boden«.

In der medizinischen Literatur werden zumeist ausschließlich standardisierte, anatomische Strukturen dargestellt, die sich in mechanisch und statisch optimal ausgerichteter Position befinden.

Das gegensätzliche Extrem zu diesem anatomischen Ideal sind die medizinischen Beschreibungen der Pathologien des Skelett- und Halteapparates. Bei diesen werden »Haltungsschäden« von Experten normiert und schematisiert, die in ihrer objektivierenden Art der Darstellung kaum Raum für das betroffene, leidende und handlungsfähige Subjekt lassen. Demgegenüber kann die praktische, aufmerksamere Arbeit der Betroffenen am Stehen zur »Erlangung eines Zustands führen, in dem die fühlbare Wirklichkeit schwerer wiegt als die eingebildeten Überzeugungen« (Brooks), und damit insgesamt mehr ein »Zu-sich-selbst-Kommen« fördern. Wer sich bewußter mit dem eigenen Stehen befaßt, dem bieten sich im Alltag zahlreiche Möglichkeiten, auf erholsame und erfrischende Weise »stehend« auf Entdeckungsreisen zu gehen. Aus ungeduldigem und angestrengtem Warten, etwa an der Haltestelle oder im Supermarkt, kann durch anwesendes Stehen die willkommene Gelegenheit werden, bewußt dem Boden zu begegnen, sich von ihm tragen zu lassen, unnötige Spannungen an ihn abzugeben und bewußt loszulassen.

Erfahrungen mit einer einfachen Form der chinesischen Bewegungsmeditation »T'ai-Chi« helfen, wieder ein besseres Verhältnis zur eigenen Körperlast, zum Stehen und zum Boden zu entdecken. Alle Bewegungen und Bewegungssequenzen des T'ai-Chi werden im Stehen ausgeführt. Besondere Aufmerksamkeit wird beim T'ai-Chi auf das sogenannte »Tant'ien« gerichtet, das sich etwa in der Region des Körperschwerpunkts befindet. A. C. Huang erläutert das traditionelle Verständnis des »Tant'ien« so, daß es sowohl »der Speicher für die Lebensenergie Ch'i« ist als auch das Zentrum, von dem alle Bewegungen ausgehen. »Tan« bedeutet dabei die destillierte Essenz des Lebens und ebenfalls die tiefrote Farbe des Blutes. »T'ien« bedeutet »Ort oder Platz«. In der taoistischen Philosophie des Lebens ist das »Tant'ien« der Speicher der eigenen Lebenskräfte, dem die nötige Aufmerksamkeit gebührt.

Asiatische Kampfsportarten benutzen bewußte Konzentration der Aufmerksamkeit auf Atmung und »Tant'ien« zur Vorbereitung auf zentriertes Stehen als Basis für rasches Handeln. Ihre Aufmerksamkeit für die untere Hälfte des Körpers zielt auf größere Klarheit des eigenen Schwerpunkts. Sie ermöglichen bessere Ökonomie der eigenen Kräfte bei raschen Bewegungen und fördern gleichzeitig ein vertrauensvolles Verhältnis zum tragenden Boden aller Handlungen.

Die Beine sind den meisten Menschen nur wenig bewußt. Sie tragen sie wie selbstverständlich und widmen ihnen nur dann Aufmerksamkeit, wenn diese schmerzen oder drohen, sie nicht mehr zu tragen. K. Dytchwald hat Vorstellungsübungen zur Wiederbelebung und -entdeckung der eigenen Beine entwickelt. Er verwendet dabei einmal die Metapher der »Beine als Wurzeln«, die in den tragenden Grund wachsen und auf denen wir fußen. In einer anderen Übung arbeitet Dytchwald damit, daß man sich die Beine als Metapher für die »eigene Geschichte« vorstellt, auf der man aufbaut und ruht. Übungen der bewußten Arbeit am Stehen können dazu beitragen, daß wir insgesamt einen sichereren Stand im Leben finden. Ein solcher sicherer Stand ist nicht für ewig. Die Kunst besteht darin, interessiert, aufmerksam und andauernd daran zu arbeiten, sich immer neue standfeste Sicherheit zu schaffen als Basis für größtmögliche Flexibilität.

Körperorientierte Methoden wie Eutonie, Alexander-Technik, Feldenkrais-Arbeit oder Bioenergetik widmen einen großen Teil ihrer Aufmerksamkeit der bewußten Erfahrung des Stehens. In der Bioenergetik benutzt Alexander Lowen den Ausdruck des »Erdens« (Grounding). Er schreibt: »Die bioenergetische Methode des Erdens soll den Menschen wieder festen Grund unter den Füßen verschaffen. Wer festen Boden unter den Füßen hat, kann nicht gehemmt oder verklemmt sein. Wer gut geerdet ist, hat auch guten Kontakt zum Fundament der Realität.«

Die Füße als verständige Vermittler

Nur wenige Bereiche unseres Körpers erfahren so unterschiedliche Bewertungen wie unsere Füße. Die einseitiger werdende Förderung und Anerkennung intellektueller Fähigkeiten macht die Menschen in den westlichen Zivilisationen immer mehr zu »Kopf-Füßlern«. Sie vergessen zusehends, daß sie nicht auf dem Kopf stehen, sondern auf ihren Füßen, und daß sie sich nicht mit dem Kopf fortbewegen, sondern mit ihren Füßen.

Manchmal ist es hilfreich, sich daran zu erinnern, welche Flexibilität unsere Füße ursprünglich besaßen. Sie gehörten mit zu den ersten Entdeckungen, die wir als Säuglinge gemacht haben. Unsere Zehen waren unsere ersten natürlichen »Spielzeuge«. Als Kleinkinder haben wir mit unseren Zehen und Füßen Dinge vom Boden aufgehoben. Aber noch bevor Kinder auf ihren eigenen Füßen stehen können, werden ihnen diese häufig von eifrigen Erwachsenen »weggenommen« und völlig unnütz in kleinen Schuhen versteckt. Vielleicht hat Rudofsky recht, wenn er anmerkt, daß »erst die Beschuhung das Kind zu einem Mitglied der menschlichen Gesellschaft macht«. Das frühzeitige Verstecken der kindlichen Füße erinnert symbolisch an den Schutz der vermeintlichen »Achillessehne« des menschlichen Körpers als einen besonders verletzbaren Punkt. Erwachsene vergessen zu häufig, daß Kinder im Kontakt mit der gegenständlichen Welt ihr Bewegungssystem und damit zugleich sich selbst verwirklichen. Erst im Kontakt mit den Beschaffenheits- und Niveauunterschieden des Bodens können sich die Füße des Kleinkindes entwickeln. Bei der Planung von Kindergärten, Spielplätzen und vor allem Schulbänken wird diese Notwendigkeit »organologischen Wachstums« (H. Kükelhaus) für die kindliche Fuß- und Bewegungsentwicklung zumeist ignoriert und vernachlässigt. »So wie die Hand sich zum Großhirn als dessen Nach-außen-Wendung verhält, ist der Fuß das nach außen gewendete autonome oder vegetative Nervensystem, in Sonderheit die Fußsohle… Der Fuß ist gleichsam die Antenne für alles, was unterhalb des stehenden Menschen vor sich geht.« (H. Kükelhaus)

Leonardo da Vinci hat die Füße als ein »Meisterwerk der Technik« und ein »Kunstwerk« bezeichnet. Groddeck billigte dem Fuß einen »scharfen Verstand« zu. »Die Füße sind der ehrlichste Teil des menschlichen Körpers«, stellt der Verhaltensforscher D. Morris fest. Das erste Wort für Mensch war in der aramäischen Sprache mit dem Wort für Fuß identisch. »Der kultische Brauch der Fußwaschung, wie er heute noch in christlichen Religionen gepflegt wird, bedeutet eigentlich Waschung des ganzen Menschen.« (H. Kükelhaus)

Wie kommt der Kontrast zwischen diesen Aussagen und der üblichen kulturellen Mißachtung unserer Füße zustande? Warum »treten wir«, im übertragenen Sinne, die Füße so sehr mit Füßen? Wir sind zwar eine fußballbegeisterte Nation, aber wir zollen dem herrlichen Werkzeug, das dieses Spiel erst ermöglicht, individuell kaum Aufmerksamkeit. »Fußpflege« ist in unseren Breiten allenfalls die Bezeichnung eines wenig anerkannten Heilberufs und verweist auf die weite Verbreitung von leidenden Füßen. »Der erwachsene Mensch verbraucht, daran ist gar nicht zu zweifeln, einen guten Teil Kraft, um seine kranken Fußnerven zu schonen,

Kraft, die er anders verwenden könnte, wenn er einigermaßen auf sich achtete.« (Groddeck) Rudofsky erwähnt eine amerikanische Studie, nach der in den USA nicht weniger als achtzig Prozent der Menschen im Alter von zwanzig Jahren Fußbeschwerden haben. Er spricht von der Tendenz, Fußbeschwerden als »Stigmata einer höheren Zivilisation« anzusehen. »Schlecht behandelte Füße können die Lebenszeit genauso verkürzen wie ein Herzanfall«, merkt D. Morris an. Sie beeinflussen unser Gehverhalten, unsere Körperhaltung sowie unsere gesamte Bewegungsfähigkeit.

Wie deutlich wir uns kulturell an diese Situation gewöhnt haben, dies zeigen vielleicht auch die vom Duden aufgelisteten sinn- und sachverwandten Wörter für Fuß: Quanten, Mauken, Käsefüße, Senkfuß, Plattfuß, Spreizfuß, Knickfuß, Hohlfuß, Spitzfuß, Pferdefuß, Hakenfuß, Klumpfuß, Teufelsfuß, Fußdeformierung, Gliedmaße. Nicht ein einziges positives Synonym findet sich in dieser Sammlung der deutschen Sprache. Haben wir kulturell so »kalte Füße« bekommen, stehen wir auf so »schwachen, schwankenden, tönernen oder wackligen« Füßen? Sind wir zu häufig mit unserem »linken«, vermeintlich bösen, feindlichen, teuflischen Fuß aufgestanden und marschieren blindlings, »links zwei, drei«, in unseren normierten Alltag? Welchen Illusionen und Zwängen »liegen wir zu Füßen«, wann beginnen wir uns »mit Händen und Füßen« zu sträuben, und wem möchten wir manchmal »den Krempel vor die Füße werfen«? Wollen wir weiter in die »Fußstapfen« der kulturellen Ignoranz gegenüber unseren eigenen Füßen treten?

Oder wollen wir uns wieder mehr von unseren Füßen stützen lassen und uns in ihnen begründen? Dürfen sie wieder mehr tragender Teil unserer Existenz werden? Können wir wieder stärker »Fuß fassen« und uns selbst »auf freien Fuß« setzen? Liegt uns daran, wieder »von Kopf bis Fuß« ganz zu werden und mit uns selbst »auf freundschaftlichem Fuß« zu stehen? Können wir den linken Fuß gleichberechtigt dem rechten, vermeintlich guten oder göttlichen Fuß hinzufügen? Können wir das alte Längenmaß des »Fußes«, das in der amerikanischen Sprache immer noch als »foot« verwendet wird, wieder zum Maß für unsere eigene Wegstrecke des Lebens machen?

Was hindert uns daran, unsere Füße wieder mehr zu zeigen und ihnen Aufmerksamkeit zu schenken? Warum fällt es vielen Menschen so schwer, ihren Füßen mehr Gelegenheit zur Erfahrung zu geben und sie öfters aus den Schuhen und Strümpfen zu befreien?

Wieviel soziale Konventionen begleiten die Füße und engen sie ein? C. Brooks spricht vom »Entsetzen beim Gedanken, formelle Räume mit bloßen Füßen zu betreten«. Bloße Hände hingegen stören niemanden. Erinnert die soziale Ächtung nackter Füße vielleicht noch an die alten Zeiten, in denen nur Sklaven barfuß gehen mußten und erst der Besitz von Schuhen neu erhaltene Freiheit bedeutete? In manchen Kulturen und Religionen müssen die Kultstätten barfuß betreten werden, »wahrscheinlich als Demutshaltung in Gegenwart der Gottheit, vor der man als williger Sklave erscheinen will« (Morris). Das genetische Potential unserer Vorfahren, mit den Füßen Duftsignale hinterlassen zu können, da diese dichter als alle anderen Körperregionen mit Schweißdrüsen besetzt sind, wird in unserer Kultur zusehends zum Problem. Wenn einerseits die Füße dauernd in schlecht gelüfteten »Gefängnissen« aus Leder und Plastik eingesperrt sind und andererseits die Schweißdrüsen der Füße sehr empfindlich sind und bei Streß mehr Schweiß produzieren, dann verwundert es kaum, daß sich daraus häufig eine übelriechende Mischung ergibt.

»Der Fuß hat einen scharfen Verstand«, sagt Groddeck, »aber er hat noch schärfere Sinne.« Niemand vergißt Erfahrungen, bei denen er sich auf heißem, sonnenbestrahltem Asphalt oder Sand die Füße versengt hat oder sich bei schlechtem, engem Schuhwerk bei winterlichen Temperaturen kalte, frierende Füße zugezogen hat. Wie groß die Spannweite unseres genetischen Potentials der Temperaturresistenz der Füße ist, darauf verweisen Feuerläufe über glühende Kohlen oder tagelanges Stehen mit bloßen Füßen im Schnee, wie dies manche östliche Mönche praktizieren. Unsere Füße können uns bei geschlossenen Augen jederzeit rückmelden, ob wir uns auf Gras, spitzen Steinen, Sand, Teppich, einem kühlen Steinfußboden oder in einer Wasserlache befinden. Tausende feiner Rezeptoren und Nervenendigungen unterscheiden sensibel für uns zwischen Wärme und Kälte, Druck und Schmerz, Angenehmem und Unangenehmem. Die 26 Knochen, 114 Bänder und 20 Muskeln eines jeden Fußes reagieren sensibel und rasch anpassend auf die Informationen, die ihnen die Fußsohle vermeldet. Statistiker haben hochgerechnet, daß im Laufe eines durchschnittlichen Lebens unsere Füße über 10 Millionen Mal Kontakt mit dem Boden aufnehmen. Ihre Bewegungen pflanzen sich durch das gesamte muskuloskelettäre System unseres Körpers fort und modulieren die Erregungsfähigkeit unseres Nervensystems.

In vielen Kulturen wird den Füßen auch heute noch große Aufmerksamkeit entgegengebracht. In den traditionellen Lehren der chinesischen Akupunktur beginnen und enden viele Akupunkturmeridiane im Bereich der Zehen, und ihr Verlauf erstreckt sich über Fußrücken und Fußsohle. Die empirische Beobachtung der Füße hat auch zu unterschiedlichen Systemen der Fußreflexzonenmassage geführt.

Unsere Füße übernehmen regelmäßig mechanische und dynamische Funktionen, die für unser Leben absolut wichtig sind. Beim Aufprall des Fußes dient die Ferse als Stoßdämpfer, im nächsten Moment wird der Fuß zur Stütze für das bewegliche Körpergewicht, bevor sich dann die Zehen aus einem flexibel haltenden in ein antreibendes Organ entwickeln und uns die Fortbewegung ermöglichen.

D. Morris hat einen anschaulichen Vergleich mit einer Schaufensterpuppe angestellt, die dem menschlichen Körper in allen Details originalgetreu nachgebildet ist. Ihre Füße können sie nur in einer ideal ausbalancierten Position tragen. Bei jedem Stoß wird sie hilflos nach vorne, nach hinten oder zur Seite umfallen. Würde man sie an eine Schräge oder einen Hang stellen, so würde sie sich nicht aufrechthalten können. Hingegen ermöglichen uns die zahllosen Bewegungen, die unsere Füße aussenden und empfangen, sowie Tausende von kleinen Muskeleinstellungen einen sicheren Stand in bisweilen extremen Positionen. Die steife Körperhaltung eines ängstlichen und kopflastigen Menschen mag bisweilen an diese Schaufensterpuppen erinnern, und man spricht davon, daß jemand leicht »umkippt«, »unausgewogen« oder »entwurzelt« ist. Jemand anderes »lebt auf zu großem Fuß« und steht dadurch häufig »schlecht« da.

Füße und Schuhe werden uns in den Erzählungen der Kindheit auf vielfache Weise nahegebracht. So machen uns viele Märchen, in denen Schuhe eine zentrale Rolle spielen, auf die Füße aufmerksam. Wer erinnert sich nicht an die Geschichten vom Kleinen Muck, vom Gestiefelten Kater, von den zertanzten Schuhen oder an Aschenbrödel? Dieses aus der chinesischen Mythologie stammende Märchen basiert auf der alten chinesischen Tradition gehobener Schichten, den Mädchen und jungen Frauen die Füße systematisch zu deformieren. Vom sechsten oder siebten Lebensjahr an wurde durch schmerzhafte Umwicklungen das Wachstum der Frauenfüße beeinflußt, um die als erotisch eingeschätzten »Lotusfüße« auf eine

Ideallänge von 7,5 cm zu bringen. Größe und Form der Füße sollten dabei an die äußeren Aspekte der Falten der Vagina erinnern. Aus heutiger Sicht kann man sagen, daß diese systematische Folterung im besten Sinne des Wortes »Krüppelfüße« hervorgebracht hat.

Mit seiner Beobachtung, daß viele gesunde Erwachsene keine auch nur einigermaßen »entfalteten Füße« haben, dürfte H. Jacoby recht haben. Zu selten machen Erwachsene Gebrauch von den vielfältigen Potentialen des Wahrnehmens, Bewegens und Greifens der Füße und versäumen, damit die gesamte Befindlichkeit und Entfaltung ihres Körpers zu beeinflussen. Die gesellschaftliche Vernachlässigung der Füße bedingt eine große Zahl von »Plattfüßen«, die über die Erde gleiten, schlittern und sich unruhig verhalten, oder »Krallenfüße«, die sich krampfhaft am Boden festhalten in dem Bemühen um angestrengte Selbstkontrolle.

Wie viele Menschen verlagern ihr Gewicht konstant auf die Fersen und beeinträchtigen damit in ängstlicher Kontrolle die Haltung von Becken, Wirbelsäule, Brustkorb, Halsbereich oder auch der inneren Organe? Wie viele Menschen laufen beständig auf den Zehen, recken sich, um größer zu werden, und haben nur flüchtigen, traumhaften Kontakt mit dem Boden? »Bleifuß« ist nicht nur ein Ausdruck für Raser auf der Autobahn, sondern drückt auch die Schwere und die angestrengte Suche nach Festigung der eigenen Position am Boden aus. »Breite Füße, schmales Kreuz«, dies ist eine häufig zutreffende Karikatur der zunehmend kopflastigeren Menschen unserer Gesellschaft. Starrheit und Steifheit in den Füßen setzt sich fort in der Unbeweglichkeit der Fuß-, Knie- und Hüftgelenke und kann auch dort zu Beeinträchtigungen führen. H. Jacoby schreibt aus seinen Erfahrungen, daß auch nach »40, 50 oder mehr Jahren Platt- und Senkfüße durch zweckmäßigen Gebrauch von Beinen und Füßen« zu größerer Ordnung gebracht werden könnten.

Systematische Schulung der Aufmerksamkeit durch Greif- und Bewegungsübungen in der Tradition der Gindler-Arbeit, des Sensory Awareness, der Eutonie, der Feldenkrais-Arbeit, der Alexander-Technik und anderer Methoden kann Linderung und Verbesserung bewirken. Dabei sollten wir, wie Jacoby anregt, »gehorsam auf Entdeckungsreisen gehen und fragen: ›Organismus, was willst du von mir?‹, statt ihm Vorschriften zu machen und ihn beherrschen zu wollen«. Alleinige Suche nach äußerlicher Körperkontrolle und Körperbeherrschung kann leicht als selbstbetrügerische, intellektuelle Machtbesessenheit und Arroganz mißverstanden werden. Es geht darum, wieder eine erfahrende, vertrauensvolle Beziehung zur unbewußten Klugheit des eigenen Organismus zu finden. Jacobys Vorschläge zur Entwicklung von »händigen Füßen« sind praktische Hilfen in dieser Richtung.

Arbeit an den Füßen kann, wie beispielsweise bei der Alexander-Technik, mit der Halswirbelsäule beginnen oder, wie bei der Feldenkrais-Arbeit, mit Bewegungsübungen im Liegen oder bei der Eutonie mit speziellen Kontroll- und Streckstellungen der Beine. Das mehr aktiv bewegende Vorgehen von körperorientierten Therapieformen in der Tradition W. Reichs zeigt, daß die stampfende Befreiung der Füße auch an ganz anderen Stellen des Körpers Spannungen lösen kann.

Die Füße vermitteln uns nicht nur Informationen über uns selbst, sondern sie treten auch in vielfältige, zum großen Teil unbewußte Kommunikation mit anderen. Ob sie fest aneinandergelegt, klammernd und schutzsuchend sind, ob wir ungeduldig mit den Füßen auf den Boden pochen, in subtilerer Form häufig mit den Zehen wackeln, mit den Füßen schlurfen oder scharren, während wir jemandem Rede und Antwort stehen, oder ob wir mit den Füßen wütend oder gelangweilt in die Luft treten, all diese Gesten sind Teil unserer Mitteilungen an die anderen. Die weite Entfernung der Füße von der zumeist sorgfältig beobachteten und benutzten Gesichtsregion bedingt, daß wir nur selten darauf achten, was unsere Füße tun. Dem aufmerksamen Beobachter können sie um so mehr authentische Informationen über die Stimmungslage seines Gegenübers vermitteln.

Balance – die konstante Suche nach dem dynamischen Gleichgewicht der Haltung

Stehen mag noch so ruhig, starr, steif oder unbeweglich erscheinen, uns Menschen ist keine Standposition möglich ohne ständiges, feines Ausbalancieren von Spannungen. Balance, wie sie etwa eine dem Menschen naturgetreu nachgebildete, starre Schaufensterpuppe demonstriert, ist nur möglich, wenn sich die verschiedenen Teile der Puppe im Gleichgewicht befinden. Beim Menschen müssen alle Körperteile in einer »angemessenen Spannung« zueinander stehen. G. Alexander benutzt den Begriff der Eutonie, der sich vom griechischen Eu (wohl, recht, harmonisch) und Tonos (Spannung) ableitet. Der Tonus des menschlichen Organismus setzt sich aus einer Vielzahl von zusammenwirkenden Impulsen des Skelett-, Muskel- und Nervensystems zusammen. Die Grundspannung unserer Muskulatur wird durch einen lebhaften Prozeß von Rückmeldeinformationen unseres Nervensystems in der Balance gehalten. Das vegetative Nervensystem sorgt für Spannungsgleichgewicht zwischen seinen beiden aktivierenden und beruhigenden Komponenten und bringt damit die inneren Organe bei Atmung und Blutzirkulation in angemessene Spannung. Das motorische Nervensystem erlaubt uns, bewußte, korrigierende und willkürliche Bewegungsveränderungen vorzunehmen. Aufmerksamkeit nach innen zu richten, ist nicht nur ein psychologischer Akt, sondern beeinflußt als physiologischer Akt gleichzeitig unser aktuelles körperliches Geschehen.

Die Lebendigkeit unseres Leibes wieder stärker zu entfalten, ist auch Mittel und Weg, um Schmerzen und Krankheiten des Gemüts zu beeinflussen. Wir können dabei auf verschiedene Traditionen oder Techniken zurückgreifen, die unterschiedliche Ansatzpunkte haben, wie die Atmung, die muskuloskelettäre Struktur des Körpers, die gewählten Bewegungsmuster, die Beschaffenheit spezifischer Gewebe oder die besondere Aufmerksamkeit für biografisch gespeicherte Erinnerungen des Körpers und geblockte energetische Prozesse. Sie tragen dazu bei, uns durch Schulung der Selbstwahrnehmung oder durch äußere Manipulationen eine möglichst ökonomische Beziehung zum Feld der Schwerkraft der Erde zu ermöglichen. Sie stellen Bedingungen her, die eine möglichst effektive und mühelose Balance des Körpers erlauben *sollen*.

Das Zentrum der Schwerkraft in sich selbst zu entdecken, die optimale Beziehung zwischen dem energetischen Feld unseres Körpers und dem Feld der Schwerkraft der Erde wiederzufinden, ist die Begegnung mit einer wesentlichen Erfahrung, zu der auch buddhistische Lehren führen möchten. Obwohl buddhistische Schulen minutiös und über viele Jahre sich der Körperhaltung und sitzenden Meditationspositionen widmen, richten sie, wie W. Johnson kritisch bemerkt, »ihre Aufmerksamkeit in erster Linie auf den Geist als den Bereich der möglichen Segnungen; dem Leib hingegen wird ein wesentlich geringerer Status als Mittel der Erleuchtung beigemessen«.

Balance und das Bestreben nach fließendem Gleichgewicht stehen als Homöostase auch im Zentrum moderner Physiologie (W. Cannon), die ein Dreh- und Angelpunkt des modernen Medizinverständnisses ist. Das Bemühen, Mängel und Defizite entweder durch Veränderung der eigenen Lebensführung oder durch therapeutische Eingriffe von außen zu beseitigen sowie Überschüsse und Auswüchse zu vermindern, ist sowohl ein Grundprinzip der Heilkunde als auch des allgemeinen Wohlbefindens.

Authentische, eigene Balance kann Lebensfreude, Kraft, Reaktionsbereitschaft, Steigerung der Wahrnehmung und Empfindung freisetzen. Von außen verordnete, entfremdete, »ideale« Balance läuft allerdings immer Gefahr zu erstarren, fremd, genormt, langweilig, lustfeindlich, klammernd, blutleer oder repressiv zu werden. Falsch verstandene und verstellende Balance sind oft der leibliche Ausdruck von unterdrückenden und leibfeindlichen Befehlen wie: »sich beherrschen, an sich halten, sich zusammenreißen, sich nicht gehen lassen«. Auf Dauer sind sie ermüdend, kraftraubend, einschränkend und der beste Garant für den raschen Verlust von flexibler Balance.

Unsere selbstgewählten oder aufgezwungenen Lebensweisen bringen vielfältige Bedrohungen unserer äußeren und inneren Balance mit sich. Stunden-, tage- und jahrelanges Einnehmen von Zwangskörperhaltungen am Arbeitsplatz kann bei fehlender Aufmerksamkeit und mangelnden Ausgleichsbewegungen bald zu gewohnten, nicht mehr wahrgenommenen »Haltungsmängeln« führen. Dem menschlichen Organismus gelingt es über lange Zeit in erstaunlicher Vielfalt und Ausdauer, »Haltungsmängel« beim aufrechten Stand schmerzlos zu kompensieren. Fehlhaltungen werden über lange Zeit durch »ausgleichende Fehlhaltungen« in den anderen Körperbereichen in einer neuen »Balance« gehalten. Auf längere Sicht bleibt dies aber nicht ohne Folgen und manifestiert sich vielfach in funktionellen Störungen einzelner Organsysteme.

Angeborene Anomalien, traumatische Unfälle oder ernsthafte Erkrankungen sind sowohl von Verzerrungen der Körperhaltung als auch von emotionalen »Haltungen« begleitet, die wir mit hartnäckig, halsstarrig, dick- oder querköpfig, kopfhängerisch, linkisch, einseitig und einer Vielzahl anderer Wörter umschreiben. Das Wiedergewinnen der Balance, die erspürte Wiederentdeckung des Kontakts mit der eigenen körperlichen Last und mit dem tragenden Grund können Wohlbefinden und Heilungsprozesse fördern. In dieser Situation wenden wir uns häufig an medizinische Experten. Ihr objektives Wissen und ihre apparativen Techniken zur äußeren Körperbehandlung sind größer denn je, und sie erzielen damit beeindruckende Erfolge. Wir können aber zugleich fast sicher sein, daß wir auch bei den meisten medizinischen Experten auf Menschen treffen, denen die behutsame Aufmerksamkeit für ihre eigentliche körperliche Existenz weitgehend abhanden gekommen ist. Für die kulturelle, soziale und persönliche Auseinandersetzung mit Balance gilt, was H. Jacoby schreibt: »Entscheidend ist, daß Sie Ihren Leib noch bejahen, und Ihr Leib nicht ein notwendiges Übel, eine beschwerliche Beigabe zum Geist für Sie ist.«

Die meisten »Haltungsschäden« resultieren aus repressiven, teilweise sogar gut gemeinten sozialen Ansprüchen, die sich von der Wirklichkeit unserer biologischen Organisation und unseres Leibes entfernt haben. Durch erlernte Gewohnheiten geprägte körperliche Deformationen können dann relativ rasche Besserung erfahren, wenn wir sie nicht länger andauernd unterstützen. Dazu müßten wir erlauben, gewohnheitsmäßige Verspannungen wieder deutlicher zu erspüren und ins Bewußtsein zu bringen, damit sie sich »langsam auflösen, während die lebendigen Prozesse, die dadurch verdrängt wurden, nach und nach gefühlt und zugelassen werden« (C. Brooks). Es geht um die bewußte Entscheidung, die gewohnte Trägheit aufzugeben und das Interesse am Erproben veränderter Möglichkeiten des Körpererlebens wiederzuerwecken.

Stehen als Verweilen

Der unermüdliche Forscher Dr. Faustus hat den Pakt mit dem Teufel nicht verloren. Er ließ sich nicht dazu verführen, das Gegenwärtige mit der Zukunft einzutauschen und zu sagen: »Verweile doch, du bist so schön.« Ein Dilemma beständigen Forschens ist das Wissen darum, daß der Augenblick sich nicht auf Dauer halten läßt und immer zurückfließt ins Kontinuum der Zeit. Die Sehnsucht nach diesem dauernden, tiefen Augenblick bleibt, wie Rilke es formuliert hat: »Wenn es nur einmal so ganz stille wäre. Wenn das Zufällige und Ungefähre verstummte und das nachbarliche Lachen, wenn das Geräusch, das meine Sinne machen, mich nicht zu sehr verhinderte am Wachen –: dann könnt ich in einem tausendfachen Gedanken bis an Deinen Rand Dich denken und Dich besitzen (nur ein Lächeln lang), um Dich an alles Leben zu verschenken, wie einen Dank.«

Der bewußte Akt des »Stehenbleibens« ist mit vielen Metaphern umschrieben worden. Er steht für den gelebten Moment, den Augenblick, die kurze Zeitspanne, die Weile, die Ruhe, Rast und Pause, Loslassen, Kräfte sammeln, Anwesendsein und Geschehenlassen verspricht. Verweilen ist ein Zeitraum der Regeneration. In ihren Untersuchungen zur persönlichen und sozialen Zeit der Gegenwart definiert H. Novotny den Augenblick als einen »strategischen Moment«. Den richtigen Augenblick zu kennen, nützt. Meisterlicher, strategischer Umgang mit der Zeit offenbart sich im Intervall, jenem Intervall, an dem die Zeit nicht stehenbleibt, an dem wir aber mit der Zeit eins sind. Anhalten erlaubt, uns die Situation zu vergegenwärtigen, uns unserer selbst und der Umwelt zu vergewissern, uns zu versichern, uns selbst »gewahr« zu werden.

»In der kulturellen Andersartigkeit der östlichen Mythik und ihres Zeitempfindens wird durch Meditation und Entspannung, durch Wiedergeburt oder das Anhalten des Augenblicks bewußt nach anderen Zeiterlebnissen, nach einem Entkommen aus dem Alltagsstreß, gesucht« (H. Novotny). Im bewußten Umgang mit dem »Stehenbleiben« erproben auch immer mehr Menschen der westlichen Zivilisationen Wege, sich vom Zeitdruck zu distanzieren und einen anderen Umgang mit ihrer Zeit zu finden. Jacoby spricht von der bewußten »Erlaubnis des Anwesendseins«, dem »antennigen Verhalten«, bei dem wir uns von dem, was geschieht, erreichen lassen und offen sind für das Neue. Aus der erlebten Gegenwärtigkeit heraus, die bewußtes Rückblicken und Vorausschauen ermöglicht, können wir neue Kraft gewinnen.

Auf die überwiegend negativ geprägte Konnotation des Wortes Stehen ist schon hingewiesen worden. Sie findet sich auch im Sprichwort: »Wer rastet, der rostet.« Es liegt an uns, ob wir uns erlauben, Stehen als eine bewußte Form des Verweilens, des Wartenkönnens neu zu entdecken. Sozialwissenschaftliche Studien haben gezeigt, daß sowohl in der UdSSR als auch in den USA der Durchschnittsbürger täglich ca. dreißig Minuten mit Warten verbringt. Auch für die Einflußreichen und Mächtigen dieser Gesellschaften scheint dies ein reizvolles Problem darzustellen, und sie haben mit dem begonnen, was H. Novotny »Wahrnehmungsmanagement« genannt hat. In einer Vielzahl von Studien bemühen sie sich herauszufinden, wie sich die Zeit, die Menschen mit Warten verbringen, kurzweiliger, spontaner und in erster Linie ökonomisch einträglicher nutzen läßt.

Es liegt weitgehend an uns, ob wir Stehen als autonomes Moment des Verweilens im Alltag wiederentdecken, oder ob wir auch noch in der Zeit des alltäglichen Wartens vom Kalkül geschickter Geschäftemacher unruhig verführt und fremdbestimmt werden.

Menschen aus den westlichen Kulturen und mit westlicher Erziehung können häufig nur unter Mühen ein gelassenes Verhältnis zum Stehen als Verweilen entwickeln. Wir sind zu geschäftig, als daß uns der Ausspruch Buddhas »durch Nichtstun wird alles getan« oder die taoistische Gelassenheit des »Wu-Wai« leicht erreicht. Allan Watts geht davon aus, daß wirkliches Verstehen das intuitive Erfassen einer Sache bedeutet und niemals nur das Ergebnis einer spezifischen Disziplin sein kann. Etwas intuitiv aufnehmen, bedeutet in der deutschen Sprache, »durch unmittelbare Anschauung (nicht durch Denken) zu erkennen«. Nicht durch Denken heißt dabei, über das Denken hinausgehen, und verweist auf wenig beachtete, weitgehend unbewußte Prozesse der leiblichen Wahrnehmung.

Stehen wird in unterschiedlichen Kulturen sowohl als Ritual der Bestrafung und Buße als auch zum spirituellen Wachstum verwendet. Kürzlich berichteten Journalisten eines ZDF-Fernsehteams über einen Asketen, den sie während eines »Stehgelübdes« in Indien trafen. »Meditierend steht er auf einem Bein direkt am Ganges, sein Körper ist mit weißer Asche bemalt; er scheint völlig in sich versunken zu sein. Wie lange er sein Gelübde einhalten will, können wir nicht erfahren, der Mann spricht nicht. Stehgelübde gehören zu den ältesten Bußübungen.« Schon vor mehr als 1200 Jahren wurde auf dem größten Relief der Welt in Mahabali-Puram ein solcher »einbeiniger« Steher dargestellt.

Auf beiden Füßen stehen viele heroische *Stand*bilder und Denkmäler von Helden, Göttern und Despoten der unterschiedlichsten Kulturen und Religionen. Sie erheben sich weit über alle anderen, stehen über dem gemeinen Volk, überblicken aus großer Höhe dessen gemeines Treiben. Diese Art des Stehens als Ausdruck der Macht und Arroganz ist die negative, einschüchternde Seite dieser Körperhaltung, bei der Sieger ihren Fuß auf Besiegte stellen. In periodischen Abständen werden sie vom Sockel gestoßen. Warum müssen wir immer wieder neue Größen und Gockel über uns auf solche Ständer stellen? Vielleicht auch deshalb, weil wir unserem eigenen Stand zu wenig vertrauen?

Die von R. Assagioli begründete Schule der Psychosynthesis verwendet bei der systematischen, geschickten Schulung eines autonomen Willens teilweise sinnlose und einfache, aber genaue und regelmäßige Stehübungen. Eine dieser Übungen ist das tägliche Stehen für mehrere Minuten auf einem Stuhl, nur getragen von dem Willen, diese Übung über einen gewissen Zeitraum aufmerksam, ohne Erwartung, regelmäßig zu wiederholen.

Es gibt bestimmt viele andere gewöhnlichere, lustvollere, weniger geplante Möglichkeiten, uns im Stehen als Verweilen zu üben, um festgehaltene Anspannungen zu erspüren, sie stehend loszulassen und uns die für die jeweilige Situation notwendige Energie bewußter zu vergegenwärtigen.

Praktische Kontaktaufnahme mit den Füßen

Schließen Sie Ihre Augen und verharren Sie in Ihrer Position. Spüren Sie Ihre Füße? Vermitteln Ihnen diese irgendwelche Empfindungen über Temperatur, Druck oder sonstige Qualitäten?

Suchen Sie dann einen bequemen Platz am Fußboden oder auf dem Stuhl, streifen Sie Ihre Schuhe und Socken ab und lassen Sie Ihre Füße einen Augenblick auf sich wirken. Welche Farbe haben Ihre Füße oben auf dem Spann und unter der Fußsohle? Gibt es Stellen, an denen Sie andere Farbtöne sehen oder an denen die Verhornung besonders ausgeprägt ist? Erkennen Sie die feinen Strukturen der Haut? Sehen Sie, daß man von Ihren Füßen genauso Fußabdrücke zu Ihrer persönlichen Identifizierung nehmen könnte wie die bekannten Fingerabdrücke? Nehmen Sie Ihre Füße in die Hände. Spüren Sie die Temperatur in den verschiedenen Teilen Ihrer Füße und in den Zehen? Erlauben Sie den Austausch der Wärme zwischen Ihren Händen und Füßen. Streicheln Sie Ihre Füße langsam mit Ihren Händen. Nehmen Sie diese Streichelbewegungen mit den Füßen wahr. Lassen Sie sich Zeit für diese Erfahrung. Schließen Sie dabei die Augen, widmen Sie aber den auftauchenden Erinnerungen und Bildern keine besondere Aufmerksamkeit, sondern bleiben Sie bei der unmittelbaren Erfahrung Ihrer Füße. Nehmen Sie die Zehen jeweils eines Fußes in die Hand und bewegen Sie diese mehrere Male langsam auf und ab. Nehmen Sie dann die einzelnen Zehen zwischen die Finger, massieren Sie sie sanft von unten nach oben und bewegen Sie sie leicht. Nehmen Sie dann den ganzen Fuß in die Hand und führen Sie leicht kreisende Bewegungen in den Fußgelenken durch. Führen Sie auch leichte Bewegungen des Beugens und Streckens des Fußes durch. Wenden Sie sich der Oberseite, dem sogenannten Spann, Ihrer Füße zu und machen Sie leichte, ausstreichende Bewegungen von der Höhe des Spanns in Richtung der Zwischenräume der einzelnen Zehen. Führen Sie diese Übung an beiden Füßen durch, ohne Druck. Registrieren Sie, wieviel schmerzhafte Stellen Ihnen möglicherweise begegnen. Nehmen Sie sich jetzt etwas Zeit, um Ihre Fußsohle mit leicht kreisenden Bewegungen aufmerksam und mit gleichem Druck zu massieren.

Anschließend kommen Sie langsam mit bloßen Füßen zum Stand. Stehen Sie bewußt auf Ihren Füßen, geben Sie das ganze Gewicht Ihres Körpers an die Füße ab und erleben Sie, wieviel Kontakt und Lebendigkeit Sie jetzt in Ihren Füßen verspüren. Machen Sie bei geschlossenen Augen ein paar Schritte durch den Raum und nehmen Sie dabei all die Informationen auf, die Ihnen Ihre Fußsohlen vermitteln. Streifen Sie Ihre Socken und Schuhe wieder über und erleben Sie noch für einen Moment, wieviel eigenes, lebendiges Fundament jetzt unter Ihnen ist. Wieviel Begegnung findet jetzt zwischen der Last Ihres eigenen Körpers und dem Boden statt? Wieviel Durchlässigkeit erlauben Ihre Füße, und wieviel Aufgerichtetsein kann durch Ihre »durchlässigen« Füße und Beine in den gesamten Körper strömen und Ihnen einen aufrechten Stand ermöglichen? Wieviel Beziehung besteht jetzt zwischen dem Torso Ihres Körpers, den Beinen, den Füßen und dem Boden? Wieviel knochigen Kontakt können Sie jetzt zwischen Ihrer eigenen Last und der tragenden Unterlage spüren?

Schließen Sie noch einmal kurz die Augen und stellen Sie sich vor, wie sicher ein Wolkenkratzer in seiner ganzen Höhe auf seinem Fundament steht. Stellen Sie sich dann vor, wie flexibel und aufgerichtet der Stengel einer Blume aus seinen Wurzeln heraus nach oben wächst und seine Blüte auf sicherem Fundament der Sonne und dem Licht entgegenträgt.

Gehen

Abschiednehmen und Annäherung
an eigene Ziele

»Komm! Ins Offene, Freund!«

(F. Hölderlin)

»Glattes Eis,
ein Paradeis,
für den,
der drauf zu tanzen weiß.«

(F. Nietzsche)

»Die Menschen haben aber keinen
aufrechten Gang, wenn das gesellschaftliche Leben selber noch schief liegt.«

(E. Bloch)

Wie geht's?

Keine Bewegungsart ist so selbstverständlich wie das Gehen. Sie ist in erster Linie Mittel zum Zweck, soll uns ermöglichen, gesetzte oder gewählte Ziele zu erreichen. Gehen ist die Bewegungsart, die deutlicher als andere unser jeweiliges Befinden widerspiegelt. Befinden ist dabei im doppelten Sinn zu verstehen als emotionale Befindlichkeit und als momentanes, örtliches Befinden. Unser Befinden beeinflußt Tempo, Schrittlänge, Körperhaltung und Richtung unseres Gehens.

Auf dem Foto »Eine Amerikanerin in Rom« von R. Orkin finden sich all diese geschilderten Momente deutlich wieder. Obwohl es nur eine Momentaufnahme festhält, fällt es dem Betrachter leicht, sowohl die Bewegung als auch das innere Empfinden der dargestellten Frau nachzuvollziehen. Man spürt förmlich, wie sie mit raschem Schritt versucht, der für sie äußerst unangenehmen, ja fast bedrohlichen Situation zu entkommen. Sie möchte die Blicke der Männer hinter sich lassen und erreichen, daß diese Situation für sie Ver-gangenheit wird.

Persönlich erlebte Situationen lassen sich durch die bewußte Wiederholung einer Gangart ins Gedächtnis zurückrufen. Dies zeigt das folgende Beispiel aus einer therapeutischen Gruppe. Wir arbeiteten dabei mit verschiedenen Gangarten und Tempounterschieden im Gehen. Der erste Teil der Gruppenübung bestand darin, so durch den Raum zu gehen, als ob man sich allein in einer Stadt zwischen lauter Unbekannten befinde. Dabei sollte man sich bemühen, nicht auf die anderen Menschen im Raum zu achten, sondern bewußt nur bei sich selbst zu bleiben. Anschließend wurden in der Gruppe unterschiedliche Tempi für das Gehen erprobt, vom schnellen, hastigen Gehen zum langsamen Schlendern bis hin zum Zeitlupengang.

Ein anderer Teil der Gruppenübung bestand darin, daß jeder der anwesenden Patienten die Gangart und das Tempo so wählen sollte, die er auf der Arbeitsstelle zu benutzen glaubte. Zwei Patientinnen entwickelten daraufhin eine sehr rasche und hektische Gangart. Sie rannten mit großer Geschwindigkeit an den anderen Patienten vorbei, machten eckige und fahrige Bewegungen und schienen bald

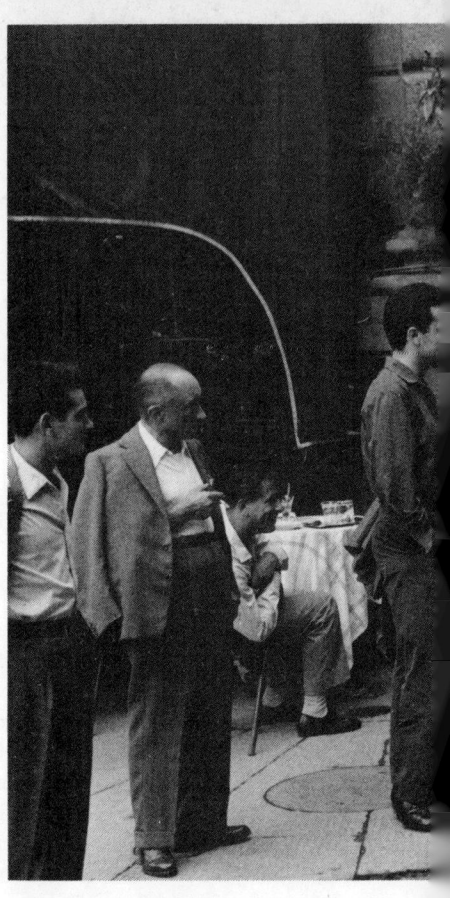

*Unsere Gangarten spiegeln
sowohl unser Erleben als auch
Antworten auf äußere
Wahrnehmungen wider.*

erschöpft zu sein. Eine der Patientinnen, eine Sekretärin, war aufgrund von Magenerkrankungen in die Klinik gekommen, die sich organmedizinisch nicht zufriedenstellend behandeln ließen. Die andere, eine Narkoseschwester, litt seit vielen Jahren unter hartnäckigen Wirbelsäulenbeschwerden. Auch nach einer Bandscheibenoperation hatte sie erhebliche Rückenschmerzen mit häufiger Beteiligung des Ischiasnervs. Während der anschließenden Gesprächsrunde wurde beiden Patientinnen ihr schnelles, hastiges Gehen als Ausdruck ihrer gehetzten, überangepaßten Arbeitsweise bewußt. Sie berichteten beide, wie schwer es ihnen gefallen war, im ersten Teil der Übung eine langsamere, bewußte Art des Gehens zu wählen.

Gehen ist so sehr mit den Verrichtungen unseres Alltagslebens verwoben, daß es innerhalb der Therapie vielfach die Bewegungserfahrung ist, bei der Patienten leichter neue Entdeckungen über sich machen und im wahrsten Sinne des Wortes erste konkrete Schritte zur Veränderung erproben können.

Eine der häufigsten und gebräuchlichsten Formeln bei der Begegnung im Alltagsleben ist die Frage: »Wie geht's?« Gewiß erinnern sich die wenigsten Menschen bei dieser Frage bewußt daran, daß hier ein körperbezogener Ausdruck verwendet wird, um sich nach der Stimmungslage des Gegenübers zu erkundigen. Die Formel »Wie geht's?« leitet sich vom ursprünglichen Begriff »ergehen«, dem Althochdeutschen »Irgangan«, ab. Dieses bedeutet, je nach Zusammenhang, in dem es verwendet wird: »zu gehen beginnen«, »kommen«, »geschehen«, »sich ereignen«, »einholen«, »zu Ende gehen«, »erlassen werden«, »abgeschickt werden«. Erst spät gesellten sich die emotionalen Bedeutungen »sich befinden« oder »sich fühlen«. Eine höfliche Version der Frage nach dem »Wohlergehen« des Gegenübers lautet: »Wie ist das werte Befinden?«

Sprachliche Aspekte des Gehens

Gehen, sich zu Fuß fortbewegen, hat sprachgeschichtlich vielfältige Wurzeln. Diese beziehen sich auf Tätigkeiten wie *gehen machen, losgehen, verlassen, erreichen, erlangen, antreffen, aufspringen, sich begeben zu, aufgeben.* Heute wird Gehen nicht mehr nur für den menschlichen Gang verwendet, sondern bedeutet darüber hinaus auch allgemein *sich bewegen, möglich sein, angebracht sein, funktionieren, sich erstrecken, führen, verlaufen.*

Gehen ist ein Vorgang, bei dem uns möglicherweise *ein Licht aufgeht* oder *Gefühle in Gang gesetzt werden.* Bewußte Aufmerksamkeit auf unser eigenes *Gehen* kann vielleicht *gangbare* Alternativen neuen Handelns eröffnen. Neue Wahrnehmungen können *Eingang* finden, wenn wir ihnen den Weg dazu öffnen. Wir können erfahren, ob uns angelernte, gewohnheitsmäßige Verhaltensweisen am *Gängelband halten*, also an der Leine, an der man früher Kinder hielt, die noch nicht richtig laufen konnten. Bewußtere Aufmerksamkeit für das Gehen kann uns dabei helfen, daß das, was bisher *gang und gäbe* war, *vergeht* oder *vorbeigeht*, oder daß wir das, was beschäftigt und bedrückt, nicht mehr länger an uns *vorübergehen* lassen oder *umgehen.* Wir *vergehen* oder *verirren* uns vielleicht unnötigerweise und haben bisweilen das Gefühl, in einer Situation *unterzugehen.* Wir wissen häufig nicht mehr, wie wir neue Lösungen *angehen* sollen, wie wir den *Ausgang* oder Verhaltensweisen finden können, die uns erlauben, mehr aus uns *herauszugehen.*

In kritischen Zeiten sagen wir, daß es hart auf hart, vielleicht ums Ganze *geht.* Wenn jemand unbeherrscht ist, sprechen wir davon, daß er *sich gehen läßt.* Wer sich bessern will oder etwas bereut, der *geht in sich.* Wenn jemand überdrüssig ist, treibt er es so lange, bis es *nicht mehr geht.* Wir sprechen vom *Rückgang* einer Entwicklung, vom *Fortschritt* oder *Rückschritt, gehen mit der Zeit*, ahnden *Vergehen* und bemühen uns darum, daß uns nichts *entgeht*.

Erste eigene Schritte

Noch unsicher, mit Armen und Beinen ausbalancierend, breitbeinig und mit ungelenken Schritten bewegt sich das Kleinkind beim ersten Gehen vorwärts. Seine Zehen nehmen großen Anteil am Gehen, sind leicht einwärts gerichtet, und seine Füße verhalten sich so, als ob sie den Boden greifen wollten. Häufig unternimmt das Kind die ersten freien Schritte sogar mit einem Spielzeug in der Hand, als ob es daran Halt suche.

Gehen ist wie Sitzen ein entwicklungsgeschichtlich in unserem Nervensystem vorprogrammiertes Bewegungsmuster. Trotzdem benötigt ein Kind zu Beginn seines Gehens motorische Planung, bevor es lernt, diesen Bewegungsablauf sicher auszuführen. Mehr als ein Jahr des neugierig-spielerischen Ausprobierens ist nötig, damit ein Kind sich aus Bauch- und Rückenlage abstützen, aufsetzen, auf allen vieren krabbeln, an Gegenständen hochziehen und schließlich stehen kann. Dieser lange Entwicklungsprozeß ermöglicht, daß wir uns später »auf unser Erinnerungsvermögen der motorischen Bewegungsführung verlassen können« (J. Ayres).

Gehen basiert auf Bewegungskoordination, auf der Fähigkeit, die eigene Lage zu verändern, sich aufrecht von einem Ort zum andern bewegen zu können, ohne dabei das Gleichgewicht zu verlieren. »Gehen ist ein ständig aufgefangener Fall« (H. Kükelhaus). Koordinierte Bewegungsplanung zu erlernen, bedeutet bei Kleinkindern »die höchstentwickelte Form des Funktionierens« (J. Ayres). Sie erfordert zu Beginn bewußte Aufmerksamkeit und ist eng mit komplexen, geistigen Funktionen verknüpft. »Das Gehirn teilt den Muskeln mit, was sie tun sollen, aber erst die Empfindungen vom eigenen Körper ermöglichen dem Gehirn, diese Anordnungen zu geben. Motorisches Planen ist die Brücke zwischen den sensomotorischen und intellektuellen Aspekten der Hirnfunktion« (Ayres). Bevor wir uns aufrecht im Gleichgewicht halten und gehen können, benötigen wir die sensorische Integration einer Vielzahl von angeborenen Reflexen und Stellreaktionen, ein feines Zusammenspiel von sensorischen und motorischen Reaktionen unseres Organismus auf Schwerkraft und Gleichgewicht.

Wenn wir mit diesem »Alphabet der Bewegung« (B. Bainbridge-Cohen) vertraut sind, wird Gehen zur halbautomatischen, unbewußten Bewegung. Von diesem Zeitpunkt an erfordert Gehen weder bewußtes Nachdenken noch dauernde Aufmerksamkeit oder Willenskraft. Gehbewegungen laufen zumeist sogar besser ab, wenn wir nicht an sie denken. Zum Gehen genügt es, ein Ziel im Sinn zu haben. Planung und Ausführung des Gehens können jedoch jederzeit bewußt von der höheren, kortikalen Ebene des Gehirns beeinflußt werden.

Gehen wird von der Wahrnehmung des Untergrunds sowie von der Atmosphäre der Umwelt, von biographischen Prägungen und von den konkreten Erfordernissen der aktuellen Situation beeinflußt.

Innere Spuren des Gehens

Die alltäglichen Gangarten sind vielförmig und wechselhaft. Morris hat in seinem Buch »Körpersignale« einige gebräuchliche Gangarten zusammengestellt, wie: spazierengehen, gemächliches Gehen, schlendern, trödeln, stapfen, latschen, watscheln, humpeln, torkeln, hinken, schlurfen, schleichen, auf den Zehenspitzen gehen, promenieren, gehen, trippeln, dahingleiten, hüpfen, stolzieren, prahlerischer Gang, wiegender Gang, schreiten, der schwere Schritt, trotten, sich fortstehlen, hüftwackeln, umherflitzen, scharfe Gangart, dahineilen, hasten, tänzeln, der gemächliche Trab, joggen, marschieren, Paradeschritt, laufen, springen. Diese Fortbewegungsarten werden sowohl durch Emotionen als auch durch gesellschaftliche Regeln beeinflußt, die sich von Epoche zu Epoche, von Kultur zu Kultur verändern. Emotionales und gesellschaftliches Befinden schlägt sich sozusagen »auf Schritt und Tritt« in unserer Gangart nieder. Sie ist nicht nur Ausdruck unseres biologischen Alters, sondern auch Hinweis auf die jeweils herrschenden sozialen Beziehungen, in denen wir leben, und auf die von ihnen geforderten Zwänge zur eigenen Körperkontrolle. Die Gangart spiegelt wider, was Norbert Elias als die allmähliche »Verinnerlichung« von äußeren Kontrollen über Ausdruck und emotionale Bedürfnisse beschrieben hat. Er spricht von der zunehmenden Entwicklung einer »Selbstzwangsapparatur von individuellen Verhaltensweisen«. Gangarten reproduzieren erlernte Verhaltensregeln, die durch die Erziehungspraktiken verschiedener sozialer Schichten geprägt sind. Im Gang drücken sich erlebte körperliche Strafen und Unterdrückung ebenso aus wie individuelle Scham- und Schuldgefühle.

Sozialer Transport und individuelle Bewegung

Anthropologen und Sozialwissenschaftler wie M. Mauss, M. Douglas, N. Elias und andere haben in ihren Untersuchungen die Hypothese aufgestellt, daß körperliche Aktivität immer auch die Spuren sozial und kulturell vermittelter Lernprozesse in sich trägt. Daraus ergibt sich eine Vielzahl von möglichen Konflikten zwischen dem Körper als biologischem Organismus und dem Körper als sozialem Gebilde. Genetisch ist unser Organismus über Millionen von Jahren mit seiner Physiologie und seinen Stoffwechselprozessen auf körperliches Handeln und Bewegen vorbereitet. Wo dieses Potential in früheren Generationen durch Gehen und Bewegung aktiv zur Nahrungsmittelbeschaffung und zum alltäglichen Überleben genutzt wurde, da ist in den Industriegesellschaften das Phänomen des Massentransports immer mehr an die Stelle aktiver Bewegung getreten. Unser gesellschaftliches Miteinander ist immer weniger von eigener Bewegung und immer mehr vom Bewegtwerden durch Verkehrsmittel geprägt. Eine beachtliche Verminderung der körperlichen Bewegung, insbesondere des Gehens, macht sich in den Industriegesellschaften bemerkbar, in denen die sitzende Tätigkeit zur dominierenden Körperhaltung geworden ist.

Wieviel Bewegung brauchen wir zur Gesundheit?

Die Verarmung an Bewegungsvielfalt und der Mangel an Bewegungsdauer sind wichtige »Risikofaktoren« für einzelne Krankheiten. Am intensivsten wird die Diskussion um Bewegungsmangel im Bereich der Erkrankungen des Herz-Kreislauf-Systems, insbesondere der Krankheiten der Herzkranzgefäße, geführt. Ärztliche Fachverbände haben sich seit Beginn der 70er Jahre massiv an die Öffentlichkeit gewandt, um auf die Bedeutung von körperlicher Bewegung und Fitness hinzuweisen. So formuliert beispielsweise die amerikanische Vereinigung von Sportmedizinern die Maxime: »Körperliche Fitness erfordert 15 bis 60 Minuten sportlicher Tätigkeit an drei bis fünf Tagen der Woche. Diese sportliche Betätigung sollte so bemessen sein, daß die Zahl der Herzschläge 60 bis 90 Prozent des auf das Alter bezogenen Maximums erreicht.« Dieses »wissenschaftlich begründete« Gebot wurde in den Medien verkürzt dargestellt und verstärkt gefordert. Millionen von Menschen begannen, aus Sorge um einen möglichen Herzinfarkt, beim Jogging durch die Städte oder auf den Tretmühlbändern der Fitnessclubs diesen Forderungen kurzatmig nachzurennen. Gleichzeitig wurden weitaus mehr Menschen durch die hohen Erwartungen solcher ärztlichen Verschreibungen eingeschüchtert und blieben weiterhin verängstigt abseits stehen.

Amerikanische Untersuchungen aus dem Jahr 1988 haben ergeben, daß die sitzende Lebensweise mit 58% weiterhin der bedeutendste Risikofaktor für die koronare Herzkrankheit ist. Sie rangiert sogar vor Cholesterinerhöhung im Blut, Rauchen, Übergewicht und hohem Blutdruck. Bei diesen großangelegten, nationalen Befragungen nahmen die Forscher zur Untersuchung des Bewegungsmangels weiterhin die oben genannten Empfehlungen der Vereinigung der Sportmediziner zur Grundlage.

Statistische Untersuchungen zur notwendigen körperlichen Bewegung vermischen häufig auf irreführende Weise sportliche Tätigkeiten und allgemeine körperliche Bewegung. Es ist fraglich, ob die notwendige »gesunde« Bewegung nur durch Teilnahme an der propagierten Fitnessrevolution, die bisweilen auch als »Fitnesscrave«, als »Begierde nach Fitness«, bezeichnet wird, erreicht werden kann. Der von Jane Fonda aufgestellte Slogan »no pain, no gain« (»ohne Schmerz kein wirklicher Gewinn«) ist ein ideologisierter und unbegründeter Gesundheitsslogan. Neuere Studien hinterfragen die Maximalkriterien der US-Sportmediziner. Sie verweisen darauf, daß 15 bis 20 Minuten zusammenhängenden täglichen Gehens erheblichen Einfluß auf die Gesunderhaltung des Herz-Kreislauf-Systems nehmen. David Sobel, Direktor für Gesundheitsförderung und Präventivmedizin der größten amerikanischen Krankenversicherung, kritisiert: »Die populären Gesundheitsratgeber überbetonen die Notwendigkeit von angestrengten Aerobic-Übungen und ignorieren zugleich sehr häufig weniger spektakuläre, aber freudvollere Formen von körperlicher Aktivität.«

Auf vielen Ebenen unseres Wohlbefindens können wir aus regelmäßiger, bewußt erlebter körperlicher Bewegung Gewinn ziehen. Darüber hinaus gibt es wissenschaftliche Hinweise darauf, daß sich dadurch die Lungenkapazität verbessert, daß sich durch gesunde Bewegung möglicherweise der Verlauf von Krebserkrankungen positiv beeinflussen läßt, daß durch sie dem Verlust von Knochensubstanz (Osteoporose) vorgebeugt und das Immunsystem des Körpers in seiner Funktion verbessert werden kann.

Gehen ist eine gute Möglichkeit, überschüssige Energie, angestauten Ärger und festsitzende Ängste auf gesunde Art loszulassen. Studien verweisen darauf, daß ein täglicher Spaziergang von anderthalb Kilometern das Angstniveau erheblich senken kann. Wo uns gesellschaftlich Bewegungsarmut verordnet wird, da hilft selbstgewählte Bewegung, sich wenigstens zeitweise von Problemen zu entlasten, um sich persönliche »Auszeit« zur Regeneration zu verschaffen.

Hektisches Getriebensein oder Kunst des Müßiggangs?

Freudvolles Bewegen ist für viele entspannender als die angestrengte Bemühung, sich ruhig und liegend zu »entspannen«. Gehen ist eine aktive Form von Entspannung, die zur »Kunst des Müßiggangs« (H. Hesse) beitragen kann.

Th. Adorno hat Gehen als eine bürgerliche Art der Bewegung bezeichnet. »Die Gewohnheit des Leibes ans Gehen als das Normale stammt aus der guten alten Zeit. Es war die bürgerliche Weise, von der Stelle zu kommen: physische Entmythologisierung, frei vom Bann des hieratischen Schreitens, der obdachlosen Wanderschaft, der atemlosen Flucht. Menschenwürde bestand auf dem Recht zum Gang, einem Rhythmus, der nicht dem Leib vom Befehl oder Schrecken abgerungen wird. Spaziergang, Flanieren waren Zeitvertreib des Privaten, Erbschaft des feudalen Lustwandelns im neunzehnten Jahrhundert. Mit dem liberalen Zeitalter stirbt das Gehen ab, selbst wo nicht Auto gefahren wird.« Heute müssen alle immerzu etwas vorhaben. Freizeit verlangt ausgeschöpft zu werden. Sie wird geplant, auf Unternehmungen verwandt, mit dem Besuch aller möglichen Veranstaltungen oder oft nur mit möglichst rascher Fortbewegung ausgefüllt. Die zunehmende Durchmechanisierung unseres Alltags hat eine wachsende Faszination für die

Geschwindigkeit mit sich gebracht. Angetriebensein, Gehetztsein und blinde Orientierung am möglichst rasch zu erreichenden Ziel rufen einen kollektiven Geschwindigkeitsrausch hervor. »Der Triumph des aufsteigenden Meilenzeigers beschwichtigt rituell die Angst der Verfolgten«, schrieb Adorno. Tempo und schneller Rhythmus sind Widerspiegelungen des äußeren und inneren Antriebs, unter dem immer mehr Menschen sich in den Industriegesellschaften fortbewegen.

Redewendungen wie »Schritt für Schritt« oder »eins nach dem anderen« verweisen auf besonnenes Vor-gehen. Manche Methoden der Streßverminderung bemühen sich eine solche Haltung durch mehr Bewußtheit des Gehens zu fördern. Heute gehen nur noch wenige Menschen einfach um des Gehens willen. Sie benötigen fast immer einen besonderen Grund oder ein spezielles Ziel. In westlichen Kulturen mutet es die meisten Menschen erst einmal ungewöhnlich an, ihre Aufmerksamkeit auf die unmittelbare Empfindung des Gehens, der Füße, der Beine und der daraus folgenden Bewegung des gesamten Körpers zu richten.

In Anlehnung an traditionelle asiatische Formen hat Jon Kabat-Zinn in seiner Bostoner Streßklinik verschiedene Formen zur Gehmeditation aufgegriffen. Es geht bei seinen Übungen darum, bei jedem Schritt »anwesender« zu werden, ohne ein besonderes äußeres Ziel im Auge zu haben. Um dies zu betonen, wählt Kabat-Zinn Formen des Gehens im Kreis oder auf einer Linie, bisweilen vorwärts und rückwärts. Bewußtes Gehen ohne Ziel sowie Loslassen vom Denken sollen zu größerer momentaner Anwesenheit verhelfen. Vielen Menschen in unserer Industriekultur fällt dies zu Beginn schwer. »Sich im Kreis drehen« ist ohnehin für uns eine negativ besetzte Vorstellung und erinnert daran, daß man nicht von der Stelle kommt. Es gehört viel Geschick und Geduld dazu, westlichen Menschen Formen des absichtslosen Gehens näherzubringen. Während der Gehübungen kann das Tempo bewußt variiert werden, von sehr langsamen Schritten, von einer Bewegung zur anderen, bis hin zu sehr schnellem Tempo. Kabat-Zinn verweist darauf, daß diese Übungen erst einmal nicht in Anwesenheit anderer Beobachter praktiziert werden sollten, damit weder Schamgefühle noch Angst, sich der Lächerlichkeit preiszugeben, aufkommen. Solche Gehübungen tragen dazu bei, belastende Gewohnheiten abzulegen und alltägliches Gehen wieder bewußter als entspannenden und kräftigenden Vorgang zu gestalten.

Größere Bewußtheit im alltäglichen Gehen ermöglicht die Loslösung von gewohnten, automatisierten Verhaltensweisen. Routinierte Alltagsverrichtungen werden lebendiger, interessanter und zumeist auch weniger erschöpfend, depressive Verstimmungen, Niedergeschlagenheit und Ängstlichkeit werden gelindert.

Wieviel Unsinn bisweilen mit der Messung von »Gehleistung« im Namen des vermeintlichen Nutzens der Gesundheit betrieben wird, darauf verweisen »wissenschaftliche« Bemerkungen einer – durchaus ernstgemeinten – Publikation der Weltgesundheitsorganisation über »Gewohnheitsmäßige körperliche Betätigung und Gesundheit«. Dort wird unter anderem der Gebrauch von sogenannten »Accelerometern«, die die Geschwindigkeit der eigenen Körperbewegungen messen, von »Pedometern«, die die eigene Schrittzahl und das eigene tägliche Aktivitätsmuster messen, sowie von »Actometern«, die die Kombination aus Eigenbewegung und Intensität messen, empfohlen. In Sportgeschäften werden heute kleine elektronische Instrumente vermarktet, die aufgrund der Druckveränderungen an der Schuhsohle die Schritte zählen. Hier nehmen Laborideen wissenschaftlicher Forschung auf absurde Weise Einfluß auf das wettbewerbsorientierte Privatleben der Menschen in den Industrieländern. Sie gaukeln vor, Gesundheit lasse sich tabellarisch in der Buchführung von geleisteten Distanzen und Zeiten errechnen.

Fortschritt, Rückschritt, Fehlschritt – Gehen im Raum

Gehen und körperliche Bewegung drücken auch aus, wieviel Raum wir uns als »sozialer Körper« im Alltag zugestehen. Sie weisen darauf hin, wie sehr oder wie wenig wir uns erlauben, auf jemanden zuzugehen, jemandem näherzukommen, uns abzuwenden oder wegzugehen sowie darauf, wann und wo wir »Grenzen« überschreiten und jemandem auf den Leib rücken. Jeder hat seine eigene, oft neurotische Art und Weise, sich Platz zu verschaffen, wenn er Enge verspürt. Sozialpsychologische Forschungen haben ergeben, daß zwischen dem Platz, den man sich im physischen Raum zubilligt, und der eingenommenen sozialen Stellung ein enger Zusammenhang besteht. P. Bourdieu schreibt: »Das eigene Verhältnis zur sozialen Welt und der Stellenwert, den man sich in ihr zuschreibt, kommt niemals klarer zur Darstellung als darüber, in welchem Ausmaß man sich berechtigt fühlt, Raum und Zeit des anderen zu okkupieren – genauer den Raum, den man durch den eigenen Körper in Beschlag nimmt, vermittels einer bestimmten Haltung, vermittels selbstsicher-ausgreifender oder zurückhaltend-knapper Gesten.« Untersuchungen über soziales Raumverhalten haben seit den 50er Jahren neue Begriffe wie »Kinesik« und »Proxemik« geschaffen. Sie beschreiben die Kommunikation durch körperliches Verhalten im Raum. E. T. Hall gibt in seinem Buch »The Silent Language« (Die schweigende Sprache) detaillierte Hinweise auf alltägliches »Territorialverhalten« der Menschen und ihren Umgang mit persönlichem Raum. Er unterscheidet dabei zwischen intimer, persönlicher, sozialer und öffentlicher Distanz.

Studien über das menschliche Raumverhalten verwenden den Ausdruck »the bubble around us« als Begriff für die »persönliche Blase«, Hülle oder Schutzzone, die jeder um sich herum aufbaut. Wir können die Aussagen dieser Studien am eigenen Verhalten in unterschiedlichen sozialen Gruppen überprüfen. Wie groß die persönliche Schutzzone ist, dies wird erheblich von biographischen Erfahrungen beeinflußt. Die Richtungen, aus denen sich jemand nähert, sei es von vorne, von hinten oder von der Seite, werden mit unterschiedlichen Gefühlen von Sicherheit und Unsicherheit verknüpft. Körpersprachliche Verhaltensweisen sind ein Spiegel von zwischenmenschlichen Beeinflussungen in sozialen Begegnungen.

Gehen findet sich auch in Begriffen wie Fortschritt oder Rückschritt wieder. Wenn jemand einen Fehler begeht, sprechen wir im sozialen Kontext von »Faux pas«, Fehltritt. Aus der ursprünglichen somatischen Erfahrung des unachtsamen Setzens der Füße im unwegsamen Gelände ist im übertragenen Sinn das unachtsame Setzen und Wählen der Worte im sozialen Zusammenhang geworden.

Tanz als Form rhythmischen Gehens

Eine ritualisierte Form rhythmischen Gehens ist der Tanz. Er erinnert an das angeborene Rhythmusgefühl eines Kindes oder an mütterliches Wiegen und Schaukeln. Zwei- bis dreijährige Kinder verfallen beim Hören von Musik oder beim Anblick von Tänzern spontan in einen rhythmisch einwandfreien Tanz. Der Anthropologe A. Montagu schreibt: »Es gibt sogar Kulturen, in denen der

Tanz der Kinder das Muster für den Tanz der Erwachsenen abgibt. Bei den Dagomba in Ghana beispielsweise erlernen die Kinder soziale Gewohnheiten und Formen der Disziplin auf dem Weg über Musik und Tanz.« Tanz ist rhythmische Sprache durch Bewegung, Ausdruck bewegten Lebens, bewegende Kunst. Das rhythmische Spiel von Bewegungen kann im Tanz zur Wiedergewinnung und Freisetzung von Selbstsicherheit beitragen, begleitet von Gefühlen der Freude über die Freiheit neu gefundener Bewegungsmöglichkeiten.

Plato merkte an, daß Tanz den Körper anrührt und Musik die Güte der Seele fördere. Es gibt nur wenige Aktivitäten, die von größerem therapeutischen Wert sind als der Tanz. Wir können uns gemeinsam bewegen, spielerisch neues Raumverhalten erproben und neu aufeinander zugehen.

Auf die Tatsache, daß manche Formen des Tanzens aber auch zu disziplinierenden, verordnenden Zwecken mißbraucht werden, hat K. Hoffmann zu Recht hingewiesen. Dies reicht von der verordneten Kräftigung des Körpers und seiner widerspruchslosen Einordnung ins Ganze, um zu verhindern, daß »einer aus der Reihe tanzt«, bis hin zum Diktat des Takts durch die Rhythmusmaschinen in der Disco-Musik. Tanzen kann auf diese Weise zur subtilen Verlängerung fremdbestimmter, sozialer Normen und Verhaltensmuster werden, die in den Medien über Moden und »moods« vermasst werden. »Der Tänzer glaubt, durch die Musik seinen Rhythmus zu finden, was er aber wirklich findet und befolgt, ist die Konditionierung durch den ›Takt‹«, kommentiert die Tanztherapeutin K. Hoffmann.

Untersuchungen über die Rehabilitationsmöglichkeiten von Schlaganfallpatienten zeigen, daß diese Menschen bei musikalischer Begleitung – im Unterschied zu rein verbalen Aufforderungen – leichter Zutrauen dazu finden, neue Schritte auszuprobieren. Der Rhythmus der Musik erlaubt ihnen, neue Bewegungsimpulse aufzunehmen, und hilft ihnen, Unsicherheiten, die durch einseitiges, überanstrengtes Denken und rein kognitives Planen von Bewegungen entstehen, zu vermindern.

Gehen ist evolutionsgeschichtlich ein halbautomatischer Bewegungsprozeß, der von der bewußten Kontrolle des menschlichen Großhirns erheblich beeinflußt und gesteuert werden kann. Häufig ist diese Kontrolle auch hinderlich, was man zum Beispiel daran beobachten kann, daß manche Menschen unsicherer gehen, wenn sie sich von anderen beobachtet fühlen. Heinrich von Kleist erwähnt in seiner Schrift »Über das Marionettentheater« die Geschichte eines Menschen, der sich selbst vor dem Spiegel beobachtet. Er schreibt: »Eine unsichtbare und unbegreifliche Gewalt schien sich, wie ein eisernes Netz, um das freie Spiel seiner Gebärden zu legen, als er sich darum bemühte,' vor dem Spiegel den richtigen Gebrauch seiner Bewegungen und Gebärden zu üben.« Einseitig intellektuell geplanten Bewegungen haftet häufig das an, was Heinrich von Kleist »Zierei« nennt, jenes gekünstelte Verhalten, bei dem es so erscheint, als ob »sich die Seele (Vis motrix) in irgendeinem anderen Punkte befindet als in dem Schwerpunkt der Bewegung«.

Spielerische und strukturierte Formen des Tanzes und anderer rhythmischer Bewegungserfahrungen werden vielgestaltig im Rahmen von körperorientierten Therapieverfahren angewendet. Sie setzen die Tradition unterschiedlicher Heilungsrituale fort, bei denen Tanz u..a. dazu benutzt wurde, Besessenheit durch böse Geister abzuschütteln, oder – wie in Übergangszeremonien – den Wechsel zum nächsten Stadium der Reife im Lebensprozeß zu fördern.

Der nächste Schritt, sich trennen, Schritte ins Ungewisse

Entwicklungspsychologische Untersuchungen, wie sie zum Beispiel von R. Spitz, D. Winnicott, M. Mahler oder R. Kaplan durchgeführt wurden, haben die psychodynamischen Aspekte des ersten kleinkindlichen Gehens verdeutlicht. Das Hoch- oder Allmachtsgefühl der kleinen Kinder, die Unbekümmertheit ihrer triebhaften Suche, ihr ungestümes Drauflosstürzen bringt tiefgehende Änderungen in der Beziehung zwischen ihnen und ihren Bezugspersonen mit sich. Mit dem Reifungsfortschritt des ersten selbständigen Gehens sind eine Vielzahl neuer, noch unbekannter Gefahren für das Kind verbunden. Sein selbständiges Gehen erfordert völlig veränderte Kommunikationsformen. An die Stelle der bisher möglichen, direkten Kontaktaufnahme und Berührungen tritt jetzt mit Hilfe von Gesten und Worten die Kommunikation auf Distanz. Das Kind, das gehen lernt, wendet sich ab, kehrt seinen Bezugspersonen erstmalig den Rücken zu, geht weg, um seinen eigenen Weg zu finden. Es trennt sich von der Mutter und nähert sich gleichzeitig neuen Dingen an. Durch sein Gehen verläßt es die sichere und vertraute Nähe, um unsichere, selbst angestrebte Ziele seines Interesses zu erreichen, etwas Neues zu wagen, dessen Ausgang ungewiß ist.

Selbständiges Gehen ist dann sicher, wenn sich eigenes Körpergefühl mit der umgebenden, natürlichen und sozialen Umwelt verbindet. Die Kindergeschichte vom »Hans guck-in-die-Luft«, die vom deutschen Nervenarzt Heinrich Hoffmann als »lustige Geschichte« in »drolligen Bildern« aufgeschrieben wurde, verweist darauf: »Wenn der Hans zur Schule ging, stets sein Blick am Himmel hing. Nach den Dächern, Wolken, Schwalben, schaut er aufwärts allenthalben. Vor die eigenen Füße dicht, ja, da sah der Bursche nicht, also daß ein jeder ruft: Seht den Hans-guck-in-die-Luft!« Die Konsequenz ist bekannt: Stürze, Hundebisse, beinahes Ertrinken und die Schadenfreude der anderen. Die Moral von der Geschichte: Wer nicht auf den nächsten Schritt achtet, der läuft Gefahr, einen falschen Schritt, einen Fehltritt, möglicherweise ein folgenschweres Vergehen zu begehen.

Ganganalysen: Verirren, Vergehen, Verwandeln

»Mensch, Ernst, wat häste für ne Gang? Häste där at lang? Do weed me ja janz bang.« (Kölner Rockgruppe Bläck Föss).

Aus dem Gang eines vertrauten Menschen können wir schon von weitem wichtige Informationen über dessen Befindlichkeit entnehmen. Unterschiedliche Gruppen von Experten führen systematische Ganganalysen durch. Die amerikanische Zeitschrift »Psychology Today« berichtete von Untersuchungen bei New Yorker Gefängnisinsassen, die auf willkürlichen Videoaufnahmen von Straßenpassanten übereinstimmend ihre potentiellen Opfer vor allem an deren Gangart identifizierten. Diese Menschen gingen entweder mit sehr kleinen oder sehr großen Schritten, und ihre Gangart verriet dabei wenig stabilen Bodenkontakt. Die Räuber hatten eine intuitive, verfeinerte Wahrnehmung der Bewegung ihrer möglichen Opfer entwickelt, ohne daß ihnen selbst dies zuvor bewußt gewesen war.

Bewegungs- und Gangqualitäten werden als diagnostische Kriterien in psychiatrischen und psychologischen Lehrbüchern aufgelistet, ohne daß ihnen von den Experten wirklich leiblich-bewußte Aufmerksamkeit geschenkt wird. So kann man Hinweise darauf finden, daß bei schizophrenen Erkrankungen die Bewegungen hastig, fahrig, abrupt, eckig, stereotyp, unkoordiniert, bizarr, schwer abgezirkelt, steif, ohne Grazie oder hölzern sind. Bei depressiven Störungen hingegen sind die Bewegungen langsam, bedächtig, ungleichmäßig, weicher, linkisch, schwerfällig, mühsam, kraftlos, monoton, müde oder zerfließend. Der Psychoanalytiker S. Ferenczi schrieb: »Es sind die Neurotiker, die sich durch übermäßige Vorsicht, Angemessenheit, Gewichtigkeit ihrer Gangart und Bewegungen auszeichnen.« Sein Kollege Fenichel sprach davon, daß »die volle Herrschaft über die Motilität in jeder Neurose, auch in den verbreitetsten, leichten Hemmungszuständen Einbußen erleidet«.

Bei ihren Untersuchungen zum motorischen Grundmuster der Neurosestrukturen bemühten sich W. Zander und C. Völker darum, den Gang von Patienten als »Ausdrucksträger von Affekten« zu analysieren. Sie verweisen darauf, daß zwar viele Ärzte eine kurze Beobachtung des Gangs ihrer Patienten auf dem Weg vom Wartezimmer zum Sprechzimmer vornehmen, daß aber ansonsten ihr Interesse fast ausschließlich der Mimik ihrer Patienten gelte. Zweckbewegungen, wie etwa der Gang, seien dagegen bisher kaum systematisch untersucht worden. Sie erwähnen Untersuchungen von W. Schwider, der Ende der 5oer Jahre seine klinischen Beobachtungen von Bewegungsmustern seiner Patienten wie folgt zusammenfaßte:

1. Bei schizoider Charakterstruktur gäbe es ein Schwanken der motorischen Steuerung zwischen abnormer Drosselung und gesteigertem Entladungsdrang.
2. Bei depressiver Struktur könne man ein allgemeines Erschlaffen des Muskeltonus und Bewegungsarmut beobachten.
3. Bei zwangsneurotischer Struktur gäbe es eine starke Abriegelung in Richtung auf muskuläre und mimische Starre bzw. Gespanntheit.
4. Bei hysterischer Struktur sei gesteigerter Bewegungsdrang mit Unruhe und planloser Aktivität sowie eine leicht zerstörbare Willkürinnervation zu beobachten.

Zander und Völker haben über zwei Jahre lang die Bewegungsmuster von mehr als fünfzig Patienten untersucht, um sie spezifischen psychopathologischen Charakterstrukturen zuzuordnen. Dabei filmten sie die Patienten in standardisierten Bewegungssituationen. Das Filmmaterial wurde danach von bewegungstherapeutischen Experten, Psychiatern, Dirigenten, Ballettlehrern und Psychoanalytikern nach einem vorgegebenen Schema von Bewegungsbegriffen ausgewertet. Sie stellten folgende Merkmale fest:

- Bei schizoider Struktur war der Gang unrhythmisch, schlaksig und hatte unkoordinierte Armbewegungen.
- Bei depressiver Struktur fanden sich Merkmale eines vorsichtigen und langsamen Gangs, häufig mit einseitig fixiertem Arm.
- Der Gang von Patienten mit zwangsneurotischer Struktur wurde als gebremst und schwerfällig beobachtet, wobei die Arme und das Becken fixiert blieben.
- Als dynamisch, elastisch, zügig und hastig, mit schwingenden Armen, das Becken locker und mitschwingend wurde der Gang bei hysterischer Struktur bewertet.

Bemühungen, eine systematische Verbindung zwischen Charakterstruktur und Körperbewegung herauszuarbeiten, finden wir auch in der Tradition von Wilhelm Reich und in der Bioenergetik. Der amerikanische Therapeut J. Keleman schreibt in der Tradition der Bioenergetik: »Wir sprechen davon, daß der Mensch als solcher einen Lebensprozeß, eine sich bewegende Struktur, einen Körper, der sich bewegt, darstellt. Alle emotionalen oder seelischen Konflikte sind von Deformierungen einzelner Körperbewegungen begleitet... Die Körperstruktur einer Person, der Bewegungsablauf in ihr, enthalten existentielle Aussagen über die Lebenssituation dieser Menschen. ... Einige Menschen machen scharfe, analytische, penetrierende Bewegungen in die Welt hinein; ihre Energie schießt heraus und nimmt dann wieder ab. Andere bewegen sich sacht und ausdauernd auf etwas zu, ihre Energie ist wellenartig, sie steigt und fällt. ... Charakter-Panzer ist Körper-Karma, ist die verborgene Art und Weise, die das Ich gewählt hat, um sich zu erhalten.«

Biographische Erfahrungen und aktuelle Erlebnisse eines Menschen verdichten sich in seiner Körpererfahrung, werden »am eigenen Leibe« erlebt. Die Neurose eines Menschen ist jedoch kein ausschließlich persönliches Geschehen, sondern, wie V. von Weizsäcker betonte: »Neurose bedeutet in der Regel auch, daß politische, moralische, kulturelle Ordnungen gestört sind, das heißt sich ändern.« Neurosen sind verirrte, vorläufige Lösungen eines Menschen für sich ihm stellende Alltagsaufgaben, Anzeichen und Ausdruck einer vorwärts treibenden Kraft, die aber nicht zu ihrer vollen Bestimmung zugelassen wird, sondern auf einer anderen als der ursprünglichen Aufgabenstellung angemessenen Lösungsebene nach Auswegen sucht.

Körpertherapeutische Methoden bemühen sich, durch Spiegelung des Verhaltens und hilfreiche Fragestellungen neurotisch gestörten Menschen neue Möglichkeiten zu praktischem Handeln und neuem Denken zu eröffnen. Flexibles Erproben und bewußte Kontaktaufnahme mit eigenen Erfahrungen sollen dazu beitragen, Möglichkeiten zu erfahren, Neurosen in Bewegung loszulassen. Die Entdeckung eigener, selbsterprobter Schritte ermöglicht, daß in der Therapie »nicht ein fremder Wille, sondern ein eigenes Vermögen des Körpers zur Verwirklichung gebracht wird.« (V. von Weizsäcker)

Ganzheitliches therapeutisches Handeln strebt danach, Bedingungen zu schaffen, die es dem Kranken erlauben, neurotisch gehemmte Kräfte und latente Fähigkeiten neu zu entfalten. Ganzheitliche Therapie will die Symptome einer Krankheit nicht einfach beheben, sondern dem Patienten helfen, selber neue Wege zu seiner Gesundheit zu gehen. Übungen des bewußten Gehens können dazu beitragen, daß man sich wieder häufiger erlaubt, loszulassen und auszuspannen. Durch körperliche Bewegung lassen innere, emotionale Spannungen nach.

Gehen als ökologische Organerfahrung

Aufrechtes Stehen und Gehen erfordern beständige Auseinandersetzung mit Schwerkraft und Gleichgewicht. Hugo Kükelhaus hat Schwerkraft auch als »Wuchskraft« für den Organismus bezeichnet. Durch den Widerstand, den der tragende Untergrund dem menschlichen Organismus von außen entgegenbringt, wirkt er auf dessen Inneres. Zugleich fördert er im Organismus, von innen nach außen, Wachstumstendenzen. Mit der Erlangung der kindlichen Fähigkeit zu stehen und zu gehen, ist der menschliche Organismus noch lange nicht ausgereift. Für seine »nachgeburtliche Ausreifung« braucht der Organismus vielgestaltige äußere Reize, Widerstände und »zustandsunterschiedliche Prozeßbedingungen« (Kükelhaus).

»Der Boden als fühlbarer Körper, als Gegenstand, der seine Geschichte hat, als Ding, in das die Zeit einging wie eine ausgetretene Schwelle, über die Generationen schritten, als Dauerzeuge der Vergänglichkeit, spricht mit der Fußsohle in der Sprache des tiefsten aller Sinne, des Tastsinns, von der abenteuerlichen Mannigfaltigkeit der wenigen Grundzustände, durch die sich die stoffhaltige Welt erfahrbar gibt: des Festen, des Losen, des Wäßrigen, des Luftigen, des Dichten, des Gedehnten, des Harten, des Weichen, des Kalten, des Warmen«, schreibt Kükelhaus. Er hat sich in seinen experimentellen Modellbauten und seinen architektonischen Entwürfen darum bemüht, das, was er als fortschreitenden »Lebensentzug« an der modernen Zivilisation kritisiert, für die Menschen neu erfahrbar zu gestalten. Er wollte Gelegenheiten zum Überschreiten alter Gewohnheiten und zum Erproben neuer, sinnlicher Erfahrungen bieten. Sein »Erfahrungsfeld der Sinne« schafft beim Gehen auf Böden aus Gras, verschieden großen Steinen, Sand, wäßrigen oder glatten Unterlagen sowie verschiedenen Materialien mit unterschiedlichen Wärmegraden Gelegenheit, die Vielfalt der Tast-, Wärme- und Druckempfindungen der Fußsohle wieder zu erleben. »Die Fußsohle ist in der Tat der Bereich des Organismus, in dem, sowie es seiner Erscheinung als aufgerichtete Gestalt entspricht, der Mensch beginnt, sich abzuheben (welch ein augenzwinkerndes Wort), um er selbst zu sein.«

Ein deutlicheres Empfinden für guten Stand, sicheren Schritt und den rhythmischen Wechsel im Gang führt dazu, daß man sich insgesamt der Bewegung des ganzen Leibes bewußter wird und ihn im Bezug zur konkreten Umwelt anwesender wahrnimmt. Der Kontakt der Füße mit verschiedenartigen Böden wirkt als »Massage« auf feinste Weise in die Tiefen des ganzen Organismus ein. Die Füße tasten sich erprobend durch das Gelände und leiten Gleichgewichtsempfindungen weiter, die ihrerseits alle Glieder, den Rumpf und den Kopf zu ausgleichenden Bewegungen veranlassen. Aus eigener Erfahrung und aus meiner therapeutischen Arbeit weiß ich, daß experimentelles Gehen mit bloßen Füßen auf verschiedenen Untergründen zur raschen Belebung des gesamten Empfindens beiträgt. Wenn wir an unserer eigenen, sinnlichen Wiederbelebung interessiert sind, dann bieten sich vielfältige Gelegenheiten, mit Hilfe bewußten Gehens auf verschiedenen Geländen, wenn möglich mit bloßen Füßen, wieder mehr Bezug zur ökologischen Vielfalt des Gehens zu entdecken.

Wir gehen nicht im leeren Raum. Unser Gehen ist eingetaucht in die vielfältigen ökologischen Austauschprozesse, den Stoffwechsel mit unserer Umwelt. Der Wahrnehmungspsychologe J. Gibson schreibt: »Der Körper ist beständig in ein Meer von physikalischer Energie getaucht (chemisch, mechanisch, Kontakt, Schwingungen).« Unser Gehen ist meist weder ziellos noch ausschließlich von inneren Impulsen gesteuert, sondern es orientiert sich an den vielen Informationen, die ihm die Medien der äußeren Ökologie vermitteln, wie das Sehen von Licht, das Hören von Schall oder das Riechen von Geruch. Ob bewußt oder unbewußt, wir vergleichen ständig mit unseren Vorerfahrungen, erkennen konstante Dinge wieder, nehmen Veränderungen an ihnen wahr. Während des Gehens erleben wir zugleich Seh- und Geräusch-Eindrücke, Eindrücke auf der Haut, Reizungen unserer Muskulatur und Gelenke oder des Innenohrs, hören unsere Fußschritte oder unseren Atem, fühlen den Boden und die Temperatur der Luft. Alle diese Sinneseindrücke nehmen Einfluß auf unsere Selbstwahrnehmung beim Gehen.

Die Bedeutung des Stolperns für den aufrechten Gang

Wer sich bewußter dem eigenen Körpererleben widmet, der ertappt sich fortwährend dabei, daß er viele Bewegungen und Aufgaben nicht so angeht, wie ihm dies potentiell möglich wäre. H. Jacoby hat darauf hingewiesen, daß Veränderung erst durch freundliches »Sich-selbst-Ertappen« möglich wird. »Es ist der erste Schritt zum Zweckmäßigeren, wenn man beim Unzweckmäßigen zu stolpern beginnt.« Jacoby sah es als einen Kernpunkt seiner Arbeit an, daß seine Schüler erst einmal wieder spüren und merken, daß sie alte Gewohnheiten aufgeben können und neue möglich sind. Er sah es als ein Ziel an, seinen Schülern zu helfen, in zunehmendem Maße zu »stolpern«. Er wollte sie anregen, so wach und empfindsam zu werden, daß ihnen immer mehr auffällt, wenn sie sich gegenüber alltäglichen Aufgaben und Problemen »unzweckmäßig« verhalten. Stolpern verstand er als Anreiz zur produktiven Unzufriedenheit, zur Neugierde, zum Erforschen und Erproben von neuen Möglichkeiten, die praktisch aus Abwesenheit oder Routine herausführen. Als Orientierung zur Veränderung sollte die Auseinandersetzung mit dem Naheliegenden, mit alltäglichen Erfahrungen, die jedem

Mit jedem Schritt verlassen wir die Sicherheit des Bodens, um diese nach dem Fall in neuem Gleichgewicht wiederzuerlangen. Im Gehen gerät unser ganzer Körper in hüpfende, schwingende, neue Ordnungen schaffende Bewegungen.

zugängig sind, dienen. Im bewußten Umgang mit Körpererleben kann man häufig auch die Erfahrung machen, über gewohntes »Zuviel-an-Aufwand« zu stolpern. Es wird klarer, daß man sich in dem Maße, wie man sich intellektuelles Wissen angelernt hat, häufig auch von der sensiblen Auseinandersetzung mit unmittelbarem Erleben entfernt hat.

Mit jedem Schritt riskieren wir in gewisser Hinsicht unsere aufrechte Haltung, um sie dann mit dem nächsten Schritt wiederzugewinnen. Dieses Charakteristikum der Gegenbewegung beim Gehen beschrieb H. Kükelhaus so: »Wir gehen nämlich, indem wir jeweils von Schritt zu Schritt das Schwergewicht aus des Körpers Mitte hinausverlagern – wohin? Nicht etwa auf etwas Stützendes hin, vielmehr ist die Hinausverlagerung des Schwerpunktes identisch mit der Preisgabe jedweder Stütze. Wir gehen, indem wir fallen, und wir fallen, indem wir den Fall durch Hereinholen des hinausverlagerten Schwerpunkts auffangen, wieder in des Körpers Mitte zurückkehren – worauf der nächste Schritt symmetrisch zum vorhergehenden gesetzt wird.« Mit jedem Schritt muß der aufrechte Gang neu gewonnen werden.

Das Sinnbild des aufrechten Gangs beinhaltet sehr unterschiedliche Aspekte. Jemanden aufrichten, gerade machen bedeutet auch, jemandem Mut machen oder ihn auf etwas hinlenken. Das Streben nach aufrechtem Gang kann darauf hinweisen, daß jemand sich wehrt, wie ein Tier abgerichtet oder dressiert zu werden, daß er es nicht länger duldet, zugerichtet, verletzt und beschädigt zu werden. Anleitungen zum aufrechten Gang können dazu dienen, jemandem Kenntnisse zu vermitteln, wie er selber wieder einen aufrichtigen, ehrlichen, unverfälschten Zugang zu seiner Gehbewegung finden kann.

Die Metapher des aufrechten Gangs kann auch im Sinne von Repression, Macht und Herrschaft verstanden werden. Im aufrechten Gang steckt auch das Potential zur arroganten Macht, zur stolzen Behauptung, zum trotzigen Beharren, zum hochnäsigen, furchteinflößenden, steifen, gelangweilten Verhalten. R. zur Lippe hat dies zum Beispiel für die Körperhaltung der herrschenden Schichten des 16. Jahrhunderts beschrieben: »Die rechte Haltung hatte die Aufgabe, den privilegierten Stand einer Person zu dokumentieren und zugleich auszuweisen. ›Schöne und graziöse Bewegungen‹ gehörten dazu. Sie sollten der allzu mühsamen und aus allzu offensichtlich praktischen Gründen ›notwendigen‹ Contenance eine ebenso künstliche Aura geben.«

Wenn uns am befreienden, aufrechten Gang gelegen ist, dann müssen wir auch daran interessiert sein, zu »stolpern«, wenn wir entfremdete oder destruktive Verhaltensweisen gebrauchen. Stolpern, mit dem Fuß anstoßen und beinahe fallen resultiert aus Steifsein und Gehen mit steifen Schritten. Es bietet uns unerwartete, direkte Gelegenheit zum Innehalten, Loslassen, Verändern und zum Gewinnen von neuem, flexiblem Gleichgewicht. Der befreiende, aufrechte Gang fußt auf aufmerksamer Fühlungnahme mit biographischer Eigenwelt, ökologischer Umwelt und sozialer Mitwelt. Er bedarf eines »antennigen Verhaltens«, wie Jacoby sagt, bei dem wir unsere »Fühler«, unser Gefühl, unsere Empfindung für das Stimmende entwickeln. Ein solcher Gang kann dazu beitragen, daß sich Ängste vermindern, daß wir weniger beunruhigt und unsicher, weniger starr und steif sind, daß wir uns weniger zusammenziehen, weniger reaktiv handeln und möglicherweise auch weniger gewalttätig sind.

Gehen als befreiende Bewegung setzt Gelöstsein im Ganzen voraus und bewirkt dieses zugleich. Es erlaubt uns, mehr Sicherheit als ganze Person zu finden, mehr Anwesenheit und volleres Erleben. Darauf verweist auch C. Brooks' Frage: »Bin ich als Gesamtorganismus wach und reaktionsbereit? Sind meine Glieder lediglich mein Eigentum, das ich regulieren und führen muß, oder sind sie Ich?« In der traditionellen chinesischen konfuzianischen Lehre heißt es, daß der Mensch nur in dem Maße ein irdisch Lebendiger ist, als er sich seines Kommens aus dem Unbekannten und seines Gehens ins Unbekannte bewußt ist. So ist das chinesische Schriftzeichen für »Mensch« die Schrittspreize eines Gehenden.

Die Möglichkeit zum aufrechten, flexiblen, einfühlsamen Gang unterscheidet uns vom Roboter. Als Menschen können wir im Kontakt selbstspürend auf Veränderungen reagieren. Roboter sind programmiert, konditioniert und von der Macht ihrer Gestalter hypnotisiert. Menschliches Gehen bietet in der Bewegung die Chance zur Klärung körperlicher und psychischer Disharmonien, zur Wandlung, zur Richtungsänderung, wo und wann innere Impulse oder äußere Umstände dies erforderlich machen. Roboter hingegen können nur marschieren, schreiten und starr auf das Ziel zugehen, das andere für sie programmieren. Gehen bietet eine naheliegende, alltägliche Gelegenheit zu »stolpern«, wenn wir uns zu sehr roboterhaftem Verhalten angeglichen haben.

Den Sinnen vertrauen

Wahrnehmen und sich orientieren

»Es hat den Anschein, als ob den meisten Menschen jegliche Vorstellung vom eigenen Wachstum über die Teenagerzeit hinaus abhanden gekommen sei.«

(T. Hanna)

»Sie sprechen vom Körper, welcher sie ›sind‹, aber dann verweisen sie paradoxerweise auf ihn als ›mein System‹.«

(I. Illich)

»Wir haben als Wissenschaft vergessen, daß das einzige wirkliche ›Modell‹ des Menschen der Mensch selber ist.«

(L. Le Shan)

Der Körper als Ort von polaren Begegnungen

In der Vereinigung von mütterlicher Ei- und väterlicher Samenzelle findet bei der Befruchtung die Synthese von unterschiedlichen genetischen Potentialen statt. Die Entfaltung der zweigeschlechtlichen Erbanlagen geschieht im Rahmen von biologischen Ordnungsprinzipien, die jedem organischen Leben zugrunde liegen. Bei der milliardenfachen Reproduktion und Trennung von Zellen und Zellverbänden sowie in der Entwicklung von Gewebsstrukturen, spezifischen körperlichen Leitsystemen und Organen wirken die allgemeinen physikalischen Gesetzmäßigkeiten von Zug und Druck, Anziehung und Abstoßung, Pressung und Dehnung, Verflüssigung und Verfestigung (Blechschmidt). Das Zusammenspiel von Anziehung und Abstoßung, von Zusammenziehen und Ausdehnung, von pulsierenden, rhythmischen Bewegungen des mütterlichen und kindlichen Blutkreislaufs, von biochemischen Prozessen der Synthese und Aufspaltung prägt das biologische Milieu des wachsenden menschlichen Organismus. In ihm bilden sich Strukturen und Formen. Das spezifische genetische Potential des Embryos kann sich nur in Wechselwirkung mit dem nährenden mütterlichen Organismus entfalten.

Schon von der Befruchtung an ist die Entwicklung des menschlichen Organismus kein isoliertes, sondern ein kontextuelles, ökologisches Geschehen. Menschliche Existenz ist immer nur möglich im kontinuierlichen Austausch mit dem, was sie nicht ist. Jeder lebende Organismus ist untrennbar mit der Welt verbunden und in der Welt ökologisch begründet.

Der menschliche Organismus teilt in seiner Entwicklung die biologischen Prinzipien mit allen anderen Lebewesen. Zu einem großen Teil bleibt der Mensch sein Leben lang strukturell und funktional animalisch. Die weitgehend unbewußt ablaufenden biologischen Funktionen zur Aufrechterhaltung seines internen biologischen Milieus, seine selbstregulierende, selbstfühlende homöostatische Regulation beruhen auf den gleichen Prinzipien wie die aller anderen organischen Lebewesen. Sie dienen dem Organismus dazu, sich den ständig wechselnden Anforderungen seiner äußeren Umwelt anpassen zu können oder auf diese verändernd einzuwirken. Die animalischen Grundlagen des menschlichen Organismus sind in den vielen philosophischen Erörterungen über die Besonderheiten des Menschen oft nur unklar verarbeitet worden. Wo der Mensch animalisches Trieb- und Reaktionswesen ist, bzw. wie und wann er sich durch seine besondere Ausstattung mit Vernunft und Geist als autonomes, selbsthandelndes Wesen von den übrigen Organismen unterscheidet, diese Fragen bieten immer wieder neuen Zündstoff für wissenschaftliche Diskussionen.

Kindliche Wachstumsprozesse

Nach der traumatisierenden Freisetzung des Neugeborenen aus der organischen Einheit mit dem mütterlichen Körper beginnt der kindliche Organismus nach seiner Geburt ein eigenes, noch gänzlich von der Pflege und Aufmerksamkeit der anderen abhängiges Leben. Im symbiotischen Zusammenspiel mit der Mutter lernt das Neugeborene seinen eigenen Körper, seine Gefühle und Bewegungen anfangs nur durch ihre Widerspiegelungen kennen. Es kennt noch keine bewußten eigenen Körpergrenzen. Seine eigene Existenz ist verschmolzen mit der Existenz der nährenden und pflegenden Mutter. Erst im Laufe der nächsten Monate bildet sich beim Säugling langsam ein differenzierteres Gespür für die äußeren Grenzen und das Innenleben seines eigenen Körpers. Aus der unmittelbar gefühlten Erfahrung des unbefriedigten Bedürfnisses von Hunger und Mißbefinden sowie aus dem gestillten Wohlbefinden entwickelt der Säugling erst langsam ein Empfinden für das eigene Selbst. In der spielerischen Erforschung von bis dahin weitgehend unbekannten und nicht integrierten Körperteilen wie Händen, Armen, Füßen und Beinen entfaltet der Säugling langsam eine subjektive Bewußtheit der Besonderheit seines Körpers. Er macht erste deutlichere Erfahrungen der Getrenntheit seines Körpers vom Körper der Mutter. Zugleich verspürt er eine wachsende Bewußtheit des Raums, der seinen Körper umgibt, und der Objekte, die von seinem Körper getrennt sind.

Entwicklungspsychologische Studien – wie die Arbeiten von Piaget, Spitz oder Mahler – deuten darauf hin, daß sich ein zusammenhängendes Bild vom eigenen körperlichen Selbst und die Entwicklung von Selbstbewußtheit beim Kind etwa mit 15 Monaten ausbildet. In diesem Zeitraum erlernt das Kind die Möglichkeit,

»Nein zu sagen«, und entwickelt so eine deutlichere Trennung zwischen »Ich« und »Nicht-Ich«. Das Kleinkind wird sich zusehends gewahr, daß es nicht die Verlängerung eines anderen ist und daß es eigene Wünsche hat. In den deutlicheren Erfahrungen seines »inneren« Körpers sowie durch äußere Kontakte und Berührungen seiner Körperoberfläche organisiert sich zunehmend in diesem Alter ein zusammenhängendes Gespür für die eigene Gestalt – das Körper-Selbst.

Ab diesem Zeitpunkt beginnt auch die Trennung zwischen Denken und Objekten des Denkens, zwischen Erfahrung und der Benennung der Erfahrung, zwischen Gefühl und Handeln, zwischen Gedanken und Handeln, zwischen der Wahrnehmung von Trieb und der zu seiner Befriedigung notwendigen Handlung.

Der eigene Organismus wird zusehends zum Bezugspunkt, zum Mittelpunkt der persönlichen Welterfahrung. Er ist dem wachsenden Kleinkind Zentrum von Sicherheit und Selbstvertrauen. Er dient ihm als Vergleichsmaßstab, Basis und Anhaltspunkt, den es braucht, um neue Botschaften und Informationen in seine Entwicklung integrieren zu können. Er vermittelt ihm ein Gespür für Grenzen und Form der eigenen Person.

Psychische Vorstellungen können sich nur in der bewegten und berührenden Auseinandersetzung mit der eigenen Körperinnenwelt und der eigenen Umwelt entwickeln. Die Erfahrung des Gehaltenwerdens ist die erste Erfahrung der Schwerkraft. Das Heben der anfangs noch fremden Arme und Beine bedeutet erste Erfahrungen mit Widerstand gegen die Schwerkraft. Im Empfinden der Möglichkeiten von aktivem Druck gegen den Körper der Mutter und andere Objekte entwickelt das Kleinkind ein Gespür für seine Möglichkeiten von Bewegung. Während dieser Auseinandersetzungen reifen seine Nerven-, Muskel- und Skelettstrukturen in systematischer Folge heran. In dieser biologischen Entwicklung kann kein Schritt vor dem nächsten getan werden. Liegen auf dem Rücken oder auf dem Bauch, erstes aktives Heben des Kopfes, erste Erfahrung des Abstützens mit den Armen oder erste Drehbewegungen – all dies kann nur in einer genetisch festgelegten Reihenfolge geschehen. Ohne sie ist es unmöglich, Front- und Rückenmuskulatur koordiniert zu entwickeln und dadurch die Möglichkeit zu einem ersten selbständigen Sitzen, später zum Stehen oder Gehen zu verwirklichen. Körperliche und psychische Entwicklungsprozesse des Kindes sind eng miteinander verbunden.

Der individuelle Reifungsprozeß eines Kindes wird von vielen Umwelt- und Mitweltfaktoren beeinflußt. Dabei sind die Art, wie eine Mutter ihr Kind aufnimmt, wie sie seine Bedürfnisse erkennt, annimmt und befriedigt, zu welcher Art leiblicher Kommunikation sie fähig ist, erste und entscheidende Grundlage. Wie eine Mutter ihr Neugeborenes behandelt und pflegt, wird seinerseits beeinflußt von der jeweiligen kulturellen Tradition, in der sie lebt. Wie groß dabei die interkulturellen Unterschiede sein können, das zeigen anthropologische Untersuchungen wie etwa die Studien von J. Liedloff. In unseren zivilisierten Gesellschaften begleiten heute von der Empfängnis an medizinische, psychologische und pädagogische Ratschläge den Entwicklungsprozeß des Kindes.

An die Stelle der Ansicht, daß die Entwicklung des Kindes vor allem in Gottes Hand liege und ein natürlicher Prozeß sei, ist seit dem 18. und 19. Jahrhundert verstärkt der Einfluß der wissenschaftlichen Begleitung von kindlicher Entwicklung durch Experten getreten. Mit der Entwicklung der modernen medizinischen Schwangerenvorsorge, der Embryologie und der Neonatologie ist der kindliche Entwicklungsprozeß immer mehr zur Domäne von Expertenurteilen geworden.

Daß wissenschaftliche Anleitungen zur Säuglingspflege, den wechselnden Erkenntnissen und Moden entsprechend, durchaus zu verwirrenden Widersprüchlichkeiten und Verunsicherungen führen können, darauf hat A. Montagu im Hinblick auf die Empfehlungen zur Notwendigkeit von Körperkontakt hingewiesen. C. Lasch hat beschrieben, wie sich die wissenschaftlichen Vorstellungen der notwendigen »Geborgenheit« des Kindes wandeln und wie diese dadurch mütterliche Umgangsweisen beeinflussen. Widersprüchlichkeiten der wissenschaftlichen Anleitungen zur Praxis der Säuglingspflege hat E. Pikler am Beispiel der Empfehlungen zur »optimalen« Lagerung von Säuglingen dargestellt.

Zur Entfaltung seiner körperlichen Wachstumspotentiale und seiner Sinne benötigt der wachsende Organismus stimulierende Angebote aus seiner Umwelt. Haut, Muskelsinne, Blickkontakt, Klang und Geruch vermitteln dem wachsenden Organismus Informationen und Erfahrungen und nehmen Einfluß auf die postpartale Reifung des Kindes. H. Kükelhaus spricht von den notwendigen »Organerfahrungen« des Kindes im Umgang mit Umweltphänomenen. Fühlen, Fassen, Hören und Sehen können sich als Sinnesqualitäten nur im aktiven Umgang mit der Umwelt entfalten.

Jedes neue menschliche Lebewesen kommt erst einmal als menschliches Tier, als Humanoid auf die Welt. Ein neugeborenes Baby kann wie jedes andere Tier schlucken, saugen, verdauen, ausscheiden oder seine Körpertemperatur regulieren. Was den Menschen jedoch grundsätzlich vom Tier unterscheidet ist, daß er sich zum Homo sapiens entwickeln kann, zu einem menschlichen Wesen mit Intelligenz, Wissen und Bewußtheit. Die Lebensumstände, unter denen Säugling und Kleinkind aufwachsen, entscheiden wesentlich mit darüber, welche Komplexität die Muster seines Zentralnervensystems bilden können. Sie sind die Grundlage dafür, daß das humanoide, menschliche Tier im Laufe einer biologisch im Vergleich zu anderen Lebewesen langen Zeit lernt zu krabbeln, aufrecht zu gehen, zu sprechen, zu singen, zu zählen, mathematische Operationen anzustellen und eine Vorstellung von Raum und Zeit zu entwickeln. Erst die kontextuelle Betrachtung der Entwicklungsbedingungen eines jeden Menschen ermöglicht ein angemessenes Verständnis für die komplexen Strukturen seines besonderen Körpers. Sie läßt erkennen, inwieweit die grundlegenden biologisch-animalischen und die biographisch-kulturellen Anteile eines Kindes während seines Wachstums miteinander harmonieren konnten oder ob sie pathologisch gestört wurden.

Vom körperlichen Kontakt zum psychologischen Konzept und zur Sprache

Aus den ursprünglich körperlichen Erfahrungen von Greifen, Nehmen oder Stehen werden im Laufe der Entwicklung psychologische Konzepte des Begreifens, Benehmens oder Verstehens. Auf der Grundlage körperlicher Erfahrungen entwickelt das Kind intellektuelle Fähigkeiten sowie differenzierte Praktiken von Bewegungen und Ausdruck, die sich schließlich in der Sprache verdichten.

Sprachliche Kommunikation ist die verfeinerte und bewußte Kontrolle einer Vielzahl von muskulären Prozessen im Bereich von Mund, Schlund und Atmung. Erst die Sicherheit eigener körperlicher Erfahrungen, das Erleben in der ersten, subjektiven Person erlaubt dem Kind die Teilnahme am sozialen Prozeß der sprachlichen Kommunikation. Sie vermittelt ihm die notwendige Sicherheit, um äußere Signale empfangen und unterscheiden zu können, Zeichen zu deuten und sie sprachlich mit anderen auszutauschen.

Die etymologische Entstehungsgeschichte von Wörtern verweist eindeutig auf die körperliche Genese von Begriffsbildungen. Durch die zunehmende Einseitigkeit der kulturellen Betonung von intellektuellen Fähigkeiten ist jedoch der bewußte Bezug auf die somatische Genese der Begriffsbildungen in der alltäglichen Kommunikation für viele Menschen weitgehend verlorengegangen. Die bewußte Rückbesinnung auf die körperlichen Grundlagen unserer Wort- und Begriffsbildungen kann mit dazu beitragen, uns wieder größere Übereinstimmung zwischen Handeln und Denken zu ermöglichen.

Der Beitrag des Körperwissens

Jeder Lebensvorgang hat einen körperlichen Bezug. Unser Leben ist immer »verkörpert« und ist dauernd in Bewegung. Ob wir mit Hilfe der verschiedenen Sinne Eindrücke aufnehmen, ob wir uns in der Welt bewegen, uns ihr durch Ausdruck mitteilen oder handelnd auf sie Einfluß nehmen, immer sind dies auch körperliche Akte. Jeglicher Austausch mit anderen Lebewesen beruht auf körperlichen Tätigkeiten wie Berührung, Sprache, Sehen und Gesehenwerden, Hören und Gehörtwerden.

»Während der Körper in einer Hinsicht eine dauernde und unvermeidbare Voraussetzung unseres Lebens darstellt, ist er gleichzeitig auch wesentlich durch seine Abwesenheit charakterisiert. Das heißt, unser eigener Körper ist selten bewußtes Objekt der Erfahrung. Wenn ich ein Buch lese oder in Gedanken verloren bin, dann ist mein eigener körperlicher Zustand vielleicht dasjenige, was am weitesten von meiner Bewußtheit entfernt ist. ... Aber diese Vergeßlichkeit ist nicht auf Momente von hochgeistigen Tätigkeiten beschränkt. Ich kann an einem harten Wettkampf beteiligt sein, mit angespannten Muskeln und auf die geringsten Bewegungen meines Gegners antwortend. Jetzt ist es genau dieser Gegner, dieses Spiel, welches meine Aufmerksamkeit fesselt und nicht meine eigene Körperlichkeit.« (D. Leder)

Diese paradoxe Wirklichkeit des eigenen Körpers gilt nicht nur für seine gesamte Gestalt, sondern auch für einzelne Körperteile. Ein psychologisches Experiment zeigte, daß neun von zehn Menschen nicht in der Lage sind, aus einer kleinen Reihe von Handabbildungen verschiedener Personen ein Foto ihrer eigenen Hände herauszufinden. Das Organ, mit dem wir unsere Arbeit verrichten, unser Essen zu uns nehmen, unsere Liebsten umarmen, bleibt uns vielfach fremd. Diese Fremdheit ist noch deutlicher ausgeprägt im Hinblick auf unsere inneren Organe. Bei Wohlbefinden und Gesundheit ist uns unser Körper ein selbstverständliches Instrument der Wahrnehmung, des Ausdrucks und des Handelns, und wir spüren ihn dabei jedoch nur selten bewußt. Bei Mißbefinden und Krankheit tritt der gleiche, vorher kaum bewußt wahrgenommene Körper oft als problematischer, unzuverlässiger, teilweise oder ganz abgespaltener »Fremdkörper« in den Mittelpunkt der eigenen Wahrnehmung.

Mechanistisch ausgerichtete Konzepte der Naturwissenschaften haben das entfremdete, objekthafte Verhältnis vieler Menschen zu ihrem eigenen Körper wesentlich verstärkt. Die ursprüngliche subjektive Körpererfahrung des »Körperseins« wurde zusehends überlagert durch die objektivierte, von außen betrachtende Haltung des »Körperhabens«. Aus anthropologischer Sicht kommentiert Mary Douglas: »Der Körper als soziales Gebilde steuert die Art und Weise, wie der Körper als physisches Gebilde wahrgenommen wird; und andererseits wird in der (durch soziale Kategorien modifizierten) physischen Wahrnehmung des Körpers eine bestimmte Gesellschaftsauffassung manifest. Zwischen dem sozialen und physischen Körpererlebnis findet ein ständiger Austausch von Bedeutungsgehalten statt, bei dem sich die Kategorien beider wechselseitig stärken. ... Die Sorgfalt, die auf seine Pflege verwendet wird, die Regeln der Nahrungsaufnahme und der Therapie, die Theorien über das Schlaf- und Bewegungsbedürfnis, über die normalen körperlichen Entwicklungsstadien, über die Erträglichkeitsgrenzen bei Schmerzen, die normale Lebensspanne – kurz, all die kulturell geprägten Kategorien, die die Wahrnehmung des Körpers determinieren, müssen den Kategorien, in denen die Gesellschaft wahrgenommen wird, eng korrespondieren, weil und insofern auch diese sich aus den kulturell verarbeiteten Körpervorstellungen ableiten.«

Das Wissen um die biologischen Strukturen und Formen des menschlichen Organismus ist in seiner Detailliertheit inzwischen so umfassend, daß es kaum mehr zusammenhängend in einer Wissenschaft verstanden werden kann. Die Kenntnisse einzelner Bereiche (wie zum Beispiel Anatomie, Physiologie, Biochemie, Pathologie, Molekularbiologie, hormonelle und neurophysiologische Prozesse, psychophysische Wechselwirkungen, Wechselwirkungen zwischen individueller Pathologie und sozialen Lebensumständen, Toxikologie, Ökologie) produzieren hochspezialisiertes Wissen einzelner Disziplinen, das meist zusammenhanglos und voneinander entfremdet existiert.

»Objektives« Wissen über den menschlichen Körper kann als ordnunggebender Faktor Sicherheit vermitteln, Orientierung schaffen, Vertrauen suggerieren sowie gezielte, oft lebensrettende medizinische Eingriffe ermöglichen. Wenn es sich aber einseitig und dominant über oder an die Stelle von subjektiver Körpererfahrung setzt, dann richtet es auch erheblichen Schaden an. Die wissenschaftliche Utopie des »gläsernen menschlichen Körpers« als objektives, klassifizierbares, normierbares, manipulativ planbares Gebilde ist nicht zu verwirklichen. Sie wird stets verhüllt bleiben vom »geheimnisvollen Körper«, der durch eine Vielzahl von subjektiven, unbekannten, unbewußten Faktoren des einzelnen Menschen, von seinen aktuellen Bedürfnissen, Motiven, Notwendigkeiten zur Anpassung und Veränderung, nicht zuletzt von seinen »irrationalen« Affekten beeinflußt wird. Objektives Wissen über den menschlichen Körperbau, seine Entwicklungsprinzipien, seine physiochemische Selbstregulation, seine einzelnen Organleistungen, seine verschiedenen Systeme, seine Bewegungsabläufe oder seine einzelnen Sinne sind sehr hilfreich, aber keinesfalls ausreichend für das Verständnis der komplexen Existenz des menschlichen Körpers. Er ist sowohl ein sich homöostatisch selbstregulierender Organismus als auch die Verkörperung eines jeweils besonderen, menschlichen Subjekts mit Trieben, Begierden, Wünschen, Ängsten und Hoffnungen. Jede objektivierende Beschreibung des menschlichen Körpers, die sich selbst als absoluten Bezugspunkt setzt, ist problematisch. Sie isoliert aus der Perspektive einer einzelnen Disziplin separate Funktionsebenen des Körpers und ignoriert die vielgestaltigen Wechselwirkungen mit den anderen Ebenen der menschlichen Existenz.

Lebenslanges Wachstum anstelle von degenerativem Altern – die Erweckung verschütteter kindlicher Potentiale

Wenn wir uns bewußt weiterentwickeln und wachsen wollen, müssen wir bereit sein, Furcht vor Neuem zu überwinden und konditionierte Gewohnheiten zu hinterfragen. Neue Bewegungsfreiheit finden, heißt, sowohl verschüttete, vergessene, verdrängte und unterdrückte Möglichkeiten der Bewegung wiederzuentdekken als auch neue zu erproben. Der erste Schritt dazu ist nicht das Erlernen neuer Techniken, sondern sich bewußter von den Denk- und Verhaltensweisen zu lösen, die einen bisher behindert haben. Zum Wachstum ist nicht nur wichtig, *was* wir tun, sondern auch *wie* wir etwas tun. Die Entfaltung unseres Lebens samt der notwendigen Wachstumskrisen wird nicht nur durch genetische Veranlagung, äußere Lebensumstände oder zufällige Entwicklungen bestimmt, sondern auch durch das, was wir wünschen, wollen, tun und aufmerksam erleben. Unsere Einstellung zum Leben entscheidet mit darüber, ob und wo Tätigkeiten sinnentfremdet, teilnahmslos oder routiniert ablaufen, ob wir sie als »sinnlos« erleben oder ob wir uns darauf »besinnen«, sie offener, neugierig, flexibel und lustvoll mitzugestalten.

Unser Körper ist als Leib Versammlungsstätte unserer Gestimmtheiten, Gebärden und Gedanken, Mittelpunkt unseres subjektiven Erlebens und Orientierungspunkt unserer Wahrnehmungen. Mit ihm und durch ihn drücken wir uns aus und stellen Verbindungen zwischen uns und der Umwelt her. In ihm versammeln sich unsere Aufnahme- und Handlungsmöglichkeiten. Er vermittelt Botschaften von uns, über uns, für uns und für andere. Durch ihn sind Vernunft und Unvernunft, Intuition und Planung, Erkenntnis und Phantasien möglich. Die Geschichte unseres Körpers nimmt Einfluß darauf, wonach wir suchen, welche Wahlmöglichkeiten wir treffen, welche Erfahrungen uns berühren, was wir zulassen und was wir aktiv in Bewegung setzen. Seine Grenzen vermitteln uns ein Gefühl für die eigene Person und die Mit- und Umwelt. Körpererleben ist die Integration von vergangenen Erfahrungen, gegenwärtigen Anforderungen sowie Wünschen und Erwartungen an die Zukunft. Sie tragen alle zum »verbindenden Muster« (G. Bateson) bei, das die Wirklichkeit unserer subjektiven

Wahrnehmung und Erfahrung prägt. Sie wirken beständig auf die physiologischen und chemischen Prozesse unserer biologischen Existenz.

Ziel einer ganzheitlichen Zusammenschau der verschiedenen Dimensionen von Körpererleben ist es, Anregungen zum autonomen Erforschen und Erproben von eigenen Veränderungsmöglichkeiten zu vermitteln. Es werden Vorschläge gemacht, in welcher Richtung Antworten zu suchen sind, die mehr Übereinstimmung zwischen Wollen und Sein ermöglichen. »Viele Menschen suchen nach Antworten, die ihnen Freude, Ruhe, Selbsterkenntnis und Heilung bringen – gleichzeitig soll aber alles leicht erlernbar sein, wenig oder gar keine Anstrengung verlangen, und der Erfolg soll sich schnell einstellen« (E. Fromm). Es geht hierbei nicht um egozentrische, narzißtische, sich selbst isolierende Wege des Körpererlebens, sondern darum, sich im sozialen und ökologischen Kontext bewußter, freier und co-evolutionär entfalten zu können.

Neugier, Wißbegierde, tätiges Denken mit allen Sinnen, Interesse für geheimnisvolle und verlockende Entdeckungen, Fähigkeit zum Staunen und zur Verwunderung, der Wunsch, neue Bewegungsfreiheit zu entwickeln, Optimismus, spielerisches und kreatives Vorstellungsvermögen, Genuß- und Wandlungsfähigkeit, anwesende Ausdauer – all das sind die schlummernden Fähigkeiten des »Kindes« in jedem Menschen, die zur Wiederentdeckung leiblicher Vermögen beitragen können.

Wer sich mit Erlebnis- und Entfaltungsmöglichkeiten auseinandersetzt, der muß immer wieder feststellen, wie bedauernswert wenig die meisten Menschen von sich selbst erwarten. Dazu gehört auch, daß viele ein nur geringes Maß an Bewegungsentwicklung zum Standardmaß des »Erwachsenseins« machen. Älterwerden wird dabei als die kaum vermeidbare Verminderung und das Nachlassen der vitalen Kräfte angesehen. Es ist erstaunlich, welche geringen Anforderungen viele an sich selbst stellen und welch geringes Maß an Glück sie als das ihnen zugestandene Maß des Lebens hinnehmen. Sie sind durch eine soziokulturelle »Self-fulfilling-prophecy« hypnotisiert worden, die für sie zur sich selbst erfüllenden Prophezeiung von standardisierter, normierter Begrenzung ihrer Bewegung und ihres Körpererlebens geworden ist.

»Wenn die Menschen sich freier entfalten dürfen, dann wird auch der eigene Alterungsprozeß nicht vom selbstzerstörerischen Mythos des beständigen Untergangs überschattet sein, sondern sich bewußter am optimistischen Mythos der Möglichkeit zu lebenslangem Wachstum und Entwicklung orientieren« (T. Hanna). Mit Hilfe einer solchen Perspektive könnte es gelingen, die Privilegien der Jugend – Kraft, Schnelligkeit, Rasanz, Fülle von Energie und Intelligenz, unwissende Unschuld – mit den Qualitäten des Alters – Erfahrung, Geschicklichkeit, Effizienz, Überlegenheit, Urteilsvermögen, Wissen, Reife und Weisheit – produktiver zu verbinden. Daß der Weg dorthin nicht linear, stets glücklich und zufrieden, sondern zumeist über viele Umwege, Schmerzen, Enttäuschung und Leiden verläuft, dies ist die Schattenseite des Wachstumsmythos. Anregungen zum zufriedenstellenden, körperbewußten Altern können uns sowohl persönlich erlebte Beispiele als auch wissenschaftliche Studien über verzögerte Alterungsphänomene bei kontinuierlicher körperlicher und mentaler Aktivität geben.

Die Fähigkeit zu spielen ist, nach Ansicht von R. Dubois, eines der wichtigsten Kriterien für geistige Gesundheit. Spielerisches Interesse trägt zur Entwicklung von kreativem Vorstellungsvermögen bei. Die Fähigkeit zur kreativen Imagination, sich innere Bilder dessen zu formen, was man sich erhofft, aber bisher selbst noch nicht erfahren hat, kann zur Findung von rational nicht zugänglichen Lösungsmöglichkeiten beitragen.

Körperbewußtes Alltagserleben ist aber nicht nur durch bewußte Körperübung zu erreichen, sondern benötigt auch gesunde Ernährung, ausgewogene Perioden von Leistung und Ruhe, moderaten Genuß, Liebe, Sexualität, soziales Eingebundensein und spirituelle Sinnfindung.

Wohlbefinden läßt sich weder erzwingen noch normieren. Alle ideologisch oder wissenschaftlich verbrämten Festschreibungen dieses immer wechselhaften Prozesses auf einen festdefinierten Zustand sind Blendwerk und entstammen moralisierenden Sonntagspredigten. Der bewußtere Wunsch nach aktivem Wohlbefinden wächst häufig erst aus schmerzhaften Erfahrungen von längeranhaltendem Mißbefinden. »Veränderungen finden zumeist in Sackgassen statt«, schrieb B. Brecht. Oft erkennen wir die Großartigkeit unseres Körpers erst, wenn seine selbstverständlichen Funktionen als Werkzeug, Instrument und Träger unseres Wollens und Handelns ernsthaft in Frage stehen.

Die Richtung der Suche hat C. Selver so kommentiert: »Wir werden hauptsächlich darauf ausgerichtet, etwas zu tun und etwas zu bekommen, Bestätigung zu erhalten, uns zu bemühen und oberflächlichen Ratschlägen zu folgen. Aber wo ist noch Raum für das unabhängige Entdecken, für die Segnungen des einfachen Seins, des Daseins, für die eigenen Möglichkeiten zu handeln und zu antworten und für die sinnliche Bewußtheit?« H. Jacoby merkte an: »Ein Mensch, der still genug ist, um zu spüren, was man spüren kann, und dann auch noch die Courage hat, zu seiner Empfindung zu stehen, der ist besser dran als jemand, der viel gelernt hat, aber nur gelernt hat und keinen Halt in sich hat.« Die Entwicklung eines selbständigeren Körpererlebens basiert auf der bewußten Zuwendung zur Mit- und Umwelt und nicht in Weltabgewandtheit. Es geht nicht darum, nur Entspannung zu finden, sondern die rechte Spannungsverteilung für situationsgerechte, befriedigende und lehrreiche Gestaltungsformen der eigenen und gemeinsamen Zukunft zu entwickeln.

Die Körper der Götter – göttliche Körper

Viele Kulturen stellen ihre Götter in Gestalt eines idealisierten menschlichen Körpers dar. Dabei gibt es erhebliche Variationen der Darstellung in Hautfarbe, Körpergröße, Körperteilen oder den Proportionen der göttlichen Körper. J. Campbell, der Experte für vergleichende Mythologie, spricht von der Neigung westlich geprägter Kulturen und Religionen, alles zu vermenschlichen und die Menschlichkeit der Götter als Körper zu versinnbildlichen. In östlichen Religionen seien die Götter hingegen urtümlicher, oft weniger menschlich und den Kräften der Natur ähnlicher.

Göttliche Körper wie etwa die des in sich ruhenden, stillen, östlichen Buddhas verkörpern andere Ideale und Einflüsse als die unserer heutigen westlichen Kultur, die ihn aufgrund seiner häufig wohlgenährten Leibesfülle zum Abspecken in eine Therapie für Eßgestörte einweisen würde. Es ist ebenso sinnlos, das buddhistische Körperideal aus der Perspektive eines Spezialisten für Herz-Kreislauf-Prävention zu sehen, welche primär zu wenig Bewegung feststellt und zu viele Pfunde sieht.

Die Darstellung der vielleicht ältesten heute noch auf der Welt angebeteten Gottheit, des ewig tanzenden, feurigen Gottes Schiwa der indischen Kultur, etwa mit modernen Idealen von Streßmanagement zu vergleichen, erscheint absurd. Trotz aller wirbelnden

Dynamik vermittelt dieses hinduistische Körperideal einen Eindruck von bezaubernder Beweglichkeit, vom »kosmischen Reigen« (F. Capra).

Es gibt eine Vielzahl von Darstellungen Jesu Christi, die ihn als Messias, Heiler oder als Gekreuzigten zeigen. »Jesus war ein historischer Mensch, der in sich erkannte, daß er und der Vater, wie er sagte, eins waren, und er lebte aus dieser Erkenntnis seiner Christusnatur heraus« (J. Campbell), mit Fleisch, Blut und Körper. Die meisten christlichen Sinnbilder göttliche Körper sind männlich, der Sohn jung, der Vater alt, häufig mit Bart. Ihre dargestellten Körperformen verändern sich vielfach durch die verschiedenen Epochen der westlichen Kulturgeschichte. Christlich-religiöse Körperideale sind eher von der Distanzierung zum Erbsündebelasteten Fleisch der Lust geprägt. Religiös leben heißt in dieser Tradition, sich nicht nach den vermeintlich nur eigennützigen Trieben, Gelüsten und Absichten seines Körpers zu richten, sondern nach den kodifizierten Einsichten des umfassenderen religiösen Bewußtseins zu streben.

In anderen religiösen und kulturellen Traditionen wird die göttliche Kraft hauptsächlich in weiblicher Form dargestellt. Daß auch die Körperformen und Körpermaße dieser weiblichen Gottheiten erheblich von unseren zeitgenössischen Idealen abweichen, ist bekannt. Heidnische Fruchtbarkeitsgöttinnen oder Erdgöttinnen sind oft in der Darstellung mehr als übergewichtig. Die ägyptische Göttin Isis hingegen entspricht allen heutigen Körpernormen einer Magersucht.

Unsere Umgangssprache kennt den Begriff des »göttlichen Körpers«. Er wurde durch idealisierte Frauenkörper wie etwa den »göttlichen Divas« Hollywoods in unserer Zeit systematisch entwickelt. Heute wird er zumeist als Ausdruck für das begehrte Körperobjekt des sexuellen Partners verwendet. Blasphemie und Idealisierung des Körpers als Ausdruck der höchsten Bewunderung und Begierde gehen hier Hand in Hand. Sich selbst, den eigenen Körper als eine Verkörperung des irdischen Tempels der Götter anzuerkennen, ihn in seinem augenblicklichen Zustand anzunehmen, seine potentiellen Möglichkeiten nicht einzuschränken, sondern behutsam zu entwickeln, dies wird in unserer Kultur entweder als Narzißmus karikiert oder von vielen als solcher mißverständlich gelebt.

Für das klassische Griechenland hat J. P. Vernant die Darstel-

Aus der prähistorischen »Miss-Welt«-Garde. Von links nach rechts Miss Willendorf, Miss Indus, Miss Zypern, Miss Amlasch und Miss Syrien, die fast moderne Proportionen erreicht. – Über die wechselnden Körperideale verschiedener Kulturen und Epochen liegen vielfache Zeugnisse vor.

lungsweise der göttlichen Körper so zusammengefaßt: »Wie jeder andere Körper sieht, hört und versteht ein Gott. Aber zu all dem braucht er keine spezialisierten Organe wie etwa Augen oder Ohren. Ein Gott sieht, hört oder versteht als Ganzer. Er bewegt sich ohne Mühe und ohne müde zu werden; ohne daß er sich rühren oder jemals die Stelle wechseln muß, bringt er alles in Bewegung.« Die Körper der Götter werden zwar in der gleichen äußeren Erscheinungsform dargestellt, unterscheiden sich jedoch zugleich in ihren Fähigkeiten vollständig von denen sterblicher Menschen. Im Gegensatz zum menschlichen Körper sind die Körper der Götter gegeben und unwandelbar, in ihrer Vollkommenheit und in der Ganzheit ihrer selbst ewig. Der Körper des Menschen hingegen ist stets unvollständig und unfertig, teilt sich beständig, löst sich auf, ist vorübergehend und vergänglich.

Seit dem 13. Jahrhundert ist der Begriff Körper in unserer Sprache aus dem lateinischen Corpus, »Körper, Leib, Masse« abgeleitet worden und an die Stelle des früheren Begriffs Leib getreten. Erst im modernen Sprachgebrauch wird der Begriff »Körper« auch im vielfältig übertragenen Sinn verwendet. Mit Körper werden heute Materialien und Stoffe, Gebilde von räumlicher Ausdehnung oder als Körperschaften, soziale Verbände bezeichnet. Der ursprünglich altgermanische Begriff »Lip«, später in »Leib« umgeformt, findet sich heute noch im englischen Sprachraum im Ausdruck »life« oder im skandinavischen »liv«, also »Leben« wieder. Neben dem Begriff »life« für das Leben hat die englische Sprache noch den Ausdruck »body« – Körper –, welcher sich wiederfindet in »some-body« – jemand – und »no-body« – niemand. Die Verwendung von »Leib« war im deutschen Sprachraum oft mit negativen Phänomenen wie Leibeigenschaft oder dem Leibhaftigen verbunden. Er wird noch vielfach im speziellen Sinne von Bauch oder Unterleib verwendet und ist in Begriffen wie »Leibschmerzen, Leibesfrucht« oder »beleibt« wiederzufinden. In der Umgangssprache wird der Begriff »Leib« heute in eher romantisch, traditionell oder esoterisch anmutenden Zusammenhängen gebraucht. Die Redensart »mit Leib und Seele« verweist auch heute noch auf volles Engagement der ganzen Person. Insgesamt gesehen ist der Begriff »Körper« im Allgemeinverständnis als Bezeichnung an die Stelle des Begriffes Leib getreten.

Die alltäglichen Möglichkeiten zur Wiederentdeckung unseres Körpers bewegen sich zwischen den Extremen der bigotten Idealisierung der physisch-körperlichen Existenz und ihrer totalen Mißachtung als äußeres Objekt, das Daten liefert und vom höheren Intellekt kontrolliert und gezüchtigt werden muß.

»Erst Kultur kennt den Körper als Ding, das man besitzen kann, erst in ihr hat er sich vom Geist, dem Inbegriff der Macht und des Kommandos, als der Gegenstand, das tote Ding, ›Corpus‹ unterschieden. In der Selbsterniedrigung des Menschen zum Corpus rächt sich die Natur dafür, daß der Mensch sie zum Gegenstand der Herrschaft, zum Rohmaterial erniedrigt hat. Der Zwang zur Grausamkeit und Destruktion entspringt aus organischer Verdrängung der Nähe zum Körper. ... In der abendländischen, wahrscheinlich in jeder Zivilisation, ist das Körperliche tabuisiert, Gegenstand von Anziehen und Widerwillen.« (Horkheimer/Adorno) Jede »Wiederentdeckung« des Körpers bewegt sich zwischen den Idealen des göttlichen Körpers und dem Körper als zum Gegenstand erniedrigten Ding. In unserer Kultur ist das Interesse am menschlichen Körper in vielgestaltiger Weise gewachsen. Welcher Körper ist dabei für wen von Interesse?

Die übermenschliche Darstellung und Vergötterung von Körper-
idealen zeichnet besonders totalitäre Systeme aus. Die überdimen-
sionalen, kraftstrotzenden, heroischen Körperbilder des Faschis-
mus und seine ausgefeilte Ideologie der rassisch überlegenen Kör-
perkultur sind dafür beispielhaft. Sie sind von Horkheimer/Adorno
treffend als »Polterabend der realen Bluthochzeit« umschrieben
worden. »Die drüben den Körper priesen, die Turner und Gelände-
spieler, hatten seit je zum Töten die nächste Affinität, wie die
Naturliebhaber zur Jagd. Sie sehen den Körper als beweglichen
Organismus, die Teile in ihren Gelenken, das Fleisch als Polsterung
des Skeletts. Sie gehen mit dem Körper um, hantieren mit seinen
Gliedern, als wären sie schon abgetrennt. ... Sie messen den
anderen, ohne es zu wissen, mit dem Blick des Sargmachers. Sie
verraten sich, wenn sie das Resultat aussprechen: sie nennen den
Menschen lang, kurz, fett und schwer. ... Die Sprache hält mit
ihnen Schritt. Sie hat den Spaziergang in Bewegung und die Speise
in Kalorien verwandelt.«

Zeitgenössische Sichtweisen des Körpers und Körperideale

Der menschliche Körper ist Objekt der forschenden Begierde
verschiedener Wissenschaftsdisziplinen. In der naturwissenschaft-
lich-medizinischen Sichtweise wird er aus neutraler, distanziert
beobachtender Position vermessen, gewogen, betrachtet, abge-
horcht, seziert, zerlegt, zerkleinert, analysiert, kartographiert, systematisiert, durchleuchtet, markiert, in seinen Funktionen und
Strukturen beschrieben und dargestellt. Man könnte ihn aus dieser
Perspektive auch als 'den »durchschauten Organismus« beschreiben. Die Menge der erhobenen Daten über Details des biologischen
Körpers hat ihn zusehends als ganzen Organismus verschwinden
lassen. »Was mit Messen begann, endet mit Missen« (J. E. Berendt).

Als Forschungsobjekt liefert der Körper Baupläne für immer
ausgefeiltere Nachbildungen des »Prothesenkörpers«, der als kybernetischer Organismus mit Sensoren und Feedbacksystemen aus-
gestattet, gesteuert und programmierbar ist.

Aus psychologischer, psychophysiologischer und kommunika-
tionstheoretischer Sicht ist der Körper Trägersystem für Zeichen
und Botschaften. Haltung, Gestik, Mimik, Distanzgestaltung,

Atemmuster, Muskeltonus, Tonfall der Stimme, Rhythmus der Bewegungen, Ausdrucksverhalten und vieles mehr sollen als »Körpersprache« Hinweise zum äußeren, kontextuellen Verständnis des Körpers geben, damit der aufmerksame Beobachter zum »Körperlesen« befähigt wird.

Der Körper als soziales und kultiviertes Gebilde wird in den vielen Varianten seines privaten und öffentlichen Verhaltens untersucht und beschrieben. Als inszenierter, gestylter, dekorierter, geschundener, vernachlässigter, gepflegter, gewarteter, gestreßter, verführter, vergewaltigter, degradierter, verführerischer, ekelerregender oder mit vielen anderen Attributen versehener Körper ist er Objekt sozialwissenschaftlicher Begierden.

Entsprechend den Interessen der Ökonomie wird der kommerzialisierte Körper getestet, geprüft, geschult, ausgebildet, spezialisiert, gezüchtet, umworben und verführt. In verschiedenen Subkulturen lassen sich protestierende, rebellierende, versagende, dysfunktionale, fremde, verfluchte, gebrandmarkte, quälende, gedopte, ritualisierte, konditionierte, taxierte oder habitualisierte Körper ausfindig machen. Mit Hilfe subtiler psychophysiologischer Technologien und Marktforschungen werden Beobachtungen angestellt, wie die gleichgeschalteten Körperobjekte auf- und ab-, an- und umgeschaltet werden können. Der desinfizierte, desodorierte, parfümierte, gepuderte und gecremte kosmetische Körper wird als Leitbild in der Werbung dargestellt. Er konsumiert und wird konsumiert, vermittelt sexuelle Signale, ist der triebhafte, durstige und hungrige Körper, der sich durch den Kauf von Produkten neues Wohlbefinden verschafft.

Als Objekt der historischen Betrachtung findet sich der evolutionäre Körper der Gattung Mensch, der als anpassungsfähig, flexibel, gedungen, gezwungen, geformt, genormt, schaffend und geschaffen, als maschinenhaft oder als systemischer Organismus dargestellt wird. Als feindlicher Körper verliert der Mensch in modernen kriegerischen Auseinandersetzungen zusehends seinen wirklichen Körper. Während des video- und computergesteuerten Golfkriegs konnte jeder am heimischen Fernseher in gespenstischer Weise mitverfolgen, wie ausschließlich Objekte getroffen wurden und die getöteten Körper der Menschen nicht mehr präsent waren.

Als positives Objekt des Begehrens, als gesunder, gestählter, ausgewählt ernährter, nach allen Ratschlägen der Zeit trainierter und fitgehaltener Körper, als bestes Kapital für eine lange Zukunft

Die durchschnittliche Frau:	Wie Frauen gerne aussehen möchten:	Frauen glauben, daß Männer sie gerne so hätten:	Tatsächlich wünschen sich Männer eine Frau so:
Kleidergröße: 40–42	Kleidergröße: 36	Kleidergröße: 36	Ausgeprägte, mittelbreite Hüften,
Gewicht: 60,7 kg	Gewicht: 55,7 kg	Gewicht: 53,5 kg	schmale bis mittlere Taille
Größe: 160,4 cm	Größe: 164 cm	Größe: 162 cm	Gewicht: 54,8 kg
Durchschnittlich große Brüste	Durchschnittlich große Brüste	Große Brüste	Größe: 162 cm
Durchschnittliche Figur	Durchschnittliche Figur	Schlanke Figur	Mittelgroße Brüste
Schwach muskulös	Muskulös	Leicht muskulös	Durchschnittliche Figur
Braune Augen	Braune oder blaue Augen	Blaue Augen	Schwach muskulös
Kurze, glatte, braune Haare	Braune Haare, gewellt oder gelockt,	Lange, gewellte blonde Haare	Blaue Augen
Einige Falten, Schönheitsflecken oder Sommersprossen	(keine besondere Vorliebe für eine bestimmte Haarlänge)	Glatte, gebräunte Haut	Lange, gewellt blonde oder braune Haare
Nicht gebräunte Haut	Glatte, gebräunte Haut		Glatte, gebräunte Haut

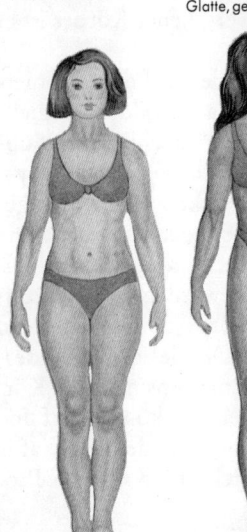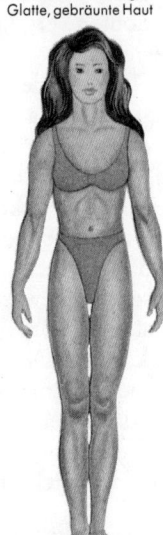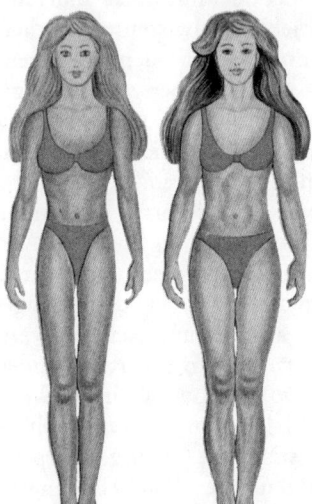

Weibliche und männliche Körperideale der Gegenwart gleichen sich aus unterschiedlichen Blickwinkeln einander an und widersprechen sich.

wird der Körper als Hoffnungsträger auf dem Markt der alltäglichen Eitelkeiten angepriesen.

Als Subjekt, als Selbst, als Ort von bewußter Aufmerksamkeit für Unbekanntes und Vergessenes, als Experimentierfeld von schöpferischer Selbsterfahrung und Wachstum, als gespürter, erlebter, offen wahrgenommener Partner findet der Körper heute neues, neugieriges Interesse. Der natürliche Körper wird als Ort unbekannter Spiel- und Zwischenräume, neuer Bewegungsfreiheit, als gegenwärtige, anwesende, eigene Wirklichkeit wiederentdeckt.

Der durchschnitt-liche Mann:	Wie Männer gerne aussehen wollen:	Männer glauben, daß Frauen sie gerne so hätten:	Tatsächlich wünschen sich Frauen einen Mann so:
Gewicht: 78 kg	Gewicht: 77,5 kg	Gewicht: 78,5 kg	Gewicht: 77,5 kg
Größe: 178 cm	Größe: 180 cm	Größe: 183 cm	Größe: 180 cm
Mittelbreite Schultern und Brust	Mittelbreite bis breite Schultern und Brust	Breite Schultern	Mittelbreite bis breite Schultern
Schlanke Figur	Behaarte oder glatte Brust (hier sind die Meinungen der Männer geteilt)	Breite Brust	Mittelbreite bis breite Brust
Braune Augen	Muskulöse Figur	Behaarte Brust	Behaarte Brust
Kurze, glatte, dunkle Haare, glattrasiert	Braune oder blaue Augen	Muskulöse Figur	Muskulöse Figur
	Kurze, glatte, dunkle Haare	Blaue Augen	Braune oder blaue Augen (hier sind die Meinungen der Frauen geteilt)
	Gebräunte, glattrasierte Haut	Kurze, lockige, dunkle Haare	Kurze, gelockte, dunkle Haare
		Gebräunte, glatt-rasierte Haut	Gebräunte, glattrasierte Haut

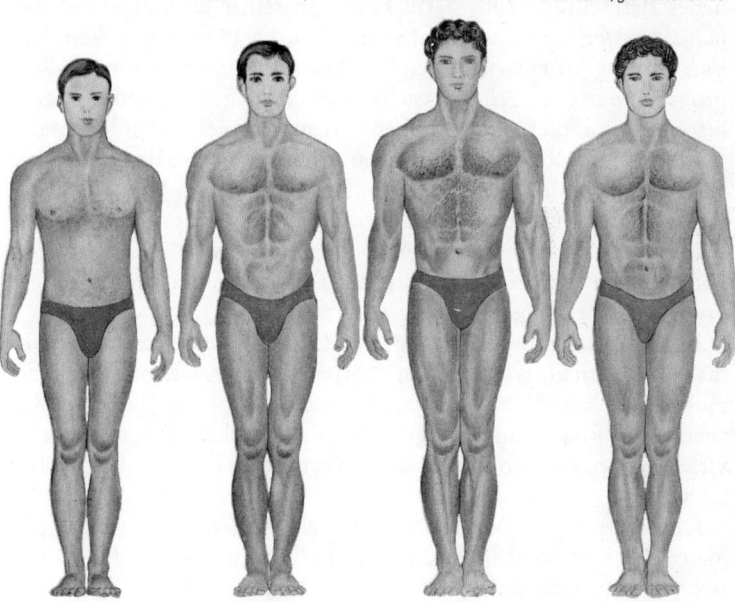

In vielen Formen des »Body-processing«, der Körperbearbeitung, soll dieser fit und in guter Verfassung gehalten werden. Er soll gesund, sportlich, selbsterfahren, entfaltet, wachsend, kreativ, aktiv, leistungsfähig sein. Wo dies nicht gelingt, soll er entsprechend therapiert werden, um sich fit, reibungs- und lautlos einfügen zu können und ins geregelte soziale Geschehen hineinzupassen. Durch Ausdauer fördernde und immer risikoreichere Formen der Bewegung auf der einen Seite, aber auch durch rhythmischen Tanz oder zeitlupenhaft verlangsamte Bewegungen soll er bis zur Belastungsgrenze geschunden und angeregt werden, um sich dann in freudig-meditativer Offenheit zu regenerieren. Der Körper ist zugleich öffentlicher Aktivposten und intimer Ruheraum zum Rückzug vor den Erwartungen und Ansprüchen der anderen. Unter dem notwendigen Panzer gegen die äußeren Disziplinierungen soll die verborgene Sinnlichkeit des Körpers wieder verstärkt ans Licht treten können.

Der menschliche Körper bildet nur bei flüchtiger und oberflächlicher Betrachtung eine starre Form. In seiner lebendigen Wirklichkeit unterliegt er konstant vielfältigen Veränderungen. Von der Befruchtung an entwickelt er sich beständig und in gesetzmäßig programmierten Regeln als wachsender und degenerierender Organismus. Er tut dies im lebendigen Zusammenspiel und in Wechselwirkungen mit seiner jeweiligen natürlichen und sozialen Umwelt. Er wächst, bildet sich, reift, organisiert sich, regeneriert sich, degeneriert, reagiert, handelt, erinnert sich, lernt, bewegt sich selber, spürt sich selber, reguliert sich selber, pulsiert, schwingt und vollzieht kontinuierliche Rhythmen. Er ist klein und hilflos, jung, erwachsen, alt und gebrechlich.

Die vielfältigen Beschreibungen und Zugangsweisen zum Körper machen deutlich, wie sich der Körper dazu eignet, mystifiziert, moralisiert, verboten, glorifiziert, idealisiert, ideologisiert, mißachtet, als kluges, nicht lügendes, energetisches, aus unendlich vielen Einzelaspekten sich zusammensetzendes Gebilde dargestellt zu werden.

Der Körper des Menschen dient als Maßstab für vielfältige materielle Konstruktionen und kulturelle Symbole, für Mobiliar, Arbeitsplätze oder Raumbemessungen. Er ist Objekt von Zeitregelungen, die sich seinen Tages-, Jahres- und Lebensrhythmen anpassen oder sie sozial neu bestimmen, seine Altersstufen festlegen und ihm entsprechende rechtliche und politische Pflichten zuordnen. Er ist Objekt von Raum- und Verkehrsplanungen, die danach fragen, wieviele Körper wo Platz finden und wieviele Körper von wo nach wo transportiert werden müssen.

Gesundheitspolitisch ist der Körper Objekt vielfältiger Empfehlungen und Regulierungen. Die Menschen werden angeleitet, wie sie Schädigungen des Körpers durch übermäßiges oder falsches Essen, Trinken, Rauchen, durch falsche Bewegung vermeiden oder ihn durch Maßnahmen am Arbeitsplatz, durch Vermeidung von toxischen Substanzen und durch Prävention schützen können.

Muster unterschiedlicher Beeinflussungen durch soziale Lage, Alter, geographische Lokalisation, persönliche Lebenszusammenhänge und ökologische Beeinflussungen werden systematisch in ihren Auswirkungen auf den Körper überdacht und dienen als Grundlagen für mannigfaltige Hinweise, wie Risikofaktoren ausgeschaltet werden sollen, um sich in gesundheitsfördernder Weise am individuellen und sozialen Wachstumsprozeß zu beteiligen.

Das Interesse am menschlichen Körper stellt ein vielgestaltiges, verwirrendes Mosaik von Begierden, Hoffnungen und Wünschen dar. Körpervorstellungen und Körperdarstellungen, Körperbilder und Körpergrenzen, Körperschemata und Körperideale werden aus den unterschiedlichsten, sich widersprechenden oder sich ergänzenden Informationen objektiver und subjektiver Art gespeist. Sie zueinander in Beziehung zu setzen, ist theoretisch reizvoll, scheint aber aufgrund der geschilderten Komplexität praktisch kaum zu verwirklichen sein.

Inmitten all dieser Zugangsweisen und Beschreibungsmöglichkeiten bleibt dem einzelnen Menschen der eigene Körper permanenter Mittelpunkt der Orientierung. Mit und durch den eigenen Körper erlebt, erleidet, verändert, erobert und erduldet jeder seine Welt. Sein Körper verbindet ihn mit anderen Menschen und Lebewesen, schafft Momente der Vereinigung und wird dann wieder als getrennt erlebt. Als Subjekt, als seiender Körper ist er einfach da, selbstverständlich, Raum für erlebtes Glück, Selbstsicherheit und Wohlbefinden. Als Objekt birgt er Möglichkeiten für Kränkungen, Ängste, Hypochondrie oder Narzißmus. Er wird weggewünscht oder verflucht, bietet Möglichkeiten zum Rückzug in die eigene körperliche Burg, um das ängstlich-beobachtende, sich minderwertig erlebende, niedergeschlagene, zwanghafte, traurige, wütende, unglückliche Ego vor der vermeintlich feindlichen äußeren Welt zu schützen.

»Was man auch immer am menschlichen Körper anschauen oder berühren mag, man hat es immer mit einer großen Masse von Lebewesen zu tun, nicht etwa nur mit einem einheitlichen Organ« (G. Groddeck). Der menschliche Körper ist niemals fertig, sondern, wie die Evolution zeigt, immer werdend. Nur in der äußeren Betrachtung ist er ein isoliertes Individuum, ein in sich abgeschlossenes Gebilde. Auch innerhalb seiner Haut ist der menschliche Körper keine singuläre Einheit. Er ist aus zahllosen lebenden einzelnen Zellen zusammengesetzt, die jede für sich beständig am

Stoffwechselprozeß teilnehmen. Jeder Körper lebt ständig in Genossenschaft mit einer zahllosen Menge von nichtmenschlichen Organismen in symbiotischer Wechselwirkung.

Die ewig wechselnden Bestrebungen des Menschen, sich nach den Idealen verschiedener Körpermodelle auszurichten, haben für ihre gelebte Wirklichkeit und ihren Körper mehr Schaden angerichtet als Fortschritt ermöglicht. Oft haben sie sich im Versuch der Annäherung an solche Körperideale zur Karikatur ihrer menschlichen Entfaltungsmöglichkeiten degradiert. Immer wenn ein neues Modell des idealen Körpers entworfen wurde oder wenn ein altes Ideal wieder neu in Mode kam, waren und sind die Menschen verführt, dieses als absoluten Maßstab der Notwendigkeiten ihres Körpers und Verhaltens anzulegen.

»Der Reflex, die Reihenfolge der Geburt, das Gehirn als Computer, die Psyche als hydraulische Pumpe, der Komplex, der Körper-Typ, der genaue Zeitpunkt und Ort der Geburt, der Trieb zur Selbstverwirklichung, die menschliche weiße Ratte, alle wurden sie zu unterschiedlichen Zeitpunkten von unterschiedlichen psychologischen Forschungsrichtungen als die Möglichkeit zum umfassenden Verständnis des menschlichen Körpers, Verhaltens und Bewußtseins dargestellt und angepriesen.« (L. Le Shan) Am Ende blieb zumeist ein verkürztes Körperideal, und die lebende Person mit ihrem vielgestaltig erlebten Körper ging dabei gänzlich verloren.

Modelle, Abbildungen und Symbole sind zwar gute Diener zur Annäherung an das Verständnis menschlicher Körper, aber als Herren sind sie gänzlich ungeeignet, repressiv und oft schädlich.

Der menschliche Körper als lebendes System

Zu allen Zeiten haben Visionäre, religiöse und politische Führer, Denker, Heilkundige und Forscher versucht, die vielfältigen Aspekte des menschlichen Körpers durch Ordnungsschemata zueinander in Beziehung zu setzen. Medizinhistoriker haben die Vielfalt dieser Sichtweisen in verschiedenen Zeitaltern und Kulturen ausführlich dokumentiert (Rothschuh, Schipperges, Winau). Die Systematisierungsversuche einzelner Epochen und Kulturen sind vielgestaltig, widersprüchlich, vergangen und aufgegeben worden und üben doch zugleich weiterhin in vielfältiger Weise Einfluß auf das zeitgenössische Verständnis des menschlichen Körpers aus.

In welcher Weise Denkformen und Ideologien auch die epochenspezifischen Vorstellungen des menschlichen Körpers geprägt haben, dies hat der Historiker A. Nitschke für die westlichen Kulturen herausgearbeitet. Er spricht davon, daß die Menschen die Wirkungen der vorherrschenden religiösen und geistigen Denkprinzipien ihres Zeitalters an ihren eigenen Körpern erfuhren, wenn sie in Bewegung, in Wechselwirkung mit ihrer Umgebung traten. Der Klassik schreibt er beispielsweise das Prinzip der tragenden Kraft zu, die alle auf sie drückenden Lasten hochzustemmen vermochte. Daneben stand die Idee der verbindenden Kraft, welche die auseinanderstrebenden Teile des Körpers zusammenhielt. In der Spätantike dominierte die Vorstellung über das Wirken einer Kraft, die aus der Umgebung in den Körper eindrang und ihn in einen veränderten Zustand versetzte. Im Hochmittelalter war die Idee einer Wärmekraft vorherrschend, die in einem Körper aufstieg und ihn dadurch leichter und beweglicher werden ließ. Vorstellungen über das Wirken eines spezifischen Bewegungsimpulses, der jeden, in dem er wirkte, dazu veranlaßte, einen anderen Ort aufzusuchen, beherrschte die Zeit der Renaissance. Im 18. und 19. Jahrhundert wurde die Wirkung einer inneren Anspannung postuliert, die sich produktiv in eine innere Tätigkeit umsetzen ließ. Für das 20. Jahrhundert sieht Nitschke das vorherrschende Prinzip des Wirkens von rhythmischer Bewegung, der sich die Menschen resonanzartig anzugleichen bemühen.

Entsprechend den oben dargestellten vorherrschenden Denkprinzipien der verschiedenen Epochen wurden auch unterschiedliche Fragen an den menschlichen Körper gerichtet und dieser in unterschiedlicher Weise begriffen. Vorstellungen über das Gleichgewicht der »Körpersäfte« wurden abgelöst von anatomisch-strukturellen Analysen des menschlichen Körpers, von alchemistischen Vorstellungen und ersten chemischen Konzepten, später von Ideen der Mechanik, des Zusammenwirkens der einzelnen Teile in der Körpermaschine Mensch, der mathematischen Auswertung und der Statistik, schließlich von der Idee der Lokalisierbarkeit von Krankheit in Geweben, Organen und Zellen (R. Winau).

Für die Moderne stellt die Medizingeschichte fest, daß in der einseitig naturwissenschaftlich eingestellten Medizin durch ihr »iatrotechnisches Konzept« (Rothschuh) der Körper als Ganzes aus dem Blick geraten sei. Für diese Medizin habe sich der menschliche Körper in Organe, Organteile und Funktionen aufgelöst. Schipperges spricht davon, daß es der modernen Medizin sowohl am Interesse als auch an einer systematischen Vorstellung von Gesundheit mangle. Sie habe zwar ein wissenschaftliches Konzept von vielfältigen Risikofaktoren für einzelne Krankheiten entwickelt, aber die Idee der Förderung einer gesunden Lebensweise sei der modernen Medizin augenblicklich aus dem Blickfeld geraten. Angesichts der Vielfalt von medizinischen Disziplinen und Spezialitäten, der unüberschaubaren Menge von medizinischen Daten über den menschlichen Körper, des eingeengten Blickwinkels der einzelnen Spezialdisziplinen sowie deren Unmöglichkeit, miteinander noch sinnvoll über den menschlichen Körper als Ganzes zu kommunizieren, ist diese Aussage kaum verwunderlich. Sie verweist auf die Notwendigkeit für die Medizin, sich in Zukunft wieder verstärkt um eine solche Gesamtschau des menschlichen Körpers und seiner Stellung im gesamten Lebenskontext zu bemühen. Dabei wird sich die Medizin nicht mehr als allein dominierende Disziplin für das Verständnis des menschlichen Körpers begreifen können, sondern sie wird sich einreihen müssen in das Orchester der vielen wissenschaftlichen Fächer, die heute wesentliche Beiträge zum komplexen Verständnis des menschlichen Körpers, seiner Gesundheit und Heilung beitragen.

Immer wieder haben die verschiedenen Epochen der Heilkunde und Medizin versucht, die »Stellung des Menschen im Kosmos« (M. Scheler) symbolisch und graphisch darzustellen. Neben der klassischen Vorstellung des Hippokrates stehen andere Systematisierungen, wie etwa durch Paracelsus, Galenus oder Hildegard von Bingen. Bei all diesen Darstellungen steht der menschliche Körper im Zentrum. Neuere systematische Sichtweisen des menschlichen Körpers reihen diesen in kreisförmige Diagramme ein. Die bekannteste zeitgenössische Darstellung der Komplexität von Gesundheit ist das von der Weltgesundheitsorganisation 1986 verabschiedete Logo der Ottawa-Charter für Gesundheitsförderung. Hierin ist der menschliche Körper als zentraler Aspekt in den Hintergrund getreten. Er wird nur noch als ein Aspekt der vielfältigen ökologischen, sozialen, politischen, persönlichen und institutionellen Wechselbeziehungen gesehen. Wo die moderne Medizin den menschlichen Körper in der Vielfalt analytisch-biologischer Daten aus dem Blick verloren hat, droht der modernen Gesundheitspolitik, daß sie den Körper in der Vielfalt von sozio-ökologischen Wechselwirkungen aus dem Auge verliert.

Über die vielfältigen westlichen Konzeptionen des menschlichen Körpers hinaus hat sich in den letzten Jahren in den Industrienationen ein neues Interesse an traditionellen östlichen Konzepten des Körpers als »energetischem Körper« entwickelt. Stellvertretend seien dafür die klassischen Konzepte der indischen Medizin und ihrer energetischen Kraftfelder, der »Chakren«, sowie das traditionelle chinesische Verständnis des Körpers als Kraftfeld von »Polarmeridianen«, auf denen die »Chi«-Energie zirkuliert und nach einem ausgeglichenen Verhältnis von Yin-Yang-Kräften strebt. Auch wenn der Rekurs auf klassische Modelle der asiatischen Heilkunde vielfach von schwärmerischen und unkritischen Übernahmen geprägt ist, wie dies T. Ots zu Recht kritisiert, so zeigen sie doch erstaunliche Parallelen zu modernen kybernetisch-systematischen Konzepten subtiler energetischer Prozesse der modernen Physik (F. Capra, D. Bohm, R. Sheldrake). Auch klassische westliche Konzeptionen von lenkenden vitalen Kräften wie etwa dem »Pneuma« der griechischen Medizin oder die energetischen Vorstellungen des »Astralleibs« R. Steiners finden neues Interesse bei dem Versuch, ein zeitgemäßes Verständnis des menschlichen Körpers zu entwickeln.

Moderne Konzepte über die »Weisheit des Körpers«, wie sie der Physiologe W. Cannon in seiner Theorie der »Homöostatis« als des dynamischen Fließgleichgewichts innerhalb des menschlichen Körpers dargestellt hat, greifen auf Konzepte der Regulierung des »inneren körperlichen Milieus« zurück, wie sie C. Bernard formuliert hat. Aus neurobiologischer Sicht, die neue Forschungen der Psychoneuroimmunologie und der Psychoneuroendokrinologie über Kommunikationsprozesse zwischen Nerven-, Immun- und Hormonsystem einbezieht, hat J. Vincent den Begriff des »Zentralzustands« geprägt. Dieser umfaßt die sich ständig wandelnden Wechselwirkungen zwischen innerkörperlichen Prozessen, der Umgebung des Körpers und der biographischen Kontinuität des individuellen menschlichen Körpers.

Paradoxien der Körpervorstellungen
für Gesundheit und Heilungsprozeß

Das vorhandene Chaos der Vielfalt an Konzepten und Vorstellungen des menschlichen Körpers erfordert neue Ordnungen. Entsprechend bunt und vielfältig sind auch die geläufigen Darstellungen des menschlichen Körpers in den öffentlichen Medien. Sie vermischen sich im Alltag der einzelnen Menschen mit deren eigenen Traditionen und Lebenserfahrungen zu einer ganz persönlichen Vorstellung. Im Hinblick auf das augenblickliche Körperverständnis der westlichen Kulturen schrieb I. Illich: »Die professionelle Macht über die Definition der Wirklichkeit hat ihren Gipfel überschritten und befindet sich jetzt im Rückgang. Augenblicklich wirkt eine verwirrende Mischung von High Tech und Kräuterweisheit, von Bioengineering und selbstbestimmten Übungspraktiken auf die Schaffung der erlebten Wirklichkeit ein, einschließlich derjenigen des Körpers. ... Nichts scheint mir momentan wesentlicher zu sein als eine Klärung der Unterschiede zwischen dem augenblicklichen Trend zum ›Body building‹ und der klassischen Kunst der Verkörperung von Kultur.«

Die verwirrende Vielfalt kultureller und wissenschaftlicher Verständnisse vom menschlichen Körper bewirkt ebensoviele Erwartungen der Menschen an die heilkundigen Experten. Die meisten Ärzte und Therapeuten sind in ihrem eigenen Selbstverständnis aufgeklärte, rationale, auf den Grundlagen der modernen Wissenschaft arbeitende Experten. In den Vorstellungen und Erwartungen der hilfesuchenden Patienten verwandelt sich das Bild der Ärzte und Therapeuten jedoch oft zu einem wechselnden, mehrgestaltigen, skurrilen Kaleidoskop von Medizinmann oder Medizinfrau, Schamanen, Kräuterheilkundigen, Seher, Hexendoktor, Exorzist, Zauberer, Medizintechniker oder allwissendem Experten, welcher der gesamten Vielfalt medizinischer und paramedizinischer Praktiken mächtig ist. Je nach dem geltenden Weltbild eines Menschen, seiner Kultur oder Religion, seiner Region oder Subkultur, seiner sozialen Schicht oder seines Bildungsstandes stellt dieser die Frage nach Ursache, Art und Zeitpunkt seiner Krankheit sowie nach deren Heilungsmöglichkeiten in unterschiedlicher Weise. Auf dieser Basis wünscht und sucht er entsprechende praktische Lösungsmöglichkeiten. Man kann deshalb zwischen *Krankheit* als organisch-biologischer Veränderung, *Kranksein* als persönlicher Wahrnehmung und Erfahrung und der soziokulturellen Rolle des kranken Menschen unterscheiden (Kleinmann). Im Zeitalter von Informations- und Kommunikationstechnologien, von Computer und bildgebenden Verfahren wird spezialisiertes Wissen über Daten und Forschungsergebnisse von den Experten oft zu einseitig bewertet. Sie entwickeln aus dem besonderen, aber begrenzten Blickwinkel ihres eigenen Wissens eine Vielzahl von »objektiv-wissenschaftlichen« Ratschlägen für erkrankte Menschen, ohne deren besondere subjektive Vorstellungen sorgfältiger zu erforschen.

Wissen und Denken werden im Gehirn des Menschen verortet, und eine moderne Parole des Computerzeitalters lautet, »den Geist als Kontrollinstanz über den unzuverlässigen Körper stärken«. Gefordert ist die Entwicklung von »brain« (Gehirn), um durch »mind over matter« oder »mind over muscles« siegen zu lassen. Wer sich nach dieser »modernen« Sichtweise gesund erhalten oder zu seiner Heilung beitragen will, der soll nicht mehr wie früher seinen Körper durch Übungen und gesunde Speisen kräftigen, sondern statt dessen mentale Cleverness und Schlauheit entwickeln. Die einseitige Betonung von Wissen und Kenntnis in den High-Tech-Gesellschaften kann zu dem führen, was Gebauer die »Enzephalisierung des Menschen« nennt. Die Menschen gehen dabei immer gerader, betonen immer stärker die Bedeutung des Denkens. Sie begeben und »befinden« sich immer mehr in ihrem Kopf. Der Schwerpunkt ihrer Körper wird dabei immer weiter nach oben verlagert. Das, was unten ist – die Füße, der Boden, der sichere Stand – wird zusehends vernachlässigt, und das körperliche Gefühl der Menschen zusehends verunsichert.

Ermutigung zur stärkeren Orientierung an den eigenen Sinnen

Die einseitige kulturelle Bewertung von Wissen hat auch zur zunehmenden Orientierung der Menschen am sichtbaren Äußeren geführt. Der Begriff »Wissen« leitet sich vom lateinischen »videre« – sehen – ab. Sehen und Hören sind die beiden Sinne des Menschen, die es ihm ermöglichen, sich rasch über das zu informieren, was außen und in der Distanz geschieht. Im Rahmen der embryonalen Entwicklung sind die Fernsinne Augen und Ohren diejenigen, die beim wachsenden Organismus am spätesten ausreifen. Aber beim erwachsenen Menschen sind sie diejenigen Sinne, die seine Orientierung soziokulturell zusehends einseitiger beherrschen.

Wir haben uns daran gewöhnt, wissenschaftliche Erkenntnisse über Einzelsinne getrennt voneinander zu betrachten. Im lebenden Organismus sind die Sinne aber nie voneinander getrennt, sondern sie arbeiten immer gleichzeitig und wirken in vielfältiger Weise aufeinander ein. Einzelne Sinne wie Auge, Ohr, Nase, Geschmacks- oder Tastsinn lassen sich zwar als biologische Träger spezieller Wahrnehmungen analytisch isolieren und gesondert darstellen. In der organischen Erfahrung gibt es aber keine einzelnen Sinne, sondern »nur eine Sinnlichkeit, einen Sinn« (v. Weizsäcker). Was einzelne Sinnesorgane oder »Sinnesapparate« leisten, organisiert sich im lebendigen Organismus zum »Orientierungssinn«. Der Sinnes- und Wahrnehmungsforscher J. Gibson verweist darauf, daß die rein physikalischen Strukturen und Leistungen der einzelnen »Sinnesapparate« (optisches [Auge], akustisches [Ohr], olfaktorisches [Nase], vestibuläres [Innenohr], gustatorisches [Zunge] oder taktiles [Haut] Sinnessystem) nicht ausreichen, um die komplexen Aufgaben der Orientierung selbsttätig zu leisten.

Sich orientieren bedeutet, etwas zu untersuchen, zu erkunden, sich anzupassen, zu optimieren, Unterschiede herauszufinden, in Einklang oder ins Gleichgewicht mit seiner Umwelt zu gelangen. Die fünf klassischen Wahrnehmungssysteme bieten uns fünf verschiedene Arten, unsere Aufmerksamkeit zu fokussieren. Wir können, je nach Notwendigkeit, einzelne Sinne unterschiedlich betonen. Einzelne Sinnesfunktionen überlappen sich in ihren Wahrnehmungsfunktionen. Wir verfügen über Möglichkeiten, unsere Sinnesorgane zu modulieren und nehmen zugleich passiv Informationen von ihnen auf. Wir wenden uns sowohl dem äußeren Reizangebot zur Erkundung und Orientierung aktiv zu – und werden gleichzeitig auch von diesem passiv erregt.

Sinnliche Wahrnehmung ist »ein psychosomatischer Akt eines lebenden Betrachters« (J. Gibson). Mit unserer biologischen Ausrüstung und durch unsere biographischen Kenntnisse wählen wir Wahrnehmungen aus dem kontinuierlichen Informationsfluß unserer »inneren« körperlichen Welt und unserer wechselnden »äußeren« Umgebungen auf. Oft wird uns die gleiche Information über unterschiedliche Sinne vermittelt. Unmittelbare Sinneseindrücke verschwinden, wenn die spezifische Reizung der Sinne aufhört,

Durch die einseitige Betonung der im Kopf befindlichen »Distanzsinne«, allen voran der Augen, haben wir in unseren Kulturen erheblich zur Trennung und zum vermeintlichen Gegensatz von Kopf und Bauch, Psyche und Soma, Seele und Leib, Geist und Körper beigetragen. Es gilt, die Sinne für die »äußere Welt« wieder in besseren Übereinklang mit den vielgestaltigen Sinnen unserer »inneren, körperlichen Welt« zu bringen.

nicht aber die Wahrnehmungen, die wir aus ihnen in unser Gedächtnis aufnehmen. Äußere Sinneseindrücke können sehr unterschiedliche Wahrnehmung, Wissen, Erinnerungen, Erwartungen und Vorstellungen hervorrufen. Zugleich können aber auch »innere« Erinnerungen, Erwartungen und Vorstellungen ihrerseits unsere Sinne sensibilisieren und »einstellen«. Sie können darüber hinaus selbständige »innere« Sinneseindrücke in Form von mentalen Bildern, Tönen oder Körpergefühlen hervorrufen und »äußere« Eindrücke vorformen und beeinflussen. Imaginationsverfahren oder selbsthypnotische Methoden machen sich diese Fähigkeiten vielfach zunutze.

Sinn, Begehren und Orientierung

Der Begriff »Sinn« bezieht sich ursprünglich auf die Fähigkeit zu »sinnen«, also zu streben, zu begehren, zu gehen, eine Reise zu machen, eine Richtung zu nehmen oder eine Fährte zu suchen. Er entwickelt sich aus dem lateinischen Begriff »sentire« – fühlen, wahrnehmen – und »sensus«, dem lateinischen Begriff für Gefühl und Meinung. Wie vielfältig wir den Begriff »Sinn« in der Umgangssprache benutzen, soll verdeutlichen, daß wir dabei nur selten von einem speziellen Sinnesorgan sprechen.

Wie wir »gesinnt« sind, ob freund- oder feindsinnig, ob scharf-, blöd-, un-, froh-, tief-, schwach-, wahn- oder gemeinsinnig, verweist auf das, worauf wir unsere Gedanken richten, wonach wir streben oder begehren. Uns steht der Sinn nach etwas, was uns sinnvoll erscheint. Wir sind eigensinnig, haben ein bestimmtes Ansinnen, besinnen oder entsinnen uns an das, was wir erfahren und erkannt haben. Derjenige, der Unsinn treibt, kann entweder albern oder auch rasend und verrückt sein. Er ist von Sinnen und muß wieder zu Besinnung gebracht werden. Der besonnene Mensch erkennt den Wert der einzelnen Sinnesorgane als Werkzeug, Instrument und Hilfsmittel, um mit ihrer Hilfe sich in seiner Umgebung zu orientieren. Wer orientiert ist, ist zentriert, wer orientierungslos ist, ist verwirrt, weiß nicht, worauf er steht, wohin er sich bewegen soll und welchem Ursprung seine Wünsche entspringen. Er hat den Sinn verloren dafür, wie er sich zurechtfinden, erkundigen, umsehen, umhören und umfühlen kann. Er weiß nicht mehr, wie er sich auf jemanden einstellen oder nach etwas ausrichten kann. Orientierung verweist auf die Kenntnis vom Weg und vom Gelände, die geistige Einstellung und die Ausrichtung, welche uns über unsere Sinne vermittelt wird.

Wir sprechen von den fünf klassischen Sinnen Sehen, Hören, Riechen, Schmecken und Tasten. Wir kennen den orientierenden »sechsten«, kinästhetischen Sinn, der uns beständig über die Lage und Stellung unseres Körpers im Raum orientiert. Wenn man achtgibt, hält man seine Sinne zusammen. Der Ängstliche hat Angst, daß seine Sinne schwinden und er ohnmächtig werden könne, daß er vor Aufregung oder Erregung seiner Sinne nicht mehr mächtig sei.

Wenn uns etwas in den Sinn kommt, dann drängt es uns danach, etwas zu tun. Wir orientieren uns an Sinnbildern als Symbolen,

Wenn zu heftig oder ohne Unterbrechung unsere Sinne von äußeren Reizen bedrängt werden, neigen wir dazu, die Sinne zu verschließen und uns verwirrt in uns zurückzuziehen.

Zeichen und Vergleichsmöglichkeiten. Wir kennen den Sinnestaumel der Lust, Sinnestäuschungen, Sinneswandlungen und absurde Sinnwidrigkeiten. Das, was durch die Sinne geschieht, ist »sinnlich« und wird häufig verkürzt gleichgesetzt mit anziehend, sexuell triebhaft und gierig. Wir vergessen häufig, daß erst das Zusammenspiel unserer Sinne uns ermöglicht, unseren eigenen Körper als Einheit und Ganzes zu erleben.

Augen – Sinnesapparate, Fenster zur Welt und Sprachrohr der Gefühle

Die Augen sind zum dominanten kulturellen Sinn geworden. Sie vermitteln uns ein Abbild der äußeren Welt, die durch die Linse gebündelt auf unsere Netzhaut fällt und von dort aus über Nerven zu den Sehfeldern auf die Großhirnrinde gelangt. Sie sind die beweglichsten Organe des Menschen und helfen ihm, sich in Bewegung schnell und direkt zu orientieren. Sie erlauben ihm aus der

Distanz, Hindernisse zu erkennen und sich auf diese einzustellen. Unser Auge entscheidet wesentlich darüber, ob etwas für uns anziehend oder abstoßend ist. Wir reagieren auf natürliche Schwankungen des Lichts mit feinen Gemütsschwankungen. Unsere innere Stimmung entscheidet mit darüber, ob uns etwas ins Auge springt, sticht, fällt oder ins Auge gefaßt wird.

Das Auge ist aber nicht nur ein physiologischer Apparat. Es ist poetisch umschrieben worden als »Sprachrohr des Gefühls« (Novalis), als der kostbare Augapfel, das Augenlicht oder Fenster der Seele, durch welches wir Erleuchtung erlangen. »Die Leuchte des Leibes ist das Auge. Wenn nun dein Auge heil ist, wird hellicht sein dein ganzer Leib. Wenn aber dein Auge bös ist, wird finster sein dein ganzer Leib.« (Matthäus 6, 22)

Das menschliche Auge ist nicht nur wahrnehmender Sinn, sondern es ist immer mehr auch »sprechendes« Organ, kommunikativer »Sender«. Sehen ist nicht nur Empfangen. Unser Verständnis des Sehens wird wesentlich geprägt durch das, was wir »Blick« nennen. Der Blick ist ein Medium der Begegnung. Es ließen sich ganze Psychologien des Blicks zusammenstellen: etwa der lauernde Blick, der Verschlagenheit und Gier ausdrückt; der undurchdringliche Blick, der etwas verheimlichen will; der aufdringliche und freche Blick, der verträumte, offene, klare, prüfende, urteilende, berechnende, geblendete, traurige, fröhliche oder leuchtende Blick. Sie alle vermitteln uns persönliche Qualitäten des betrachtenden Gegenübers. Sie verweisen darauf, aus welchem Blickwinkel jemand etwas sieht, ob sein Blickfeld verengt oder weit ist, geben Auskunft darüber, inwieweit jemand für eine Sache oder eine Person einen Blick hat.

Die visuelle, bildliche Darstellung prägt unser Menschenbild oder unser Körperbild. Wir orientieren uns an Ideen und Vorstellungen. Der Begriff »Idee« leitet sich vom griechischen »idein« – »sehen, erkennen, wissen« – ab. Wir haben »Ideale«, Sinn-, Leit- und Wunschbilder. »Idole«, Götzen-, Trug- und Götterbilder beeinflussen das Streben der verschiedenen Kulturen. Visionäre und Seher, Menschen, die mit besonderen Fähigkeiten zur Vorstellung der Zukunft versehen sind, genossen in allen Kulturen hohes Ansehen. Eine Ausnahme waren dabei die »blinden Seher«, die ihre Urteile über ihre außerordentliche Fähigkeit zu hören gewannen.

Das Auge als Sehapparat lieferte das Modell für immer feinere technologische Prothesen, die dazu führten, in immer kleinere mikroskopische und immer größere kosmische Welten hineinzuschauen. Was man mit eigenen Augen sehen kann, beseitigt jeden Zweifel. Das, was sich dem normalen Auge entzieht, auch das Innere des menschlichen Körpers, wird mit immer ausgefeilteren technologischen Verfahren von Röntgenologie, Ultraschall, Computertomographie oder Magnetresonanzverfahren sichtbar gemacht. Bewegungen werden auf Graphiken und Kurven eingetragen und somit für das Auge sichtbar und nachvollziehbar. Der kulturelle Gebrauch des Auges hat sich von den Zeiten der Jäger und Sammler, die ihre Umwelt ausspähten, über die Epochen der Handwerker, die mit gutem und sicherem Auge ihr Material begutachteten und bearbeiteten, heute zum monotonen Sehen auf Kontrollsichtgeräte und Bildschirme entwickelt. Es gilt kaum noch, den Blick über Landschaft und Material schweifen zu lassen, sondern gefordert ist, mit starrem Blick körperlich bewegungslos die volle Aufmerksamkeit auf monotone Buchstaben- und Zahlenkolonnen des Bildschirms zu richten. Dort, wo früher weitsichtig und umsichtig geschaut wurde, bildet sich in der modernen Zivilisation vor allem der kurzsichtige und vorsichtige Blick aus. Gesellschaftlich ist nicht der vorausschauende, hellsichtige Blick, der zur Bewegung auffordert, gefragt, sondern der bewegungslos betrachtende Blick des Fernsehens. Werbepsychologen zeichnen mit ausgefeilten technologischen Verfahren auf, wohin unser Blick wandert und worauf unser Auge als erstes fällt. Farbpsychologen ermitteln die emotionale Wertigkeit der einzelnen Lichtwellen und gestalten dementsprechend Produkte und Räumlichkeiten. In einer wahren »SinnFlut« wird unser sehender Sinn mit grellen Reklamen, stimulierenden Magazinen und emotionsauslösenden Bildern bombardiert. Die kulturelle Dominanz des Sehens hat uns in vielfacher Form zu Peepern und Voyeuren gemacht, die mit dem durch das Fernsehen geschulten Blick die Wahrnehmung der nahen Wirklichkeit zusehends aus den Augen verlieren.

In den letzten Jahren haben gedruckte und gefilmte Medien im Zeitraffer- und Zeitlupentempo versucht, unsere Augen in ihren Fähigkeiten zum »Body-watching« zu schulen, um subtiler die »Körpersprache« anderer Menschen verstehen zu können. Sehen und Gesehenwerden, sich selbst und seinen Körper inszenieren, verschiedene soziale Rollen spielen, dies alles hat nach Ansicht von Soziologen wie E. Goffman oder R. Sennett dazu geführt, daß wir uns im öffentlichen Leben immer mehr durch den »Blick des

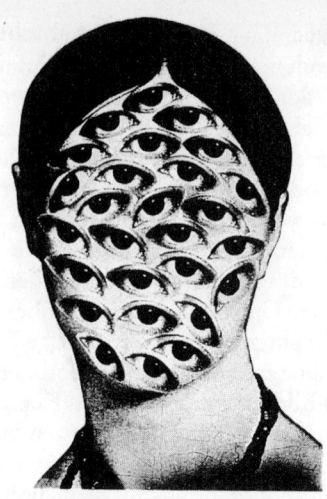

Die Augen nehmen im Vergleich zu den übrigen Sinnen eine überproportional große Fläche der sensorischen Bereiche unserer Großhirnrinde ein. Das Sehen ist in den Industrieländern kulturell zur einseitig dominierenden Wahrnehmungsart geworden. Mit »gefräßigen« Augen nehmen wir durch das Fernsehen unmittelbar am weltweiten Geschehen teil und verlieren dabei oft unsere Fähigkeit, das Naheliegende mit klarem Blick, umsichtig und vorausschauend zu erkennen.

anderen« beobachtet und verunsichert fühlen. Dementsprechend kontrollieren wir unsere Bewegungs- und Ausdrucksformen stärker als je zuvor.

N. Elias hat Probleme des Selbstbewußtseins und des zeitgenössischen Menschenbilds unter der Parabel der »denkenden Statuen« dargestellt. Er schreibt: »Sie können ihre Glieder nicht bewegen. Aber sie haben Augen und können sehen. Vielleicht auch Ohren, die hören. Und sie können denken. Sie haben Verstand. Man kann annehmen, daß sie einander nicht sehen, auch wenn sie wohl wissen, daß andere existieren. Jeder steht für sich... jede Statue bildet sich eine eigene Meinung... Sie verändert sich nicht. Sie sieht. Sie beobachtet. Drüben auf der anderen Seite geht etwas vor. Sie denkt darüber nach.« Elias beobachtet, daß Augenfreuden und auch Ohrenfreuden soziokulturell intensiver, reicher, subtiler und auch allgemeiner werden. Gliederfreuden hingegen, schreibt er, »werden mehr und mehr durch Gebote und Verbote eingeengt und auf wenige Bezirke des Lebens beschränkt. Man nimmt vieles wahr, ohne sich zu bewegen. Man denkt und beobachtet, ohne sich zu rühren. ... Ihre Augen nehmen wahr; und sie können sich Gedanken machen über das, was sie wahrnehmen.«

Welch vielfältige Möglichkeiten die bewußtere Wahrnehmung von Klang und das »Hören der Welt« uns erschließen können, hat J. E. Berendt in seinem Buch »Das dritte Ohr« fast hörbar beschrieben. Kulturgeschichtliche Wandlungen des Riechens wurden von J. Corbin und die Kultivierung des Geschmackssinns von St. Mennell geschildert. Sie können an dieser Stelle nicht differenzierter erörtert werden.

Die Tatsache, daß die klassischen fünf Sinne den ursprünglichen, entwicklungsgeschichtlich ersten Sinn, den Sinn für die Wahrnehmung von Bewegung nicht beinhalten, dies ist nach Ansicht von B. Bainbridge-Cohen Ausdruck von historischer Körperpolitik. Sie schreibt: »Wie alle Wissenschaften Widerspiegelungen der sozialen, politischen und religiösen Ideen ihrer Zeit sind, so ist es auch angemessen, daß die historische Unterdrückung von Körperempfinden in der westlichen Kultur immer als eine Sache von wissenschaftlichen Fakten dargestellt wurde. Aus dieser Sichtweise betrachtet man ein Phänomen gewöhnlich nur als ›objektive wissenschaftliche Tatsache‹, wenn es von allen anderen Körperempfindungen getrennt werden kann, das heißt, es muß sich der ausschließlich sichtbaren oder hörbaren Messung erschließen lassen. Wenn die Wahrnehmung durch körperliche Empfindung ›gemessen‹ wird, dann wird sie als ›subjektiv‹ oder ›nicht wissenschaftlich‹ verstanden.« Die Erfahrung von Bewegung wird in diesem Sinne nicht als eine »wissenschaftliche Studie« verstanden. Zugleich wissen wir, daß gerade der propriozeptive, kinästhetische Sinn und der Gleichgewichtssinn die Bezugssysteme darstellen, welche alle anderen Orientierungsmöglichkeiten koordinieren. Alle anderen Arten von sinnlichen Wahrnehmungen und Empfindungen werden unter Bezug auf diese grundlegenden Informationen des eigenen Körpers verarbeitet.

Die spezifische Schulung einzelner Sinne und ihre längerfristige Verbesserung durch isolierte Übungen muß bezweifelt werden. (H. Jacoby) Das zwanghafte Bemühen, »besser« wahrzunehmen, sollte durch geduldige, aufmerksame, freudvollere Herangehensweisen ersetzt werden, die Schauen, Lauschen, Riechen, Schmekken und Spüren wieder Zeit und Raum, die ihnen gebühren, zugestehen. Erst das integrierte Erleben der Möglichkeiten einzelner Sinnesorgane im Kontext des ganzen Körpers kann dazu führen, daß sie sich in Übereinklang mit dem Orchester aller anderen Sinne und dem Empfinden des ganzen Menschen entwickeln. Erst dadurch, daß wir den angestrengten einzelnen Sinnen mehr Gelassenheit und mehr Ruhe zugestehen, können diese »stiller« aus der Vielfalt verfügbarer Informationen das herausfiltern, was für Wachstum und Wohlbefinden förderlich ist.

Der kontemplative, sich frei zwischen äußerer Betrachtung und Innenschau bewegende Blick kann neue Einsicht ermöglichen. Er ist nicht mehr der Blick des vorsichtigen, rücksichtnehmenden oder kontrollierenden Aufsehers. Er schafft klarere Sinne, die im rechten Augenblick das Augenmerk auf das Offensichtliche, Augenscheinliche richten. Das zwanghafte Bemühen, etwas ins Auge zu fassen, im Auge zu haben und nicht aus den Augen zu verlieren, das ängstliche Bemühen, der Gefahr ins Auge zu schauen und mit weit aufgerissenen, offenen Augen umherzugehen, verhindert oft die Möglichkeit, etwas auch mit ganz anderen Augen zu sehen, neugierig und schaulustig zu sein. Gelassenheit erlaubt eher und angemessener, jemandem einen Wunsch von den Augen abzulesen, die Feinheiten von verstohlenen Blicken oder schönen Augen, von glänzenden oder feuchten Augen wahrzunehmen, und ermutigt, wieder häufiger ein Auge zu riskieren für mögliche Augenweiden, die sich uns darbieten. J. Houston hat in ihrem Buch »Der mögliche Mensch« einige schöpferische, humorvolle Vorstellungsübungen zur Klärung und Säuberung der Wahrnehmungsräume der Sinne zusammengestellt.

Die Dominanz von raschen Bewegungen und Geschwindigkeit unserer Kultur hat dazu beigetragen, daß die Augen zum vorherrschenden Sinn geworden sind. Wer sich beispielsweise mit seinem Auto bei hoher Geschwindigkeit durch eine Landschaft bewegt, der muß seine Augen geradeaus richten ebenso wie derjenige, der ängstlich und verschüchtert, allein und fremd durch die Hektik unbekannter Großstädte hastet.

Der Begriff »Blick« verweist ursprünglich auf das blitzartige, kurze Hinsehen. Als solches ist heute stärker als je zuvor der »ärztliche Blick« zu verstehen, der, statt einen intuitiven Einblick ins Geschehen zu nehmen, sich zusehends einseitiger an optisch vergrößerten, bildlichen Darstellungen, Schaubildern und Graphiken orientiert, mit denen er den »gläsernen Menschen« durchschauen und durchblicken möchte. Aus dem geschulten Blick für den ganzen Menschen wird so leicht der getrübte Blick aus den verengten Blickwinkeln von Spezialisten, die den Qualitäten ihrer eigenen Augen und ihrer eigenen Sinne immer weniger Vertrauen schenken.

Neues Vertrauen in die Qualitäten der eigenen Sinne zu stärken, ist ein wesentliches Anliegen unterschiedlicher Techniken zur Entwicklung bewußter Körperwahrnehmung. Sie möchten dazu beitragen, daß aus oft ermatteten, betäubten und getrübten Sinnen wieder häufiger klare, offene und wache Sinne werden. Sie wollen uns dazu ermutigen, den vielgestaltigen täglichen Angriffen auf unsere Sinne durch Lärm, grelle Lichter, Gestank und Geschmacklosigkeiten zu wehren und auf eine Veränderung hinzuarbeiten. (Hinweise zur Erarbeitung einer ganzheitlichen Entfaltung der Sinne geben H. Kükelhaus, R. zur Lippe oder C. Selver.)

Unsere Sinne sind weniger »apparative Sensoren und Rezeptoren« als vielmehr »Fühler und Antennen«, die uns den zweckmäßigen Gebrauch unserer körperlichen Möglichkeiten gestatten. Es kommt weniger darauf an, unsere Sinne zu schärfen, als ihrer Entfaltung nicht im Wege zu stehen.

A. Watts verweist auf eine Stelle des klassischen indischen Baghawadghita, dort heißt es: »Der mit dem Göttlichen vereinte und die Wahrheit wissende Mensch denkt: Ich tue gar nichts, denn wenn er sieht, hört, fühlt, riecht, schmeckt, geht, schläft und atmet; wenn er spricht, ausscheidet, ergreift, die Augen öffnet und schließt, weiß er wohl, daß nur die Sinne mit den Sinnesobjekten beschäftigt sind.« Das Vertrauen in die Qualität der eigenen Sinne ist den kultivierten Menschen in vielfacher Form abhanden gekommen. Statt selbstbewußt auf die eigenen Sinne zu vertrauen und sie prüfend zu gebrauchen, sind zu viele Menschen immer mehr vom fremden Wissen und Urteil der Experten abhängig geworden.

Von verordneter Körperkontrolle zur Wiederentdeckung des eigenen Körpers

»Man denkt sich den Menschen heute gewöhnlich als ein Wesen mit mehreren psychischen Schubfächern (Geist, Seele, Verstand, Gefühl, Bewußtsein, Trieb, etc.).«

(N. Elias)

»Geben sie sich selbst Befehle oder stellen sie Fragen an sich?«

(R. Allon)

Der »Supercomputer« für alle

Im großen Lotteriespiel des Lebens auf diesem Planeten hat die menschliche Gattung scheinbar das große Los gezogen. Jeder Mensch darf sich rühmen, persönlich im Besitz des großartigsten »Computers« unserer Zeit zu sein: des menschlichen Körpers. Er ist leicht über weite Strecken transportabel, kann überallhin mitgenommen werden und ist unabhängig von einer spezifischen Energiequelle. Macht man klugen Gebrauch von ihm, dann ist er in der Lage, Probleme flexibel zu lösen. Im Prozeß der Evolution ist dieses »Modell« über Millionen und Abermillionen Jahre bearbeitet und unaufhörlich nachgebessert worden. Das augenblickliche »Modell« des menschlichen »Supersystems« besteht aus rund tausend Milliarden Zellen, die sich stets um Selbstkorrektur bemühen, verschlissene Teile ausscheiden und beständig neue aus den Bausteinen der natürlichen Umwelt synthetisieren. Durch eine Vielzahl von im Handel befindlichen technologischen Extras können die Menschen die Möglichkeiten ihres »Systems« mechanisch, optisch, akustisch, multisensorisch aufrüsten und mit deren Hilfe immer neue Mikro- und Makrowelten entdecken.

Im technologischen Zeitalter von Kommunikation und Informationsverarbeitung hat die alte Metapher der »Körpermaschine Mensch« ausgedient. Sie wird zusehends durch die neue Metapher des »Körpersystems« ersetzt, das sich aus vielen Subsystemen wie Nerven-, Muskel-, Skelett-, Verdauungs- und Immunsystem usw. und deren analogen Regelkreisläufen zusammensetzt.

Unzählige Broschüren und Bücher renommierter Wissenschaftler und Gesundheitsexperten beschreiben, wie die Menschen ihr sensibles »System« pflegen und warten müssen. Sie zeigen ihnen Aufbau und Funktionsweise ihres »Systems« sowie wann seine Potentiale, entsprechend den Schwankungen von tageszeitlichen Rhythmen, optimal gebraucht werden können. Man kann nachschlagen, wann und wie man das eigene System zur Entspannung »ab-schalten« oder wann und wie man das eigene Denken, Handeln und Verhalten flexibel »um-schalten« kann. Auf vorgedruckten Formblättern kann jeder kontinuierlich die angemessene, altersgemäße Wartung und Pflege seines »Systems« aufzeichnen. Anhand von Checklisten und Testfragebögen lernt man den Ist-Zustand des eigenen »Systems« zu prüfen. Nach Auswertung der täglichen Diagramme und Punktzahlen kann man im Anhang der Ratgeber nachschlagen, welche Schritte zur Verhinderung oder Behebung eventuell vorhandener Defekte unternommen werden können. Politische Führer bestätigen Wichtigkeit und Bedeutung der Pflege des »Systems«. »Vertrauen in die schöpferischen Möglichkeiten Ihres Körpersystems ist gut, aber Kontrolle ist besser«, so eine führende sowjetische Stimme. »Vertrauen Sie auf die unbegrenzten Möglichkeiten Ihres Körpersystems. Sie sind in der Lage, dieses jederzeit zu kontrollieren. Alles ist machbar«, kommentiert die amerikanische Seite.

Was sich für manchen wie Aussagen eines Zukunftsromans anhört, ist alltägliche Wirklichkeit. Die Zukunft hat längst begonnen. Alle Aussagen des vorhergehenden Kapitels können detailliert nachgelesen werden. Auf ganzen Wäldern von buntem Papier kursiert die frohe Botschaft vom »Körper, der nie lügt« in wissenschaftlichen, medizinischen, psychologischen und gesundheitspolitischen Ratgebern. Darstellungen über ideale Funktionsweisen und optimale Trainingsprogramme für das menschliche »System« stehen seit Jahren mit an der Spitze der beliebtesten und meistgekauften Bücher. Sie werden durch eine Vielzahl von kreativen, kuriosen, modernen und traditionellen Verhaltensrezepten ergänzt, die aus westlichen und östlichen Gesundheitsvorstellungen zusammengemischt werden und häufig mit esoterischer Andersartigkeit gewürzt sind.

Die gute Nachricht ist, daß das Interesse am menschlichen Körper auf allen Ebenen und in allen Schichten gewachsen ist. Von diesem wachsenden Interesse profitieren viele, wenn auch in unterschiedlicher Weise. Als gesund angepriesene Produkte lassen sich heute deutlich besser verkaufen. Daß dabei, entsprechend der Logik der Marktwirtschaft, die Etikette »Bio« oder »Light« bisweilen mehr Schein als Sein präsentieren, schafft nur leichte Irritationen. Gewerbliche Anbieter von Freizeitkultur, Bodybuilding, Fitness-Center, Gesundheits- und Schönheitsfarmen haben Hochkonjunktur. Durch das Klingeln des Beutels werden die Bestrebungen einer wachsenden Zunft von Beratern in allen Lebens- und Gesundheitslagen konditioniert und zu emsiger Ausdehnung ihrer Geschäftigkeit stimuliert. Stimmt auch das Geschäft auf seiten der Konsumenten, die sich auf dem Supermarkt therapeutischer, pädagogischer und esoterischer Möglichkeiten immer neue Anregungen und Rezepte zum besseren Funktionieren ihres menschlichen Supercomputers erwerben wollen? Ist das Wohlbefinden der Menschen durch die wachsende Beschäftigung mit Gesundheit und Körper spürbar gewachsen?

Alles und alle unter Kontrolle? – Fortschritte, Hoffnungen, gefährliche Nebenwirkungen

Wir leben in einer Zeit, in der wir nicht mehr nur Krankheiten verhindern oder behandeln wollen, sondern stärker als je zuvor fragen, welche Möglichkeiten zur positiven, aktiven Gesundheitsförderung bestehen. Dabei helfen uns Beobachtungen darüber, wie viele Menschen es schaffen, trotz wachsender äußerer Umweltbelastungen und schwierigen persönlichen Anforderungen gesund zu bleiben. Wissenschaftler haben bei der Untersuchung dieser Fragen eine Reihe von neuen »Sinnen« entdeckt, die uns helfen sollen, unsere Chancen zu verbessern, ohne schwerwiegende Krankheit und bei gutem Befinden zu überleben. Die Entdeckung des »Sinnes für Widerstandsfähigkeit« (Hardiness, S. Kobasa), des »Sinnes für Zusammenhalt« (Coherence, A. Antonovsky) sowie des »Sinnes für Kontrolle« (R. Lazarus) haben zugleich neue Perspektiven für die gesundheitspolitische und therapeutische Debatte eröffnet.

Das Konzept der »Kontrolle« ist für viele Forscher medizinischer, psychologischer und epidemiologischer Disziplinen immer schon von großer Attraktivität gewesen. In einer Vielzahl von unterschiedlichen Tier- und Menschenstudien versuchten sie zu analysieren und darzustellen, wie der Mensch seine eigene Existenz besser in Schach halten und selbst regulieren kann. Verschiedene Modelle und Strategien zur »Kontrollfähigkeit«, »Voraussagemöglichkeit«, »Lokalisierung der persönlichen Kontrollzuordnung (innen/außen)«, »Beherrschung von erlernter Hilflosigkeit«, »Selbstwirksamkeit«, »Überwindung von Machtlosigkeit« oder »Meisterschaft« wurden von psychologischen und sozialwissenschaftlichen Forschern in den letzten Jahrzehnten ausgearbeitet. Selten wurde dabei die Idee der »Kontrolle« als Ideologie kritisch hinterfragt.

Die meisten Versuche, die Idee der Kontrolle in praktische gesundheitspolitische Eingriffe umzusetzen, sind dann gescheitert, wenn sie in bester präventiver Absicht versucht haben, ausschließlich das »Risikoverhalten« des einzelnen zu verändern. Sie haben dabei Verhalten überwiegend als individuelles Problem verstanden und Lösungsmöglichkeiten hauptsächlich im Denken und Handeln des einzelnen gesucht. Der verengte Blick auf Motivation und Wahrnehmungen des einzelnen führte dazu, daß soziale Normen, Machtverhältnisse, Werte, Moden und Zielsetzungen als wichtige Einflußgrößen des individuellen Verhaltens übersehen oder mißachtet wurden.

Selbstkontrolle ist ein Konzept, das ursprünglich aus dem Bereich kybernetischer Maschinen stammt und sich nur begrenzt auf die organische Wirklichkeit der Menschen übertragen läßt. In seiner jetzigen Bedeutung hat der Begriff »Kontrolle« erst im 20. Jahrhundert in die deutsche Sprache Eingang gefunden und wird heute mit Begriffen wie Beherrschung, Aufsicht, Überwachung, Prüfung, Inspektion, Inspizierung, Untersuchung oder Durchsicht gleichgesetzt. Ziel von Kontrolle ist es, Zustände wissend zu beobachten, zu beaufsichtigen und zu regulieren. Durch Schulung, Modellernen oder gezielte Bestrafungen, durch Trieb-, Affekt-, Körper-, soziale oder Selbstkontrolle sollen individuelle Abweichungen vermieden und korrigiert werden. Ist »Kontrolle« nur ein schlechter Begriff, oder ist dieser auch Ausdruck von spezifischen autoritären Haltungen, Werten und Vorstellungen gegenüber Menschen und menschlichen Körpern?

Kontrolle über den eigenen Körper und über sich selbst ausüben, sich selbst in Kontrolle haben, dies entspricht auch, wie N. Elias, U. Beck und andere in ihren kultur- und sozialhistorischen Studien herausgearbeitet haben, der augenblicklich geforderten Logik sozialer Entwicklung in den Industriegesellschaften. Elias verweist auf eine allgemeine Tendenz zur kulturellen Dämpfung von Körperbewegungen, die durch Gegenüberstellungen wie Verstand versus Trieb, Vernunft versus Gefühl oder Denken versus Gewissen bewirkt wird. In der sich entwickelnden »Gesellschaft der Individuen« (Elias) sehen sich die Menschen durch die Forderungen verschiedener gesellschaftlicher Gruppen, denen sie angehören, gezwungen, neben ihrer biologischen eine »zweite sozialisierte Natur« zu entwickeln. Durch geistig vorweggenommene Probehandlungen, unter Ausschluß von aktuellen Bewegungen, bemühen sie sich, den gesellschaftlich eingepflanzten Impulsen der Selbstregulierung besser gerecht zu werden. »Wahrscheinlich sind alle Menschen, wenn sie erst sozialisiert sind, latente Verräter an

Hoffnungen auf die Konstruktion des kybernetischen Prothesenorganismus versetzen uns in erschreckendes und demütiges Erstaunen.

sich selbst... Die psychische Schwierigkeit dieses Verrats wird jedoch größer, wenn entschieden werden muß, welches ›Selbst‹ von Fall zu Fall verraten werden soll. Vor dieser Entscheidung steht der Mensch, wenn seine Identifikation mit verschiedenartigen signifikanten Anderen verschiedenartige generalisierte Andere einschließt.« (N. Luhmann)

Durch zunehmende Individualisierung und vielfältige, zum Teil sich widersprechende soziale Rollen werden bei den Menschen verstärkte Ängste, Scham- und Schuldgefühle gefördert, die sie als Individuen mit verstärkter Selbst- und Körperkontrolle zu unterdrücken versuchen. Durch Überlegen und Zeitgewinn bemüht sich der einzelne, sich zu prüfen, zu überwachen und zu beherrschen. Elementare, spontane Handlungsantriebe werden immer mehr durch biographische Erfahrungen und Ängste modifiziert und überlagert. Ihre gradlinige Entladung in motorischen Vollzügen, Handlungen und Verhaltensweisen wird dadurch zusehends eingeschränkt. Im Sozialisierungsprozeß verschmelzen gesellschaftliche Verhaltenskontrolle und individuelle Selbstkontrolle zunehmend zu einer repressiven Allianz.

Abendländische Geschichte als »Körper-formungs-Geschichte« (V. Rittner) drängt auf wachsende Körperdistanzierung und die sozialkonforme Beherrschung einzelner Sinne und Organe. Dämpfung der Triebe und Kalkulieren von Gesten sollen sowohl leistungssteigernden Aufschub von Bedürfnissen bewirken und der Sorge Genüge tun, sich entsprechend den soziokulturellen Normen zu beherrschen, sich nicht gehen zu lassen, um sich nicht durch seinen Körper zu verraten und sich von ihm nicht hintergehen zu lassen. »Jedem Einzelnen ist das eigene Selbst zur Hauptbürde geworden. Sich selbst kennenzulernen ist zu einem Zweck geworden, und ist nicht länger ein Mittel, die Welt kennenzulernen«, so beschreibt der Sozialwissenschaftler R. Sennett die augenblickliche Situation. Er folgert: »Je mehr sich eine Person auf die Authentizität ihres Fühlens statt auf den objektiven Gehalt dessen, was sie fühlt, konzentriert, je mehr Subjektivität zum Selbstzweck wird, desto weniger vermag sie expressiv zu sein.« Seine Analyse vom »Verfall und Ende des öffentlichen Lebens« und »der Tyrannei der Intimität« als fortschreitende Vermeidung und Verleugnung sozialen Zusammenlebens ist provokant und pessimistisch. Sie kann hilfreich sein, um die Grenzüberschreitungen zwischen sozialen Anforderungen zur Selbstkontrolle und humanen Zielen freier

Eine mögliche Variante der Evolution des Menschen.

Selbstentfaltung kritisch zu reflektieren. Man muß R. Sennett zustimmen, wenn er schreibt, daß narzißtische Störungen, Selbstunsicherheit, Hypochondrie, Ängste, Zwänge und chronische Depressivität auch Ausdruck des wachsenden »intimen« Tributs der Individuen für ungelöste öffentliche, soziale und zwischenmenschliche Konflikte sind.

Angesichts der bisherigen historischen Erfahrungen mit menschlicher »Kontrolle« gegenüber sich selbst, anderen oder der natürlichen Umwelt sind Zweifel am zukünftig gesunden Gebrauch menschlicher Kontrollfähigkeiten berechtigt. Zu offensichtlich hat schon eine Zukunft begonnen, in der isolierte Kontrollmöglichkeiten des menschlichen Verstands über den Körper zumindest schwierig erscheinen. Zu deutlich ist die Vielfalt der wachsenden ökologischen Bedrohungen öffentlich dokumentiert, als daß noch jemand schlüssig darstellen könnte, in welcher Weise Selbstkontrolle des einzelnen Menschen über seinen Körper Garant für »Gesundheit« sein könnte. Die Anstrengungen des einzelnen bedürfen erheblicher gemeinsamer Unterstützungen, um die pessimistische Variante der menschlichen Evolution, wie sie G. Mayerhofer dargestellt hat, praktisch zu widerlegen.

Der Versuch, dieser Vision eine optimistische, kritisch reflektierte Alternative entgegenzusetzen, wird kaum ohne schmerzhafte Einsichten und Erfahrungen gelingen. Dazu ist es notwendig, eine kritische Überprüfung bisheriger Strategien zur Verbesserung der Gesundheit durch Medizin, Prävention, Politik oder individuelle Anstrengungen vorzunehmen. Sie kann verdeutlichen, warum viele gesundheitserzieherische Ratschläge bisher kaum die erwarteten Ergebnisse hervorbringen und ob sie nicht eher zu Frustrationen und wachsendem Zynismus gegenüber eigenen Möglichkeiten zur Selbstkontrolle beitragen.

Das Paradox der Gesundheit – medizinischer Fortschritt und subjektives Wohlbefinden

Trotz enorm gestiegenem finanziellem und persönlichem Aufwand für die Gesundheit fühlen sich allem Anschein nach die meisten Menschen in den Industriegesellschaften insgesamt nicht wohler. Nach ihrem subjektiven Empfinden zu urteilen sind sie nicht gesünder als zuvor. »Der modernen Wohlstandsgesellschaft wachsen die guten Geister, die sie gerufen hat, über den Kopf. Die Krise der Medizin ist weniger das Werk böser Dämonen als vielmehr die unbeabsichtigte Konsequenz vieler guter Taten, die außer Kontrolle geraten sind.« (W. Krämer) Mitte der siebziger Jahre überschrieb eine amerikanische Expertenkommission ihren Untersuchungsbericht über die Lage der Gesundheitsversorgung in den USA mit dem Titel: »Doing better and feeling worse« (Obwohl wir es besser machen, fühlen wir uns schlechter).

»Das Paradox der Gesundheit« – so lautete im letzten Jahr der Titel eines Leitartikels im renommierten New England Journal of Medicine. Der ungeheure Zeit-, Geld- und Mühenaufwand von seiten der Industriegesellschaften, um Gesundheit zu erhalten und eine verbesserte medizinische Vorsorge zu entwickeln, zeigt in mancher Hinsicht paradoxe Ergebnisse. Epidemiologisch feststellbare Verbesserungen in der Bekämpfung von Krankheiten für breite Teile der Bevölkerung werden im Empfinden der Bevölkerung offenbar nicht von entsprechenden Verbesserungen ihres subjektiven Gefühls von Gesundsein und körperlichem Wohlbefinden begleitet. Statt dessen berichten die Menschen in mancher Untersuchung sogar in höherem Maße als zuvor von neuen Behinderungen und Symptomen sowie von einer allgemeinen Unzufriedenheit mit ihrer Gesundheit.

Neben dem Gesamtvolumen der Ausgaben für die Gesundheitsversorgung ist auch deren prozentualer Anteil am Bruttosozialprodukt erheblich gestiegen. In den USA wie in den meisten Industrieländern ist die allgemeine Lebenserwartung in diesem Jahrhundert deutlich gewachsen, und die Kindersterblichkeit ist dort seit 1965 auf über die Hälfte gesunken. Die altersangepaßten Sterblichkeitsraten sind in den USA zwar nicht für Krebserkrankungen, aber doch für zehn der fünfzehn häufigsten Todesursachen einschließlich Herzerkrankungen, Schlaganfall, Diabetes und Magengeschwüre gesunken.

Im Bereich der Herzerkrankungen sind deutliche Verbesserungen zu verzeichnen, die mehr als zur Hälfte Veränderungen der Lebensweise und dem veränderten Umgang mit dem eigenen Körper zugeschrieben werden können. Der gesunkene Konsum an gesättigten Fetten, der Rückgang des Zigarettenrauchens, die Bemühungen um Gewichtsverminderung, die steigende sportliche Betätigung und die verstärkten Bemühungen um Streßmanagement tragen entscheidend dazu bei.

Das New England Journal berichtet von Untersuchungen, nach denen 87 Prozent der erwachsenen Amerikaner angeben, daß sie sich in der letzten Zeit um mindestens eine gesundheitsfördernde Veränderung in ihrer Lebensweise bemüht hätten. Landesweite Umfragen und gemeindebezogene Untersuchungen berichten zur gleichen Zeit, daß die Zahl der Amerikaner, die mit ihrer Gesundheit subjektiv zufrieden sind, von 65 Prozent in den 70er Jahren auf 55 Prozent Mitte der 80er Jahre gesunken ist. Aus der Sicht der medizinischen Epidemiologie ist dies erst einmal paradox.

Die Hoffnung, durch persönliche Verhaltensänderungen die möglichen Risikofaktoren für spezifische Erkrankungen zu vermindern, haben sich statistisch im Rückgang der Anzahl von frühzeitigen Sterbefällen durch vermeidbare Erkrankungen bestätigt. Nimmt man die großen »Killer« der bisherigen Zivilisationskrankheiten als Maßstab, dann scheinen die Menschen objektiv »gesünder« geworden zu sein. Während diese Gefahrenherde durch persönliche Verhaltensweisen besser eingedämmt und kontrolliert werden können, haben sich aber bereits neue Zivilisationskrankheiten entwickelt. Allergien, Immunerkrankungen, Aids, chronische Bronchitis und Atemwegserkrankungen, Hauterkrankungen und Ekzeme, Angst- und Panikerkrankungen, Eßstörungen, Zwangserkrankungen – all dies sind neue Epidemien, die das gestörte Gleichgewicht zwischen den einzelnen Menschen, ihrem Körper und ihrer Um- und Mitwelt anzeigen.

Die bisherigen Rezepte der Experten, wie der menschliche Körper gewartet, gepflegt, gestählt und kontrolliert werden kann, um gegen Krankheiten gewappnet zu sein, verlieren angesichts dieser neuen Epidemien an Wirksamkeit. Es gilt, neue Wege für den Umgang mit und für die Bewältigung von diesen neuen Gefahren zu finden. Die Propagierung neuer Rezepte zum »Life styling« und »Body-mind-building« ist bereits in vollem Gang. Biologische und ausgewogene Kost, meditatives und sinnliches Erfahren, auf die eigene Person zugeschnittenes Bewegungs-, Kraft- und Ausdauertraining, die Einübung von positiven, optimistischen Vorstellungen und Leitbildern sowie ökologische, schadstoffarme Materialien in der häuslichen Umwelt werden als notwendig erachtet und gewerblich angeboten. Auch die psychologische Strategie des Vorgehens soll geändert werden, um von einem defensiven, negativ geprägten Bemühen, Risiken zu vermeiden, zu einem offensiven, positiv motivierten Streben nach aktivem Wohlbefinden zu gelangen.

Der Sportwissenschaftler O. Grupe spricht davon, daß man »heute schon fast jede körperliche Aktivität als Sport verstehen und betreiben kann« oder sie zumindest mit sportlichen Vorstellungen verknüpfen kann. Er entdeckte Zeichen der »Versportlichung unseres kulturellen und öffentlichen Lebens«, und spricht vom Sinnmuster »Sportlichkeit«, das zu einem »umfassenden Leitmuster der Alltagskultur« geworden sei. Auch H. Ernst hat beobachtet, daß »Selbstdisziplin und gesundheitsbewußtes Verhalten in allen Lebenslagen ... zu einer neuen Verhaltensnorm geworden« ist. Wer in dieser Situation krank wird, steht schon im Verdacht, leichtfertig und unachtsam seine Gesundheit aufs Spiel gesetzt und nicht genügend zur Vorbeugung getan zu haben. Je mehr die Menschen die Kontrolle über äußere Ereignisse verlieren, je mehr sie in einer durchbürokratisierten und unbegreiflich komplexen Welt leben, desto angestrengter versuchen sie, das zu beeinflussen und zu kontrollieren, was sie scheinbar noch am leichtesten könnten: ihren eigenen Körper und ihre eigene Gesundheit. »Attribute der Fitness, der Sportlichkeit, der Schlankheit und Attraktivität – alles Tugenden im Sinne veränderter Körper-Ideale – sind sichtbar und erlebbar. Sie lassen sich als in eigener Regie bewirkte Erfolge einordnen und genießen. Zumindest im Körperbereich kann jedermann zum erfolgreichen Unternehmer und ›glücklichen Kapitalisten‹ werden.« (V. Rittner) Medizinischer Fortschritt, verbesserte Gesundheit und Wohlbefinden liegen aber offensichtlich bisher in unserer Gesellschaft nicht auf einer Linie.

Vom isolierten zum kontextuellen Denken und Handeln

In den Wissenschaften läßt sich seit geraumer Zeit ein Paradigmenwandel (T. Kuhn) feststellen, der über einseitiges rationales, mechanistisches, dualistisches und analytisches Denken hinaus sich um ein umfassenderes, Subjektivität und Intuition einbeziehendes, systematisches, ganzheitliches, die Dinge in ihren Wechselwirkungen und Zusammenhängen betrachtendes Denken und Handeln bemüht. Neben dem von G. Bateson geprägten Begriff des »Kontext«, der darauf verweist, daß ein Geschehen immer nur im besonderen Zusammenhang »Bedeutung« erhält, prägen Begriffe wie »Muster«, »Netzwerke«, »Chaos und Selbstorganisation« diese neue Sichtweise. Wesentliche Impulse kommen dabei aus den Naturwissenschaften, wo sich Physiker, Mathematiker, Chemiker, Biologen und Informatiker mit Phänomenen und Dynamiken chaotischer Prozesse befassen. Prozeßorientierte Begriffe wie »Selbstorganisation«, »Selbstregulation« und »flexible Anpassungsmöglichkeiten« werden verstärkt verwendet. Diese Betrachtungsweise von sich stets verändernden Prozessen beeinflußt auch das Verständnis des menschlichen Körpers und der Möglichkeiten, Gesundheit zu fördern.

Wie gesunde Umgangsmöglichkeiten mit dem eigenen Körper und potentielle Bedrohungen durch Krankheiten von den einzelnen Menschen eingeschätzt werden, dies hängt wesentlich vom Kontext, von den Umständen ab, in denen sie leben, aus denen heraus sie ihre Fragen stellen und ihre Beobachtungen machen. Das Ausmaß und die Bereitschaft, sich auch kritisch mit dem eigenen Lebenskontext auseinanderzusetzen, sind bei den Menschen sehr unterschiedlich entwickelt. Angesichts der realen ökologischen Bedrohungen, die inzwischen erforscht worden sind und deren potentielle Bedrohlichkeit täglich in den Medien wiederholt wird, hat sich darüber hinaus der allgemeine ökologische Kontext von individuellem Körper- und Gesundheitserleben erheblich gewandelt. Er stellt auch viele klassische Kriterien für psychische und geistige Gesundheit erheblich in Frage. Bisher wurde die offene und unverblümte Wahrnehmung der eigenen Wirklichkeit von Psychiatern, Psychologen und Psychotherapeuten der unterschiedlichsten Schulen als Hauptmerkmal psychischer Gesundheit angesehen. Dieses Kriterium zu erfüllen, verlangt angesichts der ökologischen Krisen heutzutage von den einzelnen Menschen fast schon ein zynisches Maß an gefühlloser Distanzierungsfähigkeit von der Wirklichkeit sowie erhebliche psychische und körperliche Stärke. Die Realität von großstädtischem Lärm und Smog, der Geschwindigkeitsrausch vielfältiger visueller Eindrücke, die alltäglichen Nachrichten über die sich schon vollziehende ökologische Katastrophe, die zunehmende soziale Vereinzelung oder die Alltäglichkeit von Ängsten und Süchten in ihren vielfältigen Formen unverzerrt wahrzunehmen, stellt die psychische Gesundheit der Menschen auf eine harte Probe. Wer die traditionellen Kriterien psychischer Gesundheit ernst nehmen will, dem bleibt eine Vielzahl von schmerzhaften Erfahrungen nicht erspart, die er akzeptieren und verdauen muß. Wer sich in der augenblicklichen Situation schützen möchte, wer daran interessiert ist, körperliches und seelisches Wohlbefinden zu fördern, dem bleibt oft nichts anderes übrig, als sich mit einer Vielzahl von aktuellen Verleugnungen und zukünftigen Hoffnungen zu wappnen. Positive Illusionen und Visionen können vielleicht dabei helfen, neue Möglichkeiten zur Konfrontation zu mobilisieren, um gemeinsam eine Veränderung der realen Bedrohungen anzugehen, sofern man es nicht vorzieht, sich selbst durch abgestumpfte Ignoranz und vielfältige Suchtformen in der eigenen Wahrnehmung zu betäuben.

Produktive Nutzung von Vorstellungspotentialen und Placebo-Effekt für gesundheitsfördernde Veränderungen

Die mehr als tausend wissenschaftlichen Studien zum Placebo-Effekt, zur positiven Beeinflussung des leibseelischen Geschehens durch die komplexen Begleitumstände von Medizin und Therapie, müssen heute neu interpretiert und neu bewertet werden (White, Tursky u. a.). Sie können nicht mehr nur als lästiges Ärgernis für die Medizin, als Beweis für die Überführung von »eingebildeten Kranken« verstanden werden. Statt dessen sollten sie klarer als positiv zu nutzende Möglichkeiten begriffen werden, um Gesundheits- und Heilungsprozesse gezielt zu unterstützen.

Die mögliche Einflußnahme von Vorstellungsübungen (Visualisation und Guided imagery) ist in so unterschiedlichen klinischen Situationen wie schwere Verbrennungen, Verbrauch von Narkosemitteln, Schmerzmittelgebrauch, immunologische Prozesse, Produktion von Hormonen und biochemischen Botenstoffen, Einflußnahme auf das vegetative Nervensystem, Autoimmunerkrankungen, Neubewertung von psychischen Erlebnisweisen, Medikamentenverbrauch erforscht worden (Bresler, Rossman, Achterberg u. a.). Was sich dabei übereinstimmend zeigte, ist die Tatsache, daß der Körper in seinen Selbstregulationsprozessen ebenso durch »äußere« Wahrnehmungen wie durch »innere« vorgestellte Bilder, Geräusche, Gerüche, Geschmack, Berührungen oder Bewegungen beeinflußt wird. Obwohl unser Wissen und die praktischen Erfahrungen im Umgang mit freien und gelenkten Vorstellungen rasch gewachsen sind und in Forschungszweigen wie der Psychoneuroimmunologie oder Psychoneuroendokrinologie intensiv studiert werden, haben wir bisher nur erste deutlichere wissenschaflichere Beweise für ihre Potentiale. Daß diese ersten Erkenntnisse von manchen esoterischen Schulen, cleveren Geschäftsleuten und unreflektierten Therapeuten oft schon mit großartigen Versprechungen als »Alternative« zur Medizin angepriesen werden, ist nur die Schattenseite der ansonsten hoffnungsversprechenden Botschaft dieser Verfahren. Wir sind, offensichtlich mehr als bisher angenommen, dazu in der Lage, durch Bewußtseins- und Körperwahrnehmungsübungen das Geschehen unserer leiblichen Existenz in gesunder und heilungsfördernder Weise zu beeinflussen.

Umfangreiche Forschungen im Bereich der Psychophysiologie

und des Biofeedback verdeutlichen die erheblichen Beeinflussungs-
möglichkeiten von bisher ausschließlich als sich selbst regulierend
verstandenen Körperprozessen. Was in der öffentlichen Diskussion
dieser neuentdeckten Möglichkeiten in den Medien und auf den
neuen Psycho- und Körpermärkten jedoch häufig verschwiegen
wird, ist die Tatsache, daß die Möglichkeit zu solcher Einflußnahme Zeit und geduldige, übende Praxis erfordert, um wirksam
werden zu können.

Es entspricht dem mechanistischen Verständnis des Körpers,
wenn man Vorstellungen und Ideen weiterhin als rein »mentale«,
»geistige« Phänomene betrachtet. Ideen und Vorstellungen haben
immer auch bahnende oder hemmende Effekte auf Bewegungen,
Wahrnehmungen und Gefühle. Sie ebnen den Weg zur Durchfüh-
rung einer Handlung, mobilisieren den Körper, machen ihn bereit
für Veränderungen. Andererseits sind Körperwahrnehmungs- und
Bewegungsübungen ebensowenig rein »physikalische« Prozesse.
Kinästhetische Wahrnehmungen rufen ihrerseits kognitive Bewertungen und emotionale Reaktionen hervor und beeinflussen damit,
wie gut, schlecht, effektiv oder mühsam wir eine Handlung ein-
schätzen. Sie beeinflussen dadurch Charakter und Qualität der
folgenden Bewegungen. Das von M. Erickson als »ideomotorisch«
beschriebene Phänomen der psychophysischen Gleichzeitigkeit
wurde von V. von Weizsäcker als »Gestaltkreis« bezeichnet, als die
beständige, organische Verknüpfung zwischen Bewegung und
Wahrnehmung.

Wir kennen heute eine Vielzahl von experimentellen Techniken
und Methoden, die auf der bewußten subjektiven Erforschung von
Wahrnehmungs-, Bewegungs- und Vorstellungsbeziehungen aufbauen. Obwohl sie unterschiedlich gewichtet werden, werden diese
Elemente in ähnlicher Weise in Meditation, Bewegungsmeditation,
unterschiedlichen Kampfsportarten asiatischer Tradition, verschiedenen westlichen Methoden der Atemschulung und Atemtherapie,
bewegungsorientierten Methoden wie der Alexander-Technik, der
Eutonie, der Feldenkrais-Arbeit, der Arbeit nach E. Gindler und
H. Jacoby oder dem Sensory Awareness nach C. Selver angewendet.

Diese Methoden haben viele Prinzipien gemeinsam. Sie orientieren sich an Entwicklung, Wachstum und Förderung von vorhandenen Potentialen des Organismus und der ganzen Person. Ihre
Aufmerksamkeit gilt nicht primär oder ausschließlich der gezielten

örtlichen Behandlung von Symptomen. Sie sind schwerpunktmäßig nicht an der Korrektur einzelner körperlicher Strukturen orientiert. Sie zielen nicht nur darauf ab, etwas einfach nur »aufzugeben« oder »besser« zu machen. Im Mittelpunkt dieser Methoden steht das Bemühen um die individuelle Entwicklung von praktischen Möglichkeiten der Wahl. Sie strukturieren experimentelle Erfahrungen, die es ermöglichen zu erproben, ob und wie man etwas anders machen kann. Sie eröffnen dabei neue Möglichkeiten im Umgang mit sich selbst und der Umwelt. In kreativer Weise knüpfen sie häufig an kindliche Bewegungs- und Erforschungsmuster an. Durch die Besinnung auf vergessene kindliche Herangehensweisen wird eine oft schon lange bestehende Problematik von neuen Standpunkten und aus neuen Blickwinkeln erfahrbar. Sie tragen dazu bei, bisher vergebens versuchte und schon mehrfach gescheiterte Lösungswege aufzugeben und neue zu erproben. Die meisten Verfahren basieren darauf, daß sie mit Hilfe von Worten, Berührungen oder Bewegungen Möglichkeiten eröffnen zu experimentieren, sich selbst neu zu orientieren und neu empfinden zu können. Die Verwendung von meditativen Prinzipien der »absichtslosen Absicht« und der »gezielten Ziellosigkeit« sollen dazu beitragen, die gewohnheitsmäßige Erforschung, Bewertung und Kontrolle des Handelns zu verwirren und ihre bisherigen, bahnenden oder hemmenden Einflüsse zu vermindern. Viele der genannten Verfahren bemühen sich darum, den Lernenden »Rätsel« aufzugeben, um Neugierde, Offenheit und Kreativität dazu anzuregen, sich selber im eigenen Tempo und auf ungewohnte Art und Weise neue Lösungen zu erarbeiten. Dabei vertrauen diese Verfahren auf die biologische Weisheit des einzelnen Organismus, die diesem im Verlauf der Evolution über Millionen von Jahren mitgegeben worden ist, und nehmen zugleich Rücksicht auf die besonderen Erfahrungen, die sich im Körper des einzelnen Menschen biographisch als Erinnerung eingefleischt haben.

Bislang unbewußte Fähigkeiten werden von den genannten körperorientierten Methoden weniger als schwer zu handhabende, unbeherrschte, wilde Triebe angesehen, sondern als zu entdeckende Möglichkeiten potentiellen Handelns, schöpferischen Denkens, differenzierteren Fühlens, veränderten Wahrnehmens und neuen Lernens begriffen. Die Verfahren arbeiten darauf hin, die Menschen zu ermutigen, sich zu erlauben, Wahrnehmungs- und Bewegungserfahrungen bewußt vorurteilsfrei und ohne vorschnelle

Bewertung durchzuführen. Durch die gezielte Verminderung gewohnheitsmäßiger Bewußtseinskontrolle soll die Einbeziehung von bisher unbewußten Potentialen zur Lösungsfindung gefördert werden. Auch dann wenn die Bereitschaft zur Aufgabe von üblicher Kontrolle vorhanden ist, gestaltet sich deren praktische Umsetzung für viele Menschen schwierig. Durch die Verwendung von Paradoxien und Konfusionstechniken, selbsthypnotischen Suggestionen, ungewöhnlichen Zugangswegen, gezielten Anleitungen zur Unterbrechung von gewohnten Denk- und Bewegungsmustern sowie durch die Verwendung von Wortspielen, Rätseln, Metaphern und Geschichten wird in diesen Verfahren versucht, den Menschen neue Offenheit für experimentelle Erfahrungen zu ermöglichen. Die nichtdirektive Anregung und Lenkung der Aufmerksamkeit auf wechselnde Ebenen von Selbst- und Umweltwahrnehmung, von Spüren, Vorstellung und Bewegung soll flexible Möglichkeiten des Handelns freisetzen.

In Experimenten zur Schulung der Wahrnehmung und Bewegung werden wechselnde, angenehme oder schwerfällige, leicht zu verwirklichende oder unmögliche Lösungsversuche vorgeschlagen. Dabei geht es weniger um das rein mechanische Wiederholen von Übungen; vielmehr soll das Muster der Übung in unterschiedlichen Geschwindigkeiten, Formen und Varianten erforscht werden.

Im Mittelpunkt der erwähnten Methoden steht *nicht* die gewußte, normierte, »richtige« Antwort des Lehrers, sondern der sich immer wieder neu gestaltende Lernprozeß des Schülers oder Klienten. Nicht ein vermeintlich allwissendes pädagogisch-therapeutisches Konzept, sondern originelle und individuelle Selbstentwicklungen sollen gefördert werden.

Anstatt starrer Kontrolle – flexibles Können, Kenntnisse und kunstvolle Meisterschaft

Im Unterschied zu dem bereits erwähnten Prinzip der »Kontrolle« zielen die erörterten Verfahren auf die Entwicklung von angemessenem Können und persönlicher Meisterschaft hin. Um etwas meistern zu können, mit etwas fertig zu werden, zu etwas fähig zu sein, muß man sich durch aufmerksame, praktische Erfahrung sorgsam und beharrlich die eigene Kunstfertigkeit erarbeiten. Es geht nicht nur darum zu wissen, *was* man tut, sondern auch darum zu

Gegenseitige Empfindsamkeit der Geschlechter für das Wunder ihrer Körper sowie gegenseitiger Respekt füreinander sind wesentliche Elemente von zwischenmenschlichem Wachstum.

erproben, *wie* man etwas auf verschiedene Weisen tun kann. Körperorientierte Verfahren vermitteln nicht nur, *wo* und *wann* man zu viel, zu wenig, zu schnell, zu langsam oder gewohnheitsmäßig handelt, sondern auch, *wie* man schneller, langsamer, gelassener oder intensiver handeln kann. Sie zielen nicht nur auf kurzfristige Lösungen, sondern auch auf längerfristige schöpferische Wahlmöglichkeiten ab.

Metaphorische Vergleiche mit Elementen, Naturprozessen und anderen Lebewesen können, wie dies etwa in manchen Formen des Tai-Chi (C. Al Huang) geschieht, können spirituelle und ökologische Zusammenhänge des Körpererlebens verdeutlichen. Der Körper wird nicht in seine materielle Form eingekerkert und zementiert, sondern wird in seinen transpersonalen Rhythmen und Schwingungen, in seinem Tanz mit der Welt erlebbar.

Neue Bedeutungen, Ordnungen, Wirklichkeiten, Werte und persönliche Kompetenz lassen sich kaum durch Wunderheilung oder im Schnellverfahren erreichen, sondern erfordern erst einmal neugierige, disziplinierte und kontinuierliche Übung. Erst dadurch entwickeln sich neue Muster authentischen Handelns und Verhaltens und reift neue Sensibilität für das, was sich *in* uns und *um* uns ereignet. Sie können dazu beitragen, daß wir weniger von außenbestimmten Kontrollforderungen und entfremdeter Perfektion abhängig sind oder beherrscht werden. Sie helfen, wieder stärkeres Vertrauen in eigene Fähigkeiten und neuen Mut zur Konfrontation mit den Belastungen unserer Um- und Mitwelt zu entwickeln.

Die hier erörterte Gruppe von körperorientierten Methoden verspricht weder sofortige Erfolge, noch schürt sie die Erwartungen auf spektakuläre, kathartische Durchbrüche. Sie lädt vielmehr ein zur Erforschung neuer und zur Wiederentdeckung vergessener Möglichkeiten der Bewegungsfreiheit. Glück wird dadurch zum Glück, daß man es nicht erzwingen kann. Wohlbefinden ist wesentlich dadurch charakterisiert, daß man den eigenen Körper nicht als abgetrennte Ebene der Existenz wahrnimmt. Durch den verbalen Austausch über die in den Bewegungs- und Wahrnehmungsexperimenten gemachten subjektiven Erfahrungen kann das veränderte Körpererleben bisweilen zusätzlich gestützt werden. Praktische Erfahrung und Einsichten gehen Hand in Hand, damit aus dem besonderen Experiment eine kreative Hilfe für die Meisterung des Alltags werden kann.

Raumerleben und Zeitgefühl

Körper- und Selbsterleben werden auch durch die subjektive Erfahrung von Raum und Zeit geprägt. Unser verkörpertes Gedächtnis verbindet uns, in jedem Augenblick, sowohl mit Orten und Momenten unserer genetischen und biographischen Vergangenheit als auch mit den aus ihnen hervorgegangenen, über die Gegenwart hinaus reichenden Wünschen, Begierden und Hoffnungen. Wir können nicht gleich dem Tier sofort vergessen. »Er (der Mensch) wundert sich aber auch über sich selbst, das Vergessen nicht lernen zu können und immerfort an Vergangenem zu hängen: mag er noch so weit, noch so schnell laufen, diese Kette läuft mit. Es ist ein Wunder: der Augenblick, im Husch da, im Husch vorüber, vorher ein Nichts, nachher ein Nichts, kommt doch als Gespenst wieder und stört die Ruhe eines jeden späteren Augenblicks... bei dem kleinsten aber, und bei dem größten Glücke ist es immer eins, wodurch Glück zum Glücke wird: das Vergessenkönnen oder, gelehrter ausgedrückt, das Vermögen, während seiner Dauer unhistorisch zu empfinden. Wer sich nicht auf der Schwelle des Augenblicks, alle Vergangenheiten vergessend, niederlassen kann, wer nicht auf einem Punkte wie eine Siegesgöttin ohne Schwindel und Furcht zu stehen vermag, der wird nie wissen, was Glück ist, und noch schlimmer: er wird nie etwas tun, was andere glücklich macht.« (F. Nietzsche).

Nietzsche beklagt nicht nur das schwierige Vergessenkönnen des Menschen, sondern er fragt gleichzeitig, was dieser dazu tun kann, damit das Vergangene nicht zum »Totengräber des Gegenwärtigen« wird. Es gelte, sich auf die »plastische Kraft eines Menschen« zu besinnen, jener Kraft, aus der heraus der Mensch in der Lage sei, »eigenartig zu wachsen, Vergangenes und Fremdes umzubilden und einzuverleiben, Wunden auszuheilen, Verlorenes zu ersetzen, zerbrochene Formen aus sich nachzuformen«.

Durch die Wiederentdeckung und Wertschätzung der Möglichkeiten des eigenen Körpers eröffnen sich neue Zugänge zu den eigenen »plastischen« Heilungs- und Genesungskräften. Um mit sich selbst und den vielgestaltigen Möglichkeiten der eigenen Leiblichkeit wieder deutlicher in Kontakt zu kommen, benötigen wir besondere Zeit, »Eigenzeit« (H. Novotny). Damit die Autorität der eigenen Sinne und die Entfaltung von neuer Bewegungsfreiheit gelingen können, benötigen wir Zeit zur offenen Besinnung auf das, was *in* uns, *mit* uns und *um* uns geschieht.

»Das Unhistorische und das Historische ist gleichermaßen für die Gesundheit eines einzelnen, eines Volkes und einer Kultur nötig«, schrieb Nietzsche. Wie oft vergessen die vermeintlich Gesunden im Alltag, daß nicht nur zählt, was sich in der Zukunft erreichen läßt, sondern daß auch jeder Augenblick, jeder Moment ›Leben‹ ist und als solcher bewußt gelebt werden kann. Den meisten gesunden Menschen fehlt die Zeit zur bewußten Besinnung auf ihren Körper, so wie er jetzt ist, sowie dazu, ihn regelmäßig mit seinen Stärken und Mängeln freundlich zu begrüßen und anzuerkennen. Sie erinnern sich erst dann schmerzhaft an ihre »Mein-Zeit« (O. Sacks), die aus vielen persönlichen, glücklichen, schmerzhaften und entscheidenden Momenten besteht, wenn sie ernsthafter erkrankt sind. O. Sacks, selbst an einer Lähmung des Beines leidend, sagt, daß man sich selbst nur besitzt, selbst nur ist, weil der eigene Körper sich durch seinen »sechsten Sinn« (den kinästhetischen Sinn) immer und jederzeit selbst wiedererkennt und bestätigt. Als Wesen der Gesundung benennt Sacks: »Raum, Weite, Ausdehnung, Freiheit – eine sich ständig erweiternde Physiologie und Welt, ein sich ständig erweiternder persönlicher (und sozialer) Raum«. Um diesen sich erweiternden inneren und äußeren Raum bewußter erfahren und begehen zu können, ist aufmerksame Zeit für die eigene Existenz erforderlich. »Eigenzeit« für sich selbst, für heilsame Begegnungen mit dem eigenen Körper zu finden, ist sowohl Herausforderung als auch Gelegenheit, eigenes Wachstum und Gesundung zu fördern. Zeit ist dabei nicht nur eine Frage der Dauer, sondern auch der Aufmerksamkeit für den rechten Augenblick.

Westliche und östliche Formen der Meditation als bewußter Versenkung im ruhigen Sitzen oder in anwesenden Bewegungen können wichtige Erfahrungen eines gegenwartssynchronen Körpergefühls vermitteln. Wachsamkeit, Achtsamkeit, Geduld, offene und möglichst vorurteilsfreie Beobachtung, die Bereitschaft, hinderliche Gewohnheiten aufzugeben, den eigenen Sinnen neues Vertrauen zu schenken, sich selbst in jeder augenblicklichen Verfassung freundlich anzunehmen, nicht ständig nach etwas greifen zu wollen, sich weder an etwas klammern noch etwas ablehnen zu müssen, sondern das, was geschieht, auch wieder loslassen zu können – dies sind Qualitäten, die auch durch Meditation gefördert werden. Meditativ-beobachtende Erfahrungen von rhythmischen und zyklischen Körperbewegungen verfeinern das Gespür dafür, daß sich alles Leben, auch der eigene Körper, in ständiger Veränderung befindet. Bewußte Erfahrung der Gegenwart kann einen wichtigen Teil zur Förderung von Gesundung und Heilung beitragen. Sie sollte aber nicht zur starren Sehnsucht nach einer eindimensionalen Wirklichkeit von »Jetzt« werden. Unser Körper vermittelt uns bei anwesender Aufmerksamkeit die Erfahrung des rhythmischen Bewegungsflusses von Ausdehnung und Zusammenziehen als organischem Lebensprinzip.

Körpererleben im Alltag

Die Übertragung experimenteller Selbsterforschung aus der Übungssituation in den Alltag ist ein zentrales Anliegen dieses Buches. Experimente mit dem Erleben von Beweglichkeit, Raum und Zeit des eigenen Körpers erfordern zu Beginn besondere,

Die lebensgeschichtliche Entwicklung unserer Körper folgt nicht nur der linearen Folge sozialer Zeit, sondern zugleich auch den zyklischen Rhythmen biologischer und persönlicher Zeit.

strukturierte »Eigenzeit«. Die Zeit der Übung richtet sich erst einmal *gegen* den üblichen Fluß der äußeren sozialen Zeit, um *mit* der besonderen Zeit des experimentellen Erlebens auf die folgende Zeit des Alltags verändernd einzuwirken. Sich diese Zeit zu nehmen und zu haben, durchbricht Gewohnheiten und ist schon der Beginn von Veränderungen. Sich selbst begegnen, entdecken und aufspüren, sich selbst vergegenwärtigen, schafft Zuversicht und Vertrauen, Mut und Bereitschaft zur verändernden Alltagspraxis. Es geht dabei nicht um narzißtische oder hypochondrische Reisen in eigene »Innenwelten«, sondern um aufmerksame, handlungsfähige Teilnahme am persönlichen und sozialen Geschehen. Aufmerksamkeit für eigenes Körpererleben kann helfen, wieder angemessenes Erregungsniveau und einen situationsgemäßen Grad an körperlicher Spannung zu finden. Wenn unser Körper durch überwältigende äußere Reize, pausenlose tägliche Hetze oder durch übermäßigen Genuß von Stimulantien wie Koffein, Medikamente oder Nikotin überreizt ist, kann diese »Hochspannung« leicht zum panischen Ausnahmezustand werden. Dieser kann ebenfalls eintreten, wenn dem Körper alle äußeren Reize entzogen werden oder sein Erregungsniveau durch Isolierung und Einsamkeit dauerhaft zu niedrig ist.

Jedes Bemühen um alltägliches Selbst- und Körpererleben ist von gesellschaftlichen und kulturellen Impulsen beeinflußt. Dementsprechend ist auch die Sichtweise des Autors nicht ausschließlich neutral-sachlich, objektiv oder wissenschaftlich distanziert. Dieses Buch sollte deshalb auch nicht als universelles Rezeptbuch für den rechten Gebrauch vom Körper mißverstanden werden.

Die Jagd nach dem vermeintlich »besseren Selbst« durch einen gesünderen Körper treibt an den Wochenenden Millionen Jogger auf die öffentlichen Wege, Mountainbiker auf die Pfade der Berge, Wanderer an die Seeufer und in die Wälder, Surfer auf die Gewässer, Urlaubssuchende in die Staus der Autobahnen. Gesundheit braucht Bewegung, Bewegung braucht Freizeit, Freizeit braucht Raum, natürlichen Raum. In diesem Buch habe ich mich bewußt auf »verkehrs- und umweltfreundliche« sowie auf »platzsparende« Wege zur schöpferischen Entwicklung von gesundem Körpererleben konzentriert. Wenn man bereit ist, das Wunder des oben karikierten »menschlichen Supercomputersystems« zu akzeptieren und dieses im alltäglichen Leben zu erforschen, dann gibt es keinen näheren Weg zum Wohlbefinden, als den, die »eigene existentielle Mitte« des Körpers als Ausgangs- und Orientierungsort der eigenen Suche anzuerkennen. Unser beständiges, weitgehend unbewußtes Vergleichen zwischen vergangenen Erfahrungen und gegenwärtigem Erleben bildet einen konstanten Bezugsrahmen unseres Lebens. Jeder beginnt in seiner Wahrnehmung bei sich selbst und tauscht von dort Wirklichkeiten mit allen anderen aus, nicht als tragisch-isoliertes Individuum, nicht als »sehende Statue« (N. Elias), sondern als jene selbstbewußte »Illusion des Ichs« (A. Watts), zu der die Evolution unsere Gattung durch unsere »geistigen« Möglichkeiten verdonnert und erhoben hat. Im stofflichen Austausch von Energien durch Nahrung, Wasser und Luft sind wir dabei zugleich auch immer eins mit der Ökologie dieses Planeten.

Im Hinblick auf die Entwicklung kindlicher Bewegungserfahrung schrieb E. Pikler: »Leben ist immer Entfaltung am Widerstand und damit Bewegung in Schritten und Phasen.« Wie oft vergessen erwachsene Menschen die Möglichkeiten des tragenden Widerstandes »still zu spüren« (Jacoby) und sie für neue Schritte zu nutzen. Die Welt ist nur für den lebendig, der für sie wach ist. Wenn man neugierig für ihre Realitäten erwacht, dann vermischen sich Schrecken über ihren augenblicklichen Zustand und unseren Zustand als

Auch wenn manche Rezepte zur Wiederentdeckung des Körpers auf Anhieb zu überzeugen scheinen, kann nur die eigene praktische Erprobung Zugangswege zu neuen Wirklichkeiten eröffnen.

Gattung Mensch mit Staunen und Wundern über die großartige Möglichkeit und das Privileg, als Mensch in dieser Welt zu leben. »Der Gebrauch des Selbst ist immer so gut, wie dies im Augenblick unsere Fähigkeiten erlauben.« (M. Feldenkrais)

Bewußtes Körpererleben kann unsere Neugier auf neue Bewegungsfreiheit anregen. Wer sie im Schnellkurs, ausschließlich in exotischen Lehren oder fernen Welten, sucht, der wird zumeist enttäuscht. »Das Tao ist in unserer Nähe, aber die Menschen suchen es meist weit entfernt«, schrieb A. Watts.

Nachwort zur Taschenbuchausgabe

Die erste schriftliche Reaktion, die ich nach Erscheinen des Buches erhielt, kam von einer Schweizerin. Sie hatte sich mit einigen Büchern im Rucksack auf eine verschneite Berghütte zurückgezogen, um dort Stille zu finden und neue Gedanken aufzunehmen. Am Schluß ihres Briefes fragte sie mich, ob denn der Begriff »Körper« im Titel richtig gewählt sei? Wäre nicht der Begriff »Leib« treffender gewesen? Was sie nicht wissen konnte war, daß zwischen mir und den verantwortlichen Verkaufsstrategen meines Verlages eine mehrtägige heftige Debatte um die Begriffe »Körper« und »Leib« geführt worden war. Das ökonomische Argument, daß sich der Begriff »Körper« besser »vermarkten« ließe, obsiegte letztendlich. Schließlich wollte auch ich, daß möglichst viele Menschen Zugang zu meinem Buch finden könnten. An dieser Stelle möchte ich meiner Schweizer Kritikerin voll darin beipflichten, daß der eigentliche Titel dieses Buches lauten müßte: »Der wiederentdeckte Leib«. Im Begriff »Leib« steckt das altgermanische Wort »lip«, welches sich heute noch im niederländischen »lief«, im englischen »life« oder im schwedischen »liv« wiederfindet. Auch im deutschen Wort »Leben« steckt die gleiche Wurzel.

Mein Buch orientiert sich am Körper als Leib, als »Lebensort und Lebensmittel«, wie Aurel Schmidt in der Baseler Zeitung treffend kommentierte. Es soll dazu anregen, Gespür und Empfindung für sich zu schärfen, die eigenen Sinne als »Pforten der Wahrnehmung« (A. Huxley) zu schätzen und klar von ihnen Gebrauch zu machen. Wahrnehmung wird als ökologisches Geschehen dargestellt, welches die einzelnen Sinne nicht auf physiologische Reiz-Reaktions-Maschinen reduziert. So ist zum Beispiel, wie J. Gibson dargestellt hat, »das natürliche Sehen von den Augen in einem Kopf abhängig, der auf einem Körper sitzt, welcher vom Untergrund getragen wird. Das Gehirn fungiert dabei nur als zentrales Organ für das vollständige visuelle System.« Diese Sichtweise gilt in analoger Weise für alle Sinneswahrnehmungen. Sie sind Teile eines ganzheitlichen, leiblichen Prozesses, in dem sich bewußtes »ich nehme wahr« mit unbewußtem »es nimmt mich wahr« verbindet. Wahrnehmungen sind psychosomatische Leistungen eines lebenden Betrachters und nicht nur Erscheinungen auf der Bühne seines Bewußtseins.

Mir ist es ein wesentliches Anliegen, den/die LeserIn zur Rückbesinnung auf seine/ihre eigenen gesundheitsfördernden Möglichkeiten und zur Anerkennung seiner/ihrer eigenen sinnlichen Autorität zu ermutigen. Das Gewahrwerden der eigenen existentiellen Ökologie fördert nicht die narzißtische Selbstaufrüstung des eigenen Körpers als Fetisch einer Warengesellschaft, sondern öffnet Zugänge zu unterstützendem ökosozialem Handeln. »Die feindselige Einstellung, die sich in der Eroberung der Natur äußert, ignoriert die grundlegende gegenseitige Abhängigkeit aller Dinge und Ereignisse, den Umstand, daß die Welt jenseits unserer Körperoberfläche eigentlich eine Erweiterung unseres eigenen Körpers ist, und wird im Endeffekt zur Zerstörung der Umwelt führen, aus der wir hervorgegangen sind und von der unser ganzes Leben abhängt.« (A. Watts) Inzwischen hat sich eine breiter werdende Koalition von Menschen entwickelt, die sich mit einer drohenden ökologischen Apokalypse nicht einverstanden erklären und dagegen das Prinzip Hoffnung mobilisieren. Dabei ist Gesundheit ein wesentlicher Kristallisationspunkt für positive Utopien und für Alternativen zu nichthinterfragten Menschenbildern und umweltfeindlichen Technikentwicklungen. Jährliche Umfragen zu Beginn eines neuen Jahres zeigen, daß der Wunsch nach Gesundheit bei den meisten Menschen heute vorrangig ist. Gesundheit als Kristallisationspunkt von Wünschen ist aber oft auch ein funkelnder Kristall, dessen viele Facetten leicht blenden und Illusionen nähren können.

Die Weltgesundheitsorganisation (WHO) hat 1986 in ihrer »Ottawa-Charter für Gesundheitsförderung« aus ihrer Sicht die Grundlinien für die Gestaltung einer »neuen öffentlichen Gesundheit« formuliert. Dieses Dokument ist inzwischen zur hilfreichen Orientierung für eine Vielzahl neuer staatlicher und gemeinnütziger Gesundheitsprojekte in den Industrieländern geworden. In diesem Text definiert die WHO Gesundheit nicht mehr wie bisher als »Zustand« (state). Der Begriff Gesundheit wird jetzt entsprechend den besonderen Gegebenheiten eines Menschen und der Besonderheit seiner Lebensumstände als sich ständig wandelnder »Prozeß« (process) verstanden. Eine solche Sichtweise ist vielfach Bestandteil traditioneller Heilkulturen gewesen, welche Gesundheit als beständiges Streben nach Ausgleich und Harmonie, Krankheit hingegen als ein statisches »Zuviel« oder »Zuwenig« verstanden haben.

Die ökologischen und sozialen Entwicklungen der Industrieländer müssen uns fragen machen, was wir heute zur Gesundheitsförderung an Traditionen erhalten, was verwerfen und was wir erneuern wollen. Dies gilt für alle verschiedenen Ebenen, welche auf Gesundheit Einfluß nehmen. Auf der Ebene der Politik stellt sich deutlicher als zuvor die Frage, welche gesundheitsschädigenden oder gesundheitsfördernden Begleitwirkungen politische Entscheidungen in allen Sektoren haben können. Gesundheit ist nicht mehr länger eine Angelegenheit, die man politisch nur an Gesundheitsinstitutionen delegieren kann. Die WHO hat Initiativen ergriffen, um zusammen mit Landes-, Gemeinde- und Stadtregierungen internationale Projekte durchzuführen wie »Gesunde Städte« (Healthy Cities), »Gesunde Schulen« (Healthy Schools), »Gesundheitsförderung im Krankenhaus« (Health promotion in hospitals) oder »Gesundheitsförderung am Arbeitsplatz« (Health promotion at the workplace). Diese Projekte haben unterschiedliche lokale Träger und sind mit spezifischen Gesundheitsbedürfnissen der jeweiligen Bereiche verknüpft. Sie werden in vielen Fällen von Beginn an wissenschaftlich begleitet und ausgewertet, damit ein hohes Maß an gesundheitlicher Qualität erreicht werden kann.

Fast genau sieben Jahre nach Erscheinen der »Ottawa-Charter« hat die Bundesärztekammer in einer Stellungnahme die Gesundheitsförderung als »Aufgabe der Heilberufe« formuliert. Sie schreibt in ihrer Vorstandserklärung: »Die Ärzteschaft und die anderen Heilberufe müssen in Zukunft bei ihrer Arbeit die ›Bewahrung, Verbesserung und Wiederherstellung der Gesundheit (die Gesundheitsförderung)‹ zum vorrangigen Ziel machen. Das Konzept der Gesundheitsförderung muß die traditionell krankheitsbezogene Arbeitsweise – das Vermeiden und die Behandlung objektiver Risikofaktoren, Symptome und Krankheiten – ersetzen.« (Deutsches Ärzteblatt Nr. 47/93) Dadurch könnten auch in der organisierten Ärzteschaft Fragen der Gesundheit und ein ökologisch-ganzheitliches Verständnis des erkrankten Menschen neue Qualität gewinnen. Ich hatte während der letzten Jahre vielfach Gelegenheit, vor nationalen und internationalen Tagungen verschiedener Ärztevereinigungen und Heilberufsgruppen zu sprechen. Dabei wurde mir deutlich, daß eine wachsende Zahl von qualifizierten Ärzten und Heilberufen bereit ist, sich in ihrer Arbeit verstärkt gesundheitsfördernden und ganzheitlichen Konzepten und Praktiken zu widmen.

Im Rahmen des raschen Wandels soziokultureller Entwicklungen in den Industrieländern sind traditionell gewachsene soziale Netzwerke erheblich verändert worden. Die augenblicklichen Familien- und nachbarschaftlichen Strukturen können immer weniger die notwendige Unterstützung zum Gesundbleiben oder zur Genesung leisten. In der neuen »Gesellschaft der Individuen« (N. Elias) bilden sich jedoch aus Eigeninitiative oder, institutionell vermittelt, neue Netzwerke und soziale Zugehörigkeit heraus. Hierbei nimmt der Deutsche Volkshochschulverband mit seiner Vielzahl von gesundheitsbezogenen Angeboten eine wesentliche Funktion ein. Der Sektor gesundheitsbezogener Veranstaltungen ist im Bereich der Volkshochschulen in den letzten Jahren derjenige gewesen, der sich von Angebot und Nachfrage her am raschesten entwickelt hat. Zugleich gibt es vielfältige Bemühungen des Deutschen Sportbunds und anderer Verbände, sich vom rein wettbewerbs- und leistungsbezogenen Sport zu lösen und die Förderung von gesundheitsbewußtem, »nicht-sportlichem Sport« zu intensivieren. Sie organisieren neue spielerische Angebote, Lern- und Wahrnehmungsfelder und soziale Kommunikationsmöglichkeiten, die über Geschlechter- und Generationentrennung hinausgehen. Zusätzlich entwickelte sich eine Workshop-Kultur, in der selbsterfahrungs- und therapiebezogene Angebote aller Qualitäten und Schattierungen starken Zulauf finden. Es wird sowohl für die institutionalisierten Anbieter, vor allem aber für die nach Gesundheit suchenden Menschen immer schwieriger, hilfreiche Kriterien zu finden, um Qualität von Quacksalberei zu unterscheiden. Die Suche nach gesundheitsorientierten Netzwerken ist in gesellschaftliche Ideologien von Fitness und Versportlichung eingebunden. Von der Werbung werden narzißtisch besetzte Körperideale vermarktet, welche durch unrealistische Maßstäbe neue Verunsicherungen für die Gesundheit produzieren.

Die Gesundheits- und Krankheitslage in den Industrieländern hat sich deutlich gewandelt. Sie ist von einer rasch wachsenden Zahl chronischer Krankheiten geprägt, welche zusehends mehr jüngere Menschen belasten. Eine rein naturwissenschaftlich orientierte Medizin kann bei diesen Krankheiten nur unzureichende Hilfeleistungen gewähren. Ihr biomechanisches Verständnis von Erkrankungs-

und Heilungsprozessen bedarf wesentlicher Korrekturen und Ergänzungen. Es mangelt ihr augenblicklich an einem ganzheitlichen, humanistisch-ökologischen Verständnis von persönlicher und sozialer Gesundheit. Immer mehr Menschen suchen in dieser Situation Hilfe und Ratschläge auch außerhalb der offiziellen Gesundheitsversorgungsstrukturen. Vor kurzem publizierte das renommierte New England Journal of Medicine einen Artikel über die Inanspruchnahme unkonventioneller Medizin in den Vereinigten Staaten. Bei einer großen Umfrage gaben 34% der Befragten an, während des vergangenen Jahres zumindest eine unkonventionelle Therapiemethode erprobt zu haben. Zwar setzten die meisten derjenigen, welche unkonventionelle Therapien für ernsthafte medizinische Erkrankungen suchten, ihre Ärzte davon in Kenntnis. Bezogen auf alle Befragten gaben jedoch 72% an, daß sie ihren Arzt nicht über ihre Kontakte mit unkonventionellen Therapiemethoden informierten. Die hochgerechnete Zahl der Besuche bei unkonventionellen Heilverfahren überstieg in den USA immerhin die gesamte Zahl an Besuchen bei niedergelassenen Ärzten. (New England Journal of Medicine, 1993; 328: 246–252)

Die Notwendigkeit von komplementären, bisweilen alternativen Heilverfahren ist öffentlich kaum mehr strittig. Umstritten ist jedoch oft deren Qualität und der überprüfbare Nachweis ihrer Wirksamkeit. In den vergangenen Jahren haben sich wissenschaftliche Studien verstärkt mit den möglichen Effekten von komplementären Heilverfahren auseinandergesetzt. Der amerikanische Kardiologe Dean Ornish erhielt vom größten medizinischen Fachverband der Welt, der »American Heart Association«, eine Auszeichnung für eine solche Arbeit. Er konnte wissenschaftlich zeigen, daß mit komplementären Heilverfahren wesentliche Erfolge in der Behandlung von koronaren Herzkrankheiten zu erreichen sind. In seiner Arbeitsgruppe an der San Francisco Medical School konnten erheblich herzkranke Menschen mit Hilfe von radikaler fettarmer Diät, Yoga, Bewegungstraining, Imaginationsverfahren und einer kontinuierlichen Gesprächsgruppe erreichen, daß ihre Krankheit nicht weiter fortschritt. Die objektiven anatomischen Strukturen ihrer Gefäßpathologie (Arteriosklerose der Herzkranzgefäße) waren, entgegen bisheriger medizinischer Annahme, sogar eindeutig rückläufig. In einer anderen Zehn-Jahres-Verlaufsstudie konnte der Psychiater David Spiegel von der Universität Stanford nachweisen, daß sich die Überlebensrate von Frauen mit metastasierendem

Brustkrebs durch regelmäßige psychotherapeutisch angeleitete Gesprächsgruppen verdoppelte.

Im Bereich der öffentlichen Gesundheit und der Sozialwissenschaften hat sich erstmals eine ausdrückliche gesundheitswissenschaftliche Forschung herausgebildet. Sie will erforschen, was Gesundheit fördert und erhält, und nicht nur, was Krankheiten verhindert oder behandeln kann. Dabei nimmt der israelische Forscher Anton Antonovsky mit seinen Studien zur Salutogenese (= Gesundheitsentwicklung) einen wichtigen Platz ein. Diese veranlaßten ihn, von einem »Sinn für das Zusammengehörende« (sense of coherence) zu sprechen. Er verweist darauf, daß Gesundheit auf einem Selbstvertrauen aufbaut, welches vom subjektiven Gefühl überschaubarer Gewißheit, praktischer Handhabbarkeit und akzeptierter Sinnhaftigkeit des eigenen Lebens getragen wird.

Selbstvertrauen vermittelt ein deutliches Gespür für persönliche Kontinuität, trotz der vielen notwendigen Anpassungen an äußere Herausforderungen und Veränderungen. Das Erleben eigener Kontinuität ist kein rein gedanklicher Akt und erfordert vertrauensvolle Fundierung in der eigenen Leiblichkeit. Um unsere leibliche Kontinuität zu spüren, müssen wir uns bewußt »Eigenzeit« gönnen und nehmen, und unsere gewohnten »Konversationsmaschinen« (N. Luhmann) immer wieder anhalten. Stille und Schweigen werden in unserer Gesellschaft allzuoft mit Peinlichkeit und Hilflosigkeit verwechselt. In anderen Kulturen sind beide selbstverständliche und geschätzte Gelegenheiten, um sich seiner selbst und des eigenen Spürens zu besinnen. Spüren hat Gegenwartsbezug, weist auf Spuren aus der Vergangenheit hin und setzt Wünsche nach einer anderen Zukunft frei.

Die Wiederentdeckung des Leibes sucht nach Möglichkeiten gesünderen Lebens ohne oder trotz lebenslang prägender, chronischer Krankheiten. Sie fördert Lebendigkeit, welche es ermöglicht, sich sowohl den verschiedenen Umständen der jeweiligen Lebenssituation anzupassen, als auch verändernd auf sie einzuwirken. Seinen Leib bewußt wiederzuentdecken, dies läßt sich aber weder mechanisch-technisch erzwingen, noch »instant« oder rasend schnell erreichen. Ein neues leiblich-lebendiges Verständnis von Zeit und Rhythmus würdigt sowohl die Dauer als auch den rechten Augenblick. Leibzeit vereinigt in sich zyklische Rhythmen der Natur und das lineare Zeitverständnis sozialen Lebens.

Während der letzten zweieinhalb Jahrzehnte habe ich Gesundheit und Krankheit, Gesundsein und Erkranken, Gesundheitsförderung und Medizin, Heilkunde und Heilkunst aus einer Vielzahl von Perspektiven kennengelernt und erforscht. In meinen beiden Büchern habe ich wesentliche Ausschnitte des Erfahrungs- und Lernprozesses zur öffentlichen Diskussion gestellt. Dabei ergaben sich eine Vielzahl neuer Kontakte und fruchtbarer Verbindungen. Um gemeinsame Erfahrungen, Forschungen und neue Lösungsansätze besser erproben und vertiefen zu können, habe ich mit Kolleginnen unterschiedlicher Disziplinen das »Institut für Gesundheitsförderung und ganzheitliche Medizin« gegründet. Dieses soll einerseits zum besseren Austausch und zur Vernetzung in diesen Bereichen dienen. Zugleich soll das Institut praktische Lern- und Therapiemöglichkeiten für Betroffene anbieten. Neue Wege der kritischen Bewertung und Erforschung ganzheitlicher Gesundheits- und Heilungspraktiken werden geprüft und erarbeitet werden. Fragen der Aus- und Weiterbildung von Betroffenen und Experten verschiedener Heilberufe sind langfristig Inhalte des Instituts. Die Arbeit des Instituts soll nicht dazu dienen, eine neue Spezialdisziplin zu etablieren. Sie soll vielmehr qualifizierte Entwicklungen zur notwendigen Transformation medizinischer Leistungen und zur Verbesserung von Gesundheit ermöglichen.

Marquartstein, im Dezember 1993   Helmut Milz

ANHANG

Literaturhinweise

Achterberg, J.: Imagery in Healing. Shamanism and Modern Medicine. Shambhala, Boston 1985

Alexander, F.: Psychosomatische Medizin. de Gruyter, Berlin 1985

Alexander, G.: Eutonie. Ein Weg der körperlichen Selbsterfahrung. Kösel Verlag, München 1984 (5. Aufl.)

Allon, R.: Mindfull Spontaneity, Moving in Tune with Nature. Prisme Press, Bridport 1990

Antonovsky, A.: Health, Stress and Coping. Jossey Bass Publishers, San Francisco, 1981

Anzieu, D.: Das Haut-Ich. Suhrkamp, Frankfurt am Main 1991

Argyle, A.: Körpersprache und Kommunikation. Jungfermann Verlag, Paderborn 1985

Assagioli, R.: Die Schulung des Willens. Methoden der Psychotherapie und der Selbsttherapie. Jungfermann Verlag, Paderborn 1982

Avital, S.: Mimenspiel – die Kunst der Körpersprache. Herzschlag-Verlag, Berlin 1985

Ayres, J. A.: Bausteine der kindlichen Entwicklung. Die Bedeutung der Integration der Sinne für die Entwicklung des Kindes. Springer, Berlin 1984

Bainbridge-Cohen, B.: Sensing, Feeling and Action. In: Contact Quarterly, No. 1 1981

Bainbridge-Cohen, B.: The Alphabet of Movement. Part I: Primitive Reflexes, Righting Reactions and Equilibrium Response. In: Contact Quarterly, Spring/summer 1989, Part II: Fall 1989

Bamme, A. (Hg.): Maschinen-Menschen – Mensch-Maschinen. Grundrisse einer sozialen Beziehung. Rowohlt, Reinbek 1983

Barlow, W.: Die Alexander-Technik. Gesundheit und Lebensqualität durch richtigen Gebrauch des Körpers. Kösel, München 1983

Barsky, A. J.: Worried Sick – Our Troubled Quest For Wellness. Little Brown and Company, Boston 1988

Barsky, A. J.: The Paradox of Health. In: The New Engl. Jour. of Med. Vol. 318, No. 7, 414–418.

Bateson, G.: Mind and Nature. A Necessary Unity. Bantam, New York 1979

Beck, D.: Krankheit als Selbstheilung. Insel, Frankfurt am Main 1981

Beck, U.: Risikogesellschaft. Auf dem Weg in eine andere Moderne. Suhrkamp, Frankfurt am Main 1986

Beck, U.; Beck-Gernsheim, E.: Das ganz normale Chaos der Liebe. Suhrkamp, Frankfurt am Main 1990

Berendt, J. E.: Das dritte Ohr – vom Hören der Welt. Rowohlt, Reinbek 1985

van den Berg, J. H.: The Changing Nature of Man – Introduction to a Historical Psychology. Norton, New York 1983

Berger, B. L.; Luckman, T.: Die gesellschaftliche Konstruktion der Wirklichkeit. Eine Theorie der Wissenssoziologie. Fischer, Frankfurt am Main 1980

Berman, M.: Coming to our Senses – Body and Spirit in the Hidden History of the West. Bantam, New York, 1990

Bette, K. H.: Körperspuren – Zur Semantik und Paradoxie moderner Körperlichkeit. de Gruyter, Berlin 1989

Betz, O.: Der Leib als sichtbare Seele. Kreuz Verlag, Stuttgart 1991

Bielefeld, J.: Körpererfahrung. Grundlagen menschlichen Bewegungsverhaltens. Verlag für Psychologie, U. Grefe, Göttingen 1986

Blechschmidt, E.: Wie beginnt das menschliche Leben. Vom Ei zum Embryo. Christiana Verlag, Stein am Rhein, Neuauflage 1989

Bloch E.: Spuren. Suhrkamp, Frankfurt am Main 1969

Bloch, E.: Das Prinzip Hoffnung (Band 1 bis 3). Suhrkamp, Frankfurt am Main 1959

du Bois, R.: Körper – Erleben und psychische Entwicklung. Verlag für Psychologie, U. Grefe, Göttingen 1990

Bohm, D.: Wholeness and The Implicate Order. Routledge, London 1980

Bourdieu, B.: Die feinen Unterschiede. Kritik der gesellschaftlichen Urteilskraft. Suhrkamp, Frankfurt am Main 1982

Boyesen, G.: Über den Körper die Seele heilen. Kösel, München 1987

Brähler, E.: Körpererleben. Ein subjektiver Ausdruck von Leib und Seele. Springer Verlag, Berlin 1986

Brazelton, B.: Touch: The Foundation of Experience. International Universities Press, Madison 1990

Brooks, C.: Erleben durch die Sinne (Sensory, Awareness). Jungfermann Verlag, Paderborn 1985

Büntig, W.: Der Körper in der Psychotherapie. In Praxis Psychother. Psychosom. 36: 68–76 (1991)

Campbell, J.: Die Kraft der Mythen – Bilder der Seele im Leben des Menschen. Artemis Verlag, Zürich 1989

Campbell, J.: Der Heros in 1000 Gestalten. Suhrkamp, Frankfurt 1978 (Erstauflage 1949)

Cannon, W.: The Wisdom of the Body. Norton, New York 1939

Capra, F.: Uncommon Wisdom. Conversation with Remarcable People. Simon and Schuster, New York 1988

Capra, F.: Wendezeit – Bausteine für ein neues Weltbild. Scherz, Zürich 1982

Cash, D.; Pruzinsky, D.: Body Images – Development, Deviance and Change. Guilford Press, New York, London 1990

Changeux, J. P.: Der neuronale Mensch. Wie die Seele funktioniert – die Entdeckungen der neuen Gehirnforschung. Rowohlt, Reinbek 1984

Chungliang Al Huang: Embrace Tiger, Return to Mountain – The Essence of T'ai-Chi. Real People Press, Moab, Utah 84532, 1973

Chungliang Al Huang: Tai Ji – in der Bewegung zur Harmonie und Lebensfreude finden. Gräfe und Unzer, München 1988

Cohen, S.: The Magic of Touch. Harper und Row, New York 1987

Corbin, A.: Pesthauch und Blütenduft – Eine Geschichte des Geruchs. Fischer, Frankfurt am Main 1988

Cousins, N.: Head first – The Biology of Hope. E. P. Dutton, New York 1989

Cousins, N.: Anatomy of an Illness as Perceived by the Patient. Norton, New York 1979

Danzinger, R.: Der Körper in der Psychotherapie. Subjektive und objektive Anatomie. In: Feedback, Zeitschrift öAGG, 9. Jahrg. Nr. 132, Wien 1991

Danzinger, R.: Das zerbrochene Spiegelbild. Hypochondrie und Leibhaluzinationen Schizophrener (unveröffentlichtes Manuskript).

Dubos, R.: Mirage of Health – Utopias, Progress, Biological Change. Harper and Row, New York 1979 (Erstausgabe 1959)

Dörner, K.: Bürger und Irre – Zur Sozialgeschichte und Wissenschaftssoziologie der Psychiatrie. Fischer, Frankfurt am Main 1975

Douce, P.: A Movement – Touch Approach to Human Improvement – Eastern and Western Scientific Considerations. In: Ausgewählte Texte des internationalen Symposiums der wissenschaftlichen Landesakademie für Niederösterreich: Körperorientierte Psychotherapie, Mai 1991

Douglas, M.: Ritual, Tabu und Körpersymbolik – Sozialanthropologische Studien in Industriegesellschaft und Stammeskultur. Fischer, Frankfurt am Main 1986

Dreitzel, H. P.: Körperkontrolle und Affektverdrängung. Zum gesellschaftlichen Hintergrund körper- und gefühlsbetonter Therapieformen. In: Integrative Therapie 2–3/81; 179–196

Dreitzel, H. P.; Stenger, H. (Hg.): Ungewollte Selbstzerstörung – Reflexionen über den Umgang mit katastrophalen Entwicklungen. Campus Verlag, Frankfurt 1990

Duden, B.: Geschichte unter der Haut. Klett-Cotta, Stuttgart 1987

Duden 7: Das Herkunftswörterbuch. Etymyologie der deutschen Sprache. Dudenverlag, Mannheim 1989

Dürkheim, Graf, K.: Übung des Leibes – auf dem inneren Weg. Verlag Martin Lurz, München 1981

Duerr, H. P. (Hg.): Die Mitte der Welt – Aufsätze zu M. Eliade. Suhrkamp, Frankfurt am Main 1984

Duerr, H. P.: Traumzeit. Über die Grenzen zwischen Wildnis und Zivilisation. Syndikat, Frankfurt 1983

Dychtwald, K.: Body–Mind. Juve/H.B.J. Books, New York 1977

Eco, U.: Zeichen. Einführung in einen Begriff und seine Geschichte. Suhrkamp, Frankfurt 1977

Ekmann, P.: Gesichtsausdruck und Gefühl. Jungfermann Verlag, Paderborn 1988

Eliade, M./Couliano, I. P.: Handbuch der Religionen. Artemis & Winkler, München und Zürich 1991

Eliade, M.: Schamanismus und archaische Ekstasetechnik. Suhrkamp, Frankfurt 1974. (Erstausgabe 1951)

Elias, N.: Über den Prozeß der Zivilisation. Soziogenetische und psychogenetische Untersuchungen (Band I, II) Suhrkamp, Frankfurt 1976

Elias, N.: Die Gesellschaft der Individuen. Suhrkamp, Frankfurt a. M. 1987

Erickson, M.: Meine Stimme begleitet sie überall hin. Klett-Cotta, Stuttgart 1985

Erickson, M.; Rossi, E. L.: Hypnose. Induktion – Psychotherapeutische Anwendung – Beispiele. Pfeiffer Verlag, München 3. Aufl. 1991

Erikson, E. H.: Identität und Lebenszyklus Suhrkamp, Frankfurt 1973 (Erstauflage 1959)

Ernst, H.: Das Phantom Gesundheit. In: Psychologie Heute, 18. Jahrg. Jan. 1991

Ernst, H.: Leben statt Lifestyle. In: Psychologie Heute, 18. Jahrg. Juni 1991

Fast, J.: Körpersprache. Rowohlt, Reinbek 1979

Feldenkrais, M.: Abenteuer im Dschungel des Gehirns. Der Fall Doris. Suhrkamp, Frankfurt am Main 1981

Feldenkrais, M.: The Potent Self. A Guide to Spontaneity. Harper und Row, New York 1985

Feldenkrais, M.: Body and Mature Behaviour – A Study of Anxiety, Sex, Gravitation and Learning. International Universities Press, New York 1949

Feldenkrais, M.: The Master Moves. Meta Publications, Cupertino 1984

Feldenkrais, M.: Die Entdeckung des Selbstverständlichen. Insel, Frankfurt am Main 1985

Feldenkrais, M.: Bewußtheit durch Bewegung – der aufrechte Gang. Suhrkamp, Frankfurt am Main 1982 (Erstausgabe 1967)

Fichter, M. M.: Bulimie. Enke Verlag, Stuttgart 1989

Finkenrath, T.: Anamnestische Angaben der Patienten beim Lumbalen Bandscheibensyndrom. In Aug. Diss., Düsseldorf 1978

Fisher, S.: Development and Structure of the Body Image, Volume I and II, L. Erlbaum Associates, Hillsdale 1986

Flatischler, R.: TakeTiNa – Der Weg zum Rhythmus. Synthesis Verlag, Essen 1990

Ford, C. W.: Where Healing Waters Meet. Touching Mind and Emotion through the Body. Station Hill Press, Barrytown 1989

Foss, L.; Rothenberg, K.: The Second Medical Revolution. From Biomedicine to Infomedicine. Shambala, Boston 1987

Foucault, M.: Die Geburt der Klinik – eine Archäologie des ärztlichen Blicks. Ullstein, Berlin 1976

Foucault, M.: Sexualität und Wahrheit (Band 1 bis 3). Suhrkamp, Frankfurt am Main 1977

Freedman, R.: Bodylove – Learning to Like our Looks and our Selves. Perennial Library. New York 1990

Friedmann, E. D.: Laban, Alexander, Feldenkrais. Pioniere bewußter Wahrnehmung durch Bewegungserfahrung. Jungfermann Verlag, Paderborn 1989

Fromm, E.: Vom Haben zum Sein – Wege und Irrwege der Selbsterfahrung. Beltz, Weinheim 1989

Fulder, S.: The Handbook of Complementary Medicine. Cronet Books, London 1984

Fulder, S.: Tao der Medizin. Sphinx Verlag, Basel 1985

Gallwey, T.; Krieger, B.: Inner Skiing. Bantam, New York 1977

Gebauer, G.: Ausdruck und Einbildung. Zur Symbolischen Funktion des Körpers. In: Kamper, D./ Wulf, C.: Die Wiederkehr des Körpers, a. a. O.

Giedion, S.: Die Herrschaft der Mechanisierung. Ein Beitrag zur anonymen Geschichte. Europäische Verlagsanstalt, Frankfurt am Main 1982 (Erstausgabe 1948)

Gibson, J. J.: Wahrnehmung und Umwelt. Der ökologische Ansatz in der visuellen Wahrnehmung. Urban und Schwarzenberg, München 1982

Goffman, E.: Wir alle spielen Theater. Die Selbstdarstellung im Alltag. Piper, München 1969 (Erstausgabe 1959)

Goffman, E.: Interaktionsrituale. Über Verhalten in direkter Kommunikation. Suhrkamp, Frankfurt am Main 1986

Groddeck, G.: Das Buch vom Es. Psychoanalytische Briefe an eine Freundin. Fischer, Frankfurt 1979 (Erstausgabe 1923)

Groddeck, G.: Krankheit als Symbol. Schriften zur Psychosomatik. Fischer, Frankfurt 1983

Groddeck, G.: Die Natur heilt – Die Entdeckung der Psychosomatik. Fischer, Frankfurt am Main 1984

Grupe, O.: Sportlichkeit als Lebensstil. In: Psychologie Heue, 18. Jahrg., Heft 10, 1991

Hall, E. T.: The Silent Language. Doubleday, New York 1959

Hanna, T.: Beweglich sein – ein Leben lang. Kösel, München 1990

Hanna, T.: Der befreite Körper. Bewegung ist Leben. In: Psychologie Heute, 17. Jahrg., Heft 11, 1990

Hanna, T. (Edit.): Explorers of Humankind. Harper and Row, New York 1979

Hanna, T.: The Body of Life, A. Knopf, New York 1983

Hesse, H.: Die Kunst des Müßiggangs. Suhrkamp, Frankfurt am Main 1973

Hetz, A.: Neue Muster – Formen. In: Tanzdrama Nr. 12, 1991

Hetz, A.: School for Movement. In: Contact Quarterly, Spring/Summer 1990

Hewes, G. W.: The Anthropology of Posture. In: Scientific American, Febr. 1957, 123–132

Hirsch, M. (Hg.): Der eigene Körper als Objekt. Zur Psychodynamik selbstdestruktiven Körperagierens. Springer Verlag, Berlin 1989

Hölderlin, F.: Elegien und Epigramme. Sämtliche Werke, Bd. 6 »Frankfurter Ausgabe«. Verlag Roter Stern, Frankfurt am Main 1976

Hoff, P.: »Mesmerismus« – Ein Vorläufer der Psychotherapie. In: Nervenarzt, 60: 732–739, 1989

Hoffmann, K.: Tanz, Trance, Transformation. Knaur, München 1987

Hoffmann, K.: Heilsame Erschütterung – Tanz, Trance, Therapie und Praxis. W. Pipers Medienexperimente, Der grüne Zweig 129, Löhrbach 1987

Hoppe, B.: Körper und Geschlecht – Körperbilder in der Psychotherapie. D. Reimer Verlag, Berlin 1991

Horkheimer, M.; Adorno, T. W.: Dialektik der Aufklärung, Fischer, Frankfurt am Main 1969 (Erstauflage 1944)

Houston, J.: Der mögliche Mensch. Sphinx Verlag, Basel 1984

Huxley, A.: Die Kunst des Sehens – Was wir für unsere Augen tun können. Piper, München 1982 (Erstausgabe 1943)

Illich, I.: Body History. In: The Lancet, dec. 1986, 1325–1327

Imhof, A. E. (Hg.): Der Mensch und sein Körper. Von der Antike bis heute. C. Beck Verlag, München 1983

Jacobsen, E.: Lassen Sie sich Zeit! Das Geheimnis der Entspannung. Taylorix Fachverlag, Stuttgart 1977

Jacoby, H.: Jenseits von begabt und unbegabt. Zweckmäßige Fragestellung und zweckmäßiges Verhalten – Schlüssel für die Entfaltung des Menschen. Christians Verlag, Hamburg 1983

Johnson, D.: Rolfing und die menschliche Flexibilität. Synthesis Verlag, Essen 1980

Johnson, D.: Body. Beacon Press, Boston 1983

Juhan, D.: Job' s Body. A Handbook for Bodywork. Station Hill Press, Barrytown 1987

Kabat-Zinn, J.: Full Catastrophe Living, Delacorte Press, New York 1990

Kallinke, D. (Hg.): Die Behandlung von Zwängen. Eine verhaltenstherapeutische Kontroverse. Urban und Schwarzenberg, München 1979

Kamper, D.; Wulf, C. (Hg.): Transfigurationen des Körpers – Spuren der Gewalt in der Geschichte. D. Reimer Verlag, Berlin 1989

Kamper, D.; Wulf, C. (Hg.): Der andere Körper. Verlag Mensch und Leben, Berlin 1984

Kamper, D.; Wulf, C. (Hg.): Die Wiederkehr des Körpers. Suhrkamp, Frankfurt am Main 1982

Kaplan, L.: Die zweite Geburt. Dein Kind wird zur Persönlichkeit. Piper, München 1981

Kaplan, L.: Weibliche Perversionen. Von befleckter Unschuld und verweigerter Unterwerfung. Hoffmann und Campe, Hamburg 1991

Kaschuba, W.: »Deutsche Sauberkeit« – Zivilisierung der Körper und der Köpfe. In: Vigarello, G.: Wasser und Seife, Puder und Parfüm, a. a. O.

Keil, A.: Gezeiten – Leben zwischen Gesundheit und Krankheit. Prolog Verlag, Kassel 1988

Keleman, S.: Körperlicher Dialog in der therapeutischen Beziehung. Kösel, München 1990

Kepner, J.: Body Process. A Gestalt Approach to Working with the Body in Psychotherapy. Gestalt Institute of Cleveland Press, New York 1987

Kipphardt, E. J.: Ausgewählte Themen der Motopädagogik und Mototherapie. Flöttmann Verlag, Gütersloh 1989

Kickbusch, I.: Good Planets Are Hard To Find. Who-Publication, Regional Office Copenhagen, 1991

Kjellrup, M.: Bewußt mit dem Körper leben. Spannungsausgleich durch Eutonie. Ehrenwirth, München 1980

von Kleist, H.: Über das Marionettentheater. Reclam-Ausgabe, Stuttgart 1981

Knowles, J. H.: Doing Better and Feeling Worse. Norton, New York 1977

König, E.: Körper – Wissen – Macht. Studien zur historischen Anthropologie des Körpers. Reimer Verlag, Berlin 1989

Krämer, W.: Die Krankheit des Gesundheitswesens. Die Fortschrittsfalle der modernen Medizin. Fischer, Frankfurt am Main 1989

Krizek, V.: Kulturgeschichte des Heilbades. Edition Leipzig und W. Kohlhammer, Stuttgart 1990

Kükelhaus, H.; zur Lippe, R.: Entfaltung der Sinne. Ein Erfahrungsfeld zur Bewegung und Besinnung. Fischer, Frankfurt am Main 1982

Kükelhaus, H.: Hören und Sehen in Tätigkeit. Klett und Palmer Verlag, Zug 1978

Kütemeyer, M.; Schultz, U.: Psychosomatik des Lumbago-Ischias-Syndroms. In: *von Uexküll:* Psychosomatische Medizin. Urban und Schwarzenberg, München 1986

Kuhn, T.: Die Struktur wissenschaftlicher Revolutionen. Suhrkamp, Frankfurt 1973

Kunz, D. van Gelder: The Personal Aura. Quest Books, Wheaton, USA 1991

von Laban, R.: Der moderne Ausdruckstanz in der Erziehung. Heinrichshoffens Verlag, Wilhelmshaven 1981

Lafaille, R.: Programma's Voor Gezonde Leefwijze. International Institute for Advanced Health Studies, Antwerpen 1991

Lafaille, R.; Lebeer, J.: The Relevance of Life Histories For Understanding Health and Healing. In: Advances, Vol. 7, No. 4, Fall 1991

Laing, R. D.: Das geteilte Selbst. Eine existentielle Studie über geistige Gesundheit und Wahnsinn. Rowohlt, Reinbek 1976 (Erstausgabe 1960)

Lasch, C.: Geborgenheit. Die Bedrohung der Familie in der modernen Welt. Dtv, München 1987

Lay, R.: Meditationstechniken für Manager. Methoden zur Persönlichkeitsentfaltung. Ullstein, Frankfurt 1988

Leder, D.: The Absent Body. University of Chicago Press, Chicago 1990

LeShan, L.: How to Meditate. Bantam, New York 1974

LeShan, L.: The Mechanic and the Gardener. Holt, Rinehart and Winston, New York 1982

LeShan, L.: The Dilemma of Psychology – A Psychologist Looks at his Troubled Profession. Python, New York 1990

Levine, S.: Psychobiologic Consequences of Disruption in Mother–Infant Relationships. In: Levine, S. (Ed.): Perinatal Development – A Psychological Perspective. Academic Press, New York 1987

Levine, S.; Stanton, M.: The Hormonal Consequences of Mother–Infant Contact. In: Brazelton, B.: a. a. O.

Levine, S. u. a.: Psychoendocrinology of Stress: A Psychobiological Perspective. In: Levine, S. (Ed.): Psychoendocrinology. Academic Press, New York 1989

Levi-Strauss, C.: Traurige Tropen. Suhrkamp, Frankfurt am Main 1981 (Erstausgabe 1955)

Levi-Strauss, C.: Mythos und Bedeutung. Suhrkamp, Frankfurt a. M. 1980

Liedloff, J.: Auf der Suche nach dem verlassenen Glück. Gegen die Zerstörung unserer Glücksfähigkeit in der frühen Kindheit. C. H. Beck, München 1980

zur Lippe, R.: Vom Leib zum Körper. Naturbeherrschung am Menschen in der Renaissance. Rowohlt, Reinbek 1988

zur Lippe, R.: Sinnenbewußtsein – Grundlegung einer anthropologischen Ästhetik. Rowohlt, Reinbek 1987

zur Lippe, R.: Am eigenen Leibe. Zur Ökonomie des Lebens. Syndikat, Frankfurt 1983 (3. Aufl.)

Locke, S.; Colligan, D.: The Healer Within. Mentor, New York 1987

Lohhaus, A.: Gesundheit und Krankheit aus der Sicht von Kindern. Verlag für Psychologie, U. Grefe, Göttingen 1990

Lowen, A.: Bioenergetik. Therapie der Seele durch Arbeit mit dem Körper. Rowohlt, Reinbek 1979

Lynch, J. J.: The Language of the Heart. The Human Body in Dialogue. Basic Books, New York 1985

Marson, D.: Touching Essence. In: Ausgewählte Texte des internationalen Symposiums der wissenschaftlichen Landesakademie für Niederösterreich: Körperorientierte Psychotherapie. Mai 1991

Masters, R.; Houston, J.: Bewußtseinserweiterung über Körper und Geist. Ein praktisches Übungsbuch. Kösel, München 1983

Mattenklott, G.: Der übersinnliche Leib. Beiträge zur Metaphysik des Körpers. Rowohlt, Reinbek 1982

Mauss, M.: Soziologie und Anthropologie. Bd. II – Gabentausch, Todesvorstellungen, Körpertechniken. Ullstein, Berlin 1975 (Erstausgabe 1950)

McKeown, T.: Die Bedeutung der Medizin. Traum, Trugbild oder Nemesis? Suhrkamp, Frankfurt am Main 1982

Mennell, S.: Die Kultivierung des Appetits. Geschichte des Essens vom Mittelalter bis heute. Athenäum, Frankfurt am Main 1988

Mentzos, S. (Hg.): Angstneurose. Psychodynamische und psychotherapeutische Aspekte. Fischer, Frankfurt 1984

Merleau-Ponty, M.: Phänomenologie der Wahrnehmung. W. de Gruyter Verlag, Berlin 1966

Miller, A.: Am Anfang war Erziehung. Suhrkamp, Frankfurt 1980

Milz, H.; Kalinke, D.: Selbsthilfegruppen – eine Waffe gegen Krebs? In: Psychologie Heute, 17. Jahrg., Heft 8, 1990

Milz, H.; Goebel, G.: Schlägt sich Angst aufs Gehör nieder? Körpertherapeutische Aspekte zum chronischen Tinnitus. In: Goebel, G. (Hg.): Ohrgeräusche. Psychosomatische Aspekte des chronischen Tinnitus: Vorkommen, Auswirkungen, Diagnostik und Therapie. Quintessenz Verlag, Berlin 1992

Milz, H.: Ansätze für eine ganzheitliche Gesundheitsförderung in der Arbeitswelt. In: Kaplan, A. (Hg.): Gesundheitsförderung in der Arbeitswelt. Springer, Berlin 1989

Milz, H.: Gesundheitsförderung – von der Vision zum Handeln. In: Badura, B. (Hg.): Zukunftsaufgabe Gesundheitsförderung. W. Kohlhammer Verlag, Stuttgart 1989

Milz, H.: Suche nach einem zeitgemäßen Verständnis ganzheitlicher Medizin und Gesundheitsförderung. In: Deutsches Ärzteblatt, 82. Jahrg. Heft 48, 3587–3591. 1985

Milz, H.: Den ganzen Menschen heilen. In: Humane Medizin. Reichert Organisation und Verlag, Oberhausen 1991

Milz, H.: Leibtherapien – die Suche nach ganzheitlichem Therapieverständnis. In: Natur und Ganzheitsmedizin, Schattauer, Stuttgart 1991

Milz, H.: Psychosomatische Aspekte des Organverlusts in der Gynäkologie. (Zur Publikation vorgelegt). Zentralblatt für Gynäkologie.

Milz, H.: Gesunde Kranke – Sozialer Zynismus oder neue Perspektiven für das Leben mit einer chronischen Krankheit? In: Kaplun, A.: Gesundheitsförderung und chronische Krankheit. Die Entdeckung einer neuen Qualität von Gesundheit. Herausgegeben von der Bundeszentrale für gesundheitliche Aufklärung, Köln, in Zusammenarbeit mit der Weltgesundheitsorganisation Kopenhagen. 1989

Milz, H.: Ganzheitliche Medizin – Neue Wege zur Förderung der Gesundheit. Athenäum, Königstein 1985 sowie Heyne, München 1989

Montagu, A.: Körperkontakt. Die Bedeutung der Haut für die Entwicklung des Menschen. Klett-Cotta, Stuttgart 1987 (Erstausgabe 1971)

Montagu, A.: Zum Kind reifen. Klett-Cotta, Stuttgart 1984

Morgan, C.: The Constant Things, Reflections in a Mirror, Second Series, London 1946 (Zitat van den Berg, J. P., a. a. O.)

Morris, D.: Liebe geht durch die Haut. Die Naturgeschichte des Intimverhaltens. Knaur, Zürich 1972

Morris, D.: Der nackte Affe. Knaur, München 1967

Morris, D.: Körpersignale. Heyne, München 1986

Moser, T.: Körpertherapeutische Phantasien. Suhrkamp, Frankfurt 1991

Nagel, H.; Seifert, M. (Hg.): Inflation der Therapieformen. Sinn und Unsinn der Psycho-Industrie. Rowohlt, Reinbek 1979

Naisbitt, J.: Megatrends – Ten New Directions Transforming our Lives. Warner Books, New York 1984

Nietzsche, F.: Die fröhliche Wissenschaft. Insel, Frankfurt am Main 1982 (Erstausgabe 1886)

Nietzsche, F.: Vom Nutzen und Nachteil der Historie für das Leben. Diogenes Taschenbuch, Basel 1984 (Erstveröffentlichung 1874)

Nilson, L.: Eine Reise in das Innere unseres Körpers. Das Abwehrsystem des menschlichen Organismus. Rasch u. Röhrig, Hamburg 1985

Nitschke, A.: Körper in Bewegung – Gesten, Tänze und Räume im Wandel der Geschichte. Kreuz Verlag, Stuttgart 1989

Nitschke, A.: Bewegungen als Dialog. In: Praxis Psychother. Psychosom., 36: 88 bis 96, 1991

Nowotny, H.: Eigenzeit. Entstehung und Strukturierung eines Zeitgefühls. Suhrkamp, Frankfurt am Main 1989

Ornish, D.: Dr. Dean Ornish Program for Reversing Heart Disease. Random House, New York 1990

Ornish, D., et al: Can Lifestyle Changes Reverse Coronary Heart Disease? In: The Lancet, Vol. 336 129–133, July 1990

Ornstein, R. und Sobel, D.: The Healing Brain. Simon und Schuster, New York 1987

Ornstein, R.; Sobel, D.: Healthy Pleasures. Addison-Wessley, Reading 1989

Ots, T.: The Angry Liver, the Anxious Heart and the Melancholy Spleen. The Phenomenology of Perceptions in Chinese Culture. In: Culture, Medicine and Psychiatry 14: 21–58, 1990

Ots, T.: Medizin und Heilung in China. Annäherungen an die traditionelle chinesische Medizin. D. Reimer Verlag, Berlin 1987

Overbeck, G.: Krankheit als Anpassung. Der sozio-psychosomatische Zirkel. Suhrkamp, Frankfurt am Main 1984

Peper, E.; Holt, C.: Creating Wholeness: A Self-Healing Workbook Using

Dynamic Relaxation, Images and Thoughts. Plenum Publishing, New York 1992

Perls, F. S.; Hefferline, R. F.; Goodman, P.: Gestalt-Therapie – Lebensfreude und Persönlichkeitsentfaltung, Klett-Cotta, Stuttgart 1988 (Erstausgabe 1951)

Petzold, H.: Die neuen Körpertherapien. Jungfermann Verlag, Paderborn 1977

Petzold, H.: Integrative Bewegungs- und Leibtherapie. Ein ganzheitlicher Weg leibbezogener Psychotherapie. (Bd. 1 und 2) Jungfermann Verlag, Paderborn 1988

Pfleiderer, B.; Bichmann, W.: Krankheit und Kultur. Eine Einführung in die Ethnomedizin. D. Reimer Verlag, Berlin 1985

Pikler, E.: Laß mir Zeit. Die selbständige Entwicklung des Kindes bis zum Geben. Pflaum-Verlag, Freiburg 1985

Pikler, E.: Friedliche Babys – Friedliche Mütter. Herder, Freiburg 1982

Pierrakos, J.: Core Energetik. Zentrum deiner Lebenskraft. Synthesis Verlag, Essen 1987

Plügge, H.: Vom Spielraum des Leibes. O. Müller Verlag, Salzburg 1970

Plügge, H.: Der Mensch und sein Leib. M. Niemeyer Verlag, Tübingen 1967

Postman, N.: Das Verschwinden der Kindheit. Fischer, Frankfurt am Main 1987

Poucel, V.: Gegen die Widersacher des Leibes. Herder, Freiburg 1958

Reich, W.: Charakteranalyse. Rowohlt, Reinbek, 1970 (Erstausgabe 1945)

Rilke, R. M.: Auguste Rodin. Insel, Frankfurt am Main 1984 (Erstausgabe 1913)

Rittner, V.: Krankheit und Gesundheit. Veränderungen in der sozialen Wahrnehmung des Körpers. In: *Kamper/Wulf:* Die Wiederkehr des Körpers, a. a. O.

Rittner, V.: Körper und Körpererfahrung in kulturhistorisch-gesellschaftlicher Sicht. In: Bielefeld, J.: Körpererfahrung, a. a. O.

Rossi, L. E.: The Psychobiology of Mind-Body Healing. New Concepts of Therapeutic Hypnosis. Norton and Company, New York 1988

Rossman, M.; Bresler, D.: Guided Imagery. An Intensive Training Program for Clinicians. Eigenverlag: Bresler und Rossman, P. O. Box 967, Pacific Palisades CA 90272

Rossman, M.: Healing Yourself. A Step-By-Step Program for Better Health Through Imagery. Walker and Company, New York 1987

Rothschuh, K. E.: Konzepte der Medizin in Vergangenheit und Gegenwart. Hippokrates Verlag, Stuttgart 1978

Rudofsky, B.: Sparta/Sybaris. Keine neue Bauweise, eine neue Lebensweise tut not. Residenz Verlag, Salzburg 1987

Sacks, O.: Der Mann, der seine Frau mit einem Hut verwechselte. Rowohlt, Reinbek 1987

Sacks, O.: Der Tag, an dem mein Bein fortging. Rowohlt, Reinbek 1989

Scheler, M.: Wesen und Formen der Sympathie. Bouvier Verlag, Bonn 1985

Scheler, M.: Die Stellung des Menschen im Kosmos. Bouvier Verlag, Bonn, 11. Aufl. 1988 (Erstausgabe 1928)

von Schiffer-Salzmann, E.: Heilung durch Bewegung. Durch Bewegungstherapie zu einem befreiteren Leben. Pfeiffer Verlag, München 1985

Schilder, P.: Das Leib-Seele-Problem vom Standpunkt der Philosophie und naturwissenschaftlichen Psychologie. In: Schwarz, O.: Psychogenese und Psychotherapie körperlicher Symptome. J. Springer Verlag, Wien 1925

Schipperges, H.: Homo patiens – Zur Geschichte des kranken Menschen. Piper, München 1985

Schipperges, H.: Die Vernunft des Leibes. Gesundheit und Krankheit im Wandel. Verlag Styria, Graz 1984

Schipperges, H.: Der Garten der Gesundheit – Medizin im Mittelalter. Artemis Verlag, München und Zürich 1985

Schipperges, H.: Die Welt des Herzens – Sinnbild, Organ, Mitte des Menschen. Knecht Verlag, Frankfurt am Main 1989

Schivelbusch, W.: Das Paradies, der Geschmack und die Vernunft. Eine Geschichte der Genußmittel. Fischer, Frankfurt am Main 1990

Schmitz, H.: Leib und Gefühl. Materialien zu einer philosophischen Therapeutik. Jungfermann Verlag, Paderborn 1989

Schober, O.: Wann ein Lächeln kein Lächeln mehr ist. Das Rätsel der Körpersprache. In: Psychologie Heute 18. Jahrg., Heft 6 1991

Schober, O.: Körpersprache. Schlüssel zum Verhalten. Bedeutung und Nutzen der Körpersprache im Alltag. Heyne Verlag, München 1989

Schönhammer, R.: In Bewegung – Zur Psychologie der Fortbewegung. Quintessenz, Berlin 1991

Scholz, R.; Schubert, P. (Hg.): Körpererfahrung. Die Wiederentdeckung des Körpers: Theater, Therapie und Unterricht. Rowohlt, Reinbek 1982

Schuller, A.; Hein, N. (Hg.): Der codierte Leib – Zur Zukunft der genetischen Vergangenheit. Artemis Verlag, München und Zürich 1989

Schwidder, W.: Grundsätzliches zur Entstehung psychosomatischer Charaktersymptome. Zs. f. Psychosom. Med. 5: 238 bis 245 (1959)

Charlotte Selver Foundation: Bulletin Nr. 11, Winter 1983: The Work after Elas Gindler. Selbstverlag 32 Zedars Rd., Caltwell, New Jersey 07006, 1983

Charlotte Selver Foundation: Collected Writtings on Sensory Awareness, Caltwell, New Jersey, 1984

Selver, C.: Über das Atmen. In: Gesammelte Schriften über Sensory Awareness. Dt. von P. Zeitler, München 1988

Sennett, R.: Verfall und Ende des öffentlichen Lebens. Die Tyrannei der Intimität. Fischer, Frankfurt 1986

Siefert, H. (Hg.): Groddeck Almanach. Stroemfeld / Roter Stern, Frankfurt 1986

Siegel, B.: Love, Medicine and Miracles. Harper and Row, New York 1986

Smail, D.: Taking Care. An Alternative To Therapy. J. M. Dent, London 1987

Smith, F. F.: Inner Bridges – A Guide to Energy Movement and Body Structure. Humanics, Atlanta, Georgia 1986

Solomon, G. F.: Psychoneuroimmunology: Interactions Between Central Nervous System and Immune System. In: Journal of Neuroscience Research, 18: 1–9 (1987)

Somatic, Magazine-Journal of the Bodily Arts and Sciences. Herausgegeben von der Somaticis Society, 15/16 Grand Avenue, Suite 220, Novato, California 94945

Spiegel, D.: A Psychosocial Intervention and Survival Time of Patience with Metastatic Breast Cancer. In: Advances, Vol. 7, No. 3, Summer 1991

Spitz, R. A.: Vom Säugling zum Kleinkind. Naturgeschichte der Mutter-Kind-Beziehungen im ersten Lebensjahr. Klett Verlag, Stuttgart, 5. Aufl. 1976 (1. Aufl. 1975)

Stangl, A.: Die Sprache des Körpers. Menschenkenntnis in Alltag und Beruf. Droemer Verlag, München 1987

Stolze, H.: Wege zu den leiborientierten Therapien. In: Praxis Psychother. Psychosom. 36: 58 bis 67 (1991)

Stolze, H. (Hg.): Die konzentrative Bewegungstherapie. Grundlagen und Erfahrungen. Springer Verlag, Berlin 2. Aufl. 1989

Stone, R.: Polaritätstherapie Ganzheitliches Heilen durch harmonischen Energiefluß. Hugendubel, München 1989

Straus, E.: Geschehnis und Erlebnis. (Reprint) Springer Verlag, Berlin 1978

Syer, J.; Conolly, C.: Sporting Body – Sporting Mind. Cambridge University Press, Cambridge 1984

Syme, L. S.: Controll and Health: A Personal Perspective. Advances Vol. 7, No. 2, Spring 1991

Taillandier, Y.: Rodin. Südwest Verlag, München 1977

Tansley, D.: Energiekörper. Kösel, München 1985

Tinbergen, N.: Ethology and Stress diseases. Science, Vol. 185, no. 4145 1974

Tomatis, A. A.: Der Klang des Lebens. Vorgeburtliche Kommunikation – die Anfänge der seelischen Entwicklung. Rowohlt, Reinbek 1987

Trichopoulos, D.; Tzonou, A.; Christopoulos, C.: Does a Siesta Protect From Coronary Heart Disease? The Lancet, August 1987; 2: 269–70

Triebel-Thome, A.: Feldenkrais. Bewegung – Ein Weg zum Selbst. Einführung in die Methode. Gräfe und Unzer, München 1989

von Uexküll, T.; Wesiack, W.: Theorie der Humanmedizin. Grundlagen ärztlichen Denkens und Handelns. Urban und Schwarzenberg, München 1988

Vernant, J. P.: Thin Body Dazzling Body, in: *Feher, M.* (Ed.): Fragments for a History of the Human Body. Part I (15–47), Zone, New York 1989

Vigarello, G.: Wasser und Seife, Puder und Parfüm. Geschichte der Körperhygiene seit dem Mittelalter. Campus, Frankfurt 1988

Vincent, J. D.: Biologie des Begehrens – Wie Gefühle entstehen. Rowohlt, Reinbek 1990

Wallbott, H. G.: Bewegungsstil und Bewegungsqualität. Beltz, Weinheim 1982

Watts, A.: Psychotherapie und östliche Befreiungswege. Goldmann, München 1986 (1. Aufl. 1961)

Watts, A.: Vom Geist des Zen. Suhrkamp, Frankfurt 1986 (Erstausgabe 1954)

Watts, A.: Die Illusion des Ich – Westliche Wissenschaft und Zivilisation in der Krise. Versuch einer Neuorientierung. Goldmann, München 1980 (Erstausgabe 1966)

Watzlawick, P.: Wie wirklich ist die Wirklichkeit? Wahn, Täuschung, Verstehen. Piper, München 1978

Weber, R.: A Philosophical Perspective on Touch. In: *Barnard, K./ Brazelton, B.:* Touch – The Foundation of Experience. a. a. O.

Weil, A.: Health and Healing. Houghton Mifflin Company, Boston 1983

von Weizsäcker, V.: Körpergeschehen und Neurose. Psychosomatische Medizin. Gesammelte Schriften, Band 6, Suhrkamp, Frankfurt 1986

Wenzel, E. (Hg.): Die Ökologie des Körpers. Suhrkamp, Frankfurt 1986

White, L. (Edit.): Placebo. Theory, Research and Mechanisms. Gilford Press, New York 1985

Will, H.: Georg Groddeck. Die Geburt der Psychosomatik. dtv, München 1984

Winau, R.: Krankheitskonzept und Körperkonzept. In: *Kamper, D./ Wulf, C.:* Die Wiederkehr des Körpers, a. a. O.

Winnicott, D. W.: Kind, Familie und Umwelt. E. Reinhardt Verlag, München 1980 (3. Aufl.)

World Health Organisation: The Ottawa Charter for Health Promotion, Ottawa, Kopenhagen 1986

World Health Organisation: Habitual Physical Activity and Health. WHO European Ser. No. 6, Kopenhagen, 1978

Zander, W.: Neurotische Körpersymptomatik. Zum Verständnis der psychosomatischen Medizin. Springer, Berlin 1989

Zeitler, P. (Hg.): Erinnerungen an Elsa Gindler. P. Zeitler, Mauerkircherstr. 11, 8000 München 80

Zweig, S.: Die Heilung durch den Geist. Mesmer, Baker-Eddy, Freud. Fischer, Frankfurt 1982

Register

Bildquellen

25   Lucinda Lidell, *The Book of Massage*, Photography by Fausto Dorelli, Simon & Schuster, New York 1984

32   Serre, *Weiße Kittel – Leicht geschwärzt*, © 1989 Editions Glénat, Grenoble

41   Verlagsarchiv

69   Emmi Pikler, *Laßt mir Zeit*, Richard Pflaum Verlag, München 1988

73   Istvan Hegedüs

79   Verlagsarchiv

89   Gordon W. Hewes, Scientific American, 1957

101   Marc Riboud, Kamakura, Japan 1958

111   Austin C. u. a., *Der Mensch*, C. Bertelsmann, München 1984

115   American Stock Photography 1988

121   Thomas Hanna, *Beweglich sein – ein Leben lang*, München 1990, © der Illustration 1988 by Thomas Hanna

140/141   Ruth Orkin, *A Photo Journal*, The Viking Press, New York 1981

159   Hugo Kükelhaus, *Fassen, Fühlen, Bilden*, Gaia Verlag, Köln 1978

178   Desmond Morris, *Der Mensch, mit dem wir leben*, Droemer Knaur, München/Zürich 1978

182/183   American Health, Juli/August 1988

193   The Esalen Catalog, Sept. 1984 – Febr. 1985

195   Raymond Depardon in *Zeitblende – 5 Jahrzehnte Magnum Photographie*, München 1989, © Magnum Photos

198   Verlagsarchiv

209   Roboter aus »Metropolis« (Fritz Lang, 1926), © Archiv für Kunst und Geschichte, Berlin

211   Gerald A. Mayerhofer aus: *Rundum positiv*, tomate 12317 © 1989 Rowohlt Taschenbuch Verlag GmbH, Reinbek

221   Eve Arnold in *Zeitblende – 5 Jahrzehnte Magnum Photographie*, München 1989, © Magnum Photos

225   Eddie Adams, The Circle Life

227   Peter Gaymann, Cartoon 11.33/08, 1987 © Fackelträger Verlag, Hannover

Dank

Ein solches Buch entsteht nicht allein im Kopf oder aus den Erfahrungen eines einzigen Menschen. Es greift bisher formulierte, von unterschiedlichen Menschen erfahrene, beobachtete, erforschte und dargestellte Erkenntnisse auf. Neu ist die Zusammenstellung dieser Arbeiten durch meinen Blickwinkel und ihre Befruchtung durch meine eigenen Erfahrungen und Erforschungen.

Während der letzten Jahre hatte ich die Gelegenheit, im Rahmen unterschiedlicher Tätigkeiten in verschiedenen Ländern und Kulturen einer großen Zahl von Experten und erkrankten Menschen zu begegnen und mich mit ihnen über viele in diesem Buch aufgegriffene Fragen auszutauschen.

Stellvertretend möchte ich einige von ihnen benennen. Während meiner Tätigkeit im Europäischen Büro der Weltgesundheitsorganisation habe ich vieles von I. Kickbusch, M. Wagner, R. Draper, L. Levin, R. Lafaille, B. Badura, H. Noak, O. Petersen, J. Catford, R. Grossmann, L. Duhl, M. Danzon, N. Milio u. a. lernen können. Die intensiven Gespräche mit S. Levine, G. F. Solomon, D. Ornish, A. Weill, M. Lerner, O. Sobel, D. und M. Murphy, R. Danzinger, M. Feichtinger, T. Ots, R. Alten, P. Scheidel, R. Rikje, P. Dreitzel und anderen haben mir wichtige neue Impulse vermittelt. Durch berührende und bewegende Erfahrungen mit G. Alexander, C. Selver, T. Hanna, D. Johnson, G. King, D. Marson, P. Douce, B. Ostrum, B. Bainbridge-Cohen, C. Al Huang, N. Dwelle, P. Holoman und anderen wurden mir ungeahnte und vergessene Dimensionen meines eigenen Körpers wieder bewußt und neu erfahrbar. Dafür bin ich ihnen zutiefst dankbar.

In Zusammenarbeit mit meinen Kollegen und Patienten in der Psychosomatischen Klinik Roseneck, unter der Leitung von M. Fichter, insbesondere mit meinen Stationsteams sowie den Teams der Sport- und Bewegungstherapie und der Physiotherapie ist mancher der in diesem Buch beschriebenen Körperzugänge praktische Wirklichkeit geworden. K. Pichler und F. Zimmermann danke ich für ihre Unterstützungen.

Ohne die großartige Unterstützung und die Initiative meiner

Lektorin beim Artemis & Winkler Verlag, A. Viviani, wäre dieses Buch noch heute lediglich eine Idee. Mein Dank gilt ebenfalls den engagierten Mitarbeitern des Verlags.

Zwei Menschen möchte ich besonders deutlich hervorheben. Dieter Kallinke hat mir während der Formulierung und Überarbeitung der Texte mit klugen fachlichen Kritiken und freundlichem Rat zur Seite gestanden. Meine Frau, Lebens- und Leidensgefährtin Uta Christ-Milz war mit ihrem großen kritischen und praktischen Wissen, mit ihrer provokativen Schärfe und ihren liebenswerten Kommentaren diejenige, die mich in Zeiten der Freude und Verzweiflung immer wieder darin bestärkt hat, dieses Buchprojekt zu beenden.

Für die vielen notwendigen Verkürzungen, offenen Fragen und eventuellen Ungereimtheiten möchte ich den Leser um Nachsicht und konstruktive Kritik bitten. Die Texte wurden in den wenigen freien Stunden zwischen einer verantwortungsvollen und aufreibenden Kliniktätigkeit, dem aufregenden und freudigen Leben einer Familie mit drei kleinen Kindern und den vielfältigen privaten und beruflichen Unwägbarkeiten und Überraschungen geschrieben. Oft kam mein eigener Körper dabei zu kurz, und ich freue mich jetzt wieder, ihn auf neue Weise weiter zu erleben und zu erforschen.

Zeitthemen – Brisanz in Büchern

Bill Moyers
Die Kunst des Heilens
Vom Einfluß der Psyche auf die Gesundheit. Aus dem Amerikanischen von R. Sandner und R.v. Savigny. Ca. 352 Seiten mit 12 Farbtafeln und 15 s/w-Porträts.

Jean Harro
Die Kraft der Suggestion
Mit Hypnotherapie zur Gesundheit. Aus dem Französischen von B. Brumm. Ca. 232 Seiten.

Marie-Frédérique Bacqué
Mut zur Trauer
Die Akzeptanz eines notwendigen Lebensgefühls. Aus dem Französischen von E. Groepler. Ca. 232 Seiten.

Der Supercode
Die genetische Karte des Menschen. Herausgegeben von D.J. Kevles/L. Hood. Aus dem Amerikanischen von G. Kirchberger und R. v. Savigny. 408 Seiten mit 28 Grafiken, Bibliographie, Autorenbiographien, Glossar und Register.

John R. Searle
Die Wiederentdeckung des Geistes
Aus dem Amerikanischen von H. P. Gavagai. 296 Seiten.

Mathis Brauchbar/ Heinz Heer
Zukunft Alter
Herausforderung und Wagnis. 368 Seiten mit 10 Fotos, 2 Karikaturen und 9 grafischen Darstellungen.

Wolfgang Schultz-Zehden
Das Auge - Spiegel der Seele
Neue Wege zur Ganzheitstherapie. 196 Seiten mit 13 Illustrationen.

Josef Zehentbauer
Körpereigene Drogen
Die ungenutzten Fähigkeiten unseres Gehirns. 200 Seiten mit 16 Abbildungen und schematischen Darstellungen.

Artemis & Winkler Verlag, München und Zürich